Zu diesem Buch

Der Philosoph Jean-Paul Sartre, der durch seine Stücke und Filme weltbekannt wurde, hat sich zeit seines Lebens auch über die Zukunft des Theaters und des Kinos und über Stücke und Filme anderer geäußert. Ohne in Stücken und Filmen eine Illustration oder Übersetzung seiner Philosophie, des Existentialismus, sehen zu wollen, ist doch keine Kunstgattung geeigneter, seine Auffassung vom Menschen sichtbar, spürbar, erlebbar zu machen: ständig ist der Mensch gezwungen, ob er will oder nicht, in der jeweiligen Situation, in der er sich befindet, eine Verhaltensweise zu wählen, durch die er sich festlegt, kurz, zu handeln, auch wenn er sich nicht entscheiden kann, auch wenn er versucht, eine Wahl zu umgehen und nicht zu handeln. Aus dieser Ausgangsposition ergibt sich Sartres scharfsinnige und sarkastische Polemik gegen den Oberflächenrealismus oder pessimistischen Naturalismus des psychologischen Charakterstücks, bei dem sich keine wirklichen Handlungen abspielen, sondern nur charakterbedingte Leidenschaften aufeinanderprallen. Sein Versuch einer Definition des *Situationstheaters*, das ihm als Modell eines zeitgenössischen Theaters vorschwebt, orientiert sich an der Auseinandersetzung mit dem epischen Theater Brechts – der in Frankreich schon in den fünfziger Jahren als einer der wichtigsten Bühnenautoren der Epoche angesehen wurde –, mit dem Aktionstheater Artauds, das schließlich auf das *Happening* hinauslief, dem Imaginationstheater Genets und dem absurden Theater Becketts, Ionescos und Adamovs.

Gemeinsames Merkmal des modernen kritischen Theaters ist für Sartre die Ablehnung der Psychologie, die Ablehnung der Handlung und die Ablehnung des Realismus. Während das Theater ohne jedes Dekor, das heißt ohne die Anwesenheit der Dinge auskommt, weil es ganz in Sprache und Geste aufgeht, sind es im Film die sichtbaren Dinge, die in ständiger Wechselwirkung mit den Aktionen stehen.

Alle diese Äußerungen zu Theater und Film, die zusammen ein kleines Organon ergeben, werden hier mit einer Ausnahme erstmals auf deutsch vorgelegt.

Jean-Paul Sartre wurde am 21. Juni 1905 in Paris geboren. Mit seinem 1943 erschienenen philosophischen Hauptwerk *Das Sein und das Nichts* wurde er zum wichtigsten Vertreter des Existentialismus und zu einem der einflußreichsten Denker der ersten Hälfte des 20. Jahrhunderts. Darüber hinaus machten ihn seine Theaterstücke, Romane, Erzählungen und Essays weltbekannt. Durch sein bedingungsloses humanitäres Engagement, besonders im französischen Algerien-Krieg und im amerikanischen Vietnam-Krieg, wurde er zu einer Art Weltgewissen. 1964 lehnte er die Annahme des Nobelpreises ab.

Jean-Paul Sartre

Gesammelte Werke
in Einzelausgaben

In Zusammenarbeit mit dem Autor
herausgegeben von Traugott König

Schriften
zu Theater und Film

Romane und Erzählungen
Theaterstücke und Drehbücher
Philosophische Schriften
Schriften zur Literatur
Schriften zu Theater und Film
Schriften zur bildenden Kunst und Musik
Politische Schriften
Autobiographische Schriften
Reisen

Jean-Paul Sartre

Mythos und Realität des Theaters

Schriften zu Theater und Film
1931–1970

Übersetzt von Klaus Völker

Rowohlt

Bibliographische Hinweise
zu den in diesem Band enthaltenen Texten
siehe Seite 183
Umschlagentwurf Werner Rebhuhn

Deutsche Erstausgabe
Veröffentlicht im Rowohlt Taschenbuch Verlag GmbH,
Reinbek bei Hamburg, Oktober 1979
Copyright © 1979 by Rowohlt Taschenbuch Verlag GmbH,
Reinbek bei Hamburg
Für die französischen Originaltexte
Copyright Jean-Paul Sartre, 1944, 1945
Copyright © Éditions Gallimard, Paris, 1965, 1967, 1970
Copyright © Jean-Paul Sartre et Éditions Gallimard, Paris, 1973
Weitere Angaben siehe Seite 183
Satz Aldus (Linotron 404)
Gesamtherstellung Clausen & Bosse, Leck
Printed in Germany
680-ISBN 3 499 14422 0

Inhalt

THEATER

Zum Dramenstil	11
Mythen schaffen	31
Für ein Situationstheater	40
Volkstheater und bürgerliches Theater	42
Brecht und die Klassiker	51
Wenn die Polizei dreimal klopft ...	54
Autor, Werk und Publikum	64
Episches Theater und dramatisches Theater	78
Soledad von Colette Audry	108
Gespräch mit Kenneth Tynan	111
Georges Michel, *La promenade du dimanche*	123
Mythos und Realität des Theaters	126

FILM

Die kinematographische Kunst	147
Ein Film für die Zeit nach dem Krieg	154
Hollywood 1945	156
Wenn Hollywood Problemfilme macht: *Citizen Kane* von Orson Welles	170
Diskussion über die Kritik an *Iwans Kindheit* von Andrej Tarkowskij	175
Der Film schenkt uns seine erste Tragödie: *Die Abgründe* von Nico Papatakis	182
Bibliographische Hinweise	183
Namenregister	186

Hinweis des Übersetzers
Alle Fußnoten stammen, wenn nicht ausdrücklich der Übersetzer genannt ist, von Michel Contat und Michel Rybalka, den Verfassern des bibliographischen Werks, *Les écrits de Sartre*, Gallimard, Paris 1970, und den Herausgebern von Jean-Paul Sartre, *Un théâtre de situations*, collection *idées* 295, Gallimard, Paris 1973.

Theater

Zum Dramenstil[1]

Bevor ich auf den Dramenstil zu sprechen komme, muß ich versuchen, Ihnen zu sagen, wie ich das Theater sehe und weshalb sich dabei das Problem seines Stils stellt.

In einem ausgezeichneten Buch über *Das Wesen des Theaters* spricht der Autor Henri Gouhier[2] von einer leibhaftigen Anwesenheit, die der Schauspieler im Theater habe, und die er im Film nicht habe; und in der Tat spricht man gerne von der «Präsenz» eines Schauspielers, das gehört sogar fast zum Theaterjargon, und das Publikum ist nur allzu geneigt, die Schauspieler unter diesem Blickwinkel zu sehen: als man zum Beispiel kurz vor dem Ersten Weltkrieg in La Rochelle *Rigadin, wie er leibt und lebt* ankündigte, lief das Publikum in die Vorstellung, eben um jemanden zu sehen, den es im Kino nur in Abwesenheit gesehen hatte.

Aber vielleicht ist diese Behauptung nicht ganz richtig, denn im Grunde haben wir es in beiden Fällen mit Imaginären, mit Abwesenden zu tun: wenn Sie in *Hamlet* gehen, sehen Sie natürlich nicht Hamlet, und wenn Sie Hamlet sehen, ist Hamlet nicht da, das heißt, er ist nicht auf der Bühne, er ist in Dänemark, weit weg von der Comédie-Française, und folglich können Sie hier nicht von seiner leibhaftigen Anwesenheit sprechen.

Es ist also eher das Gegenteil, das für mich Film und Roman vom Theater unterscheidet, nämlich die Distanz zwischen den Figuren und dem Publikum im Theater, eine Distanz des guten Tons, die weder im Film noch im Roman besteht. Im klassischen Roman wähle ich meist einen Helden – ich bin gezwungen zu wählen –, und ich identifiziere mich in einem gewissen Maße mit ihm, ich sehe mit seinen Augen, sein Bewußtsein ist mein Bewußtsein; und mit dieser Solidarität, ja dieser Komplicenschaft, kann man ziemlich interessante Wirkungen erzielen, besonders indem man den Leser wider willen solidarisch mit einem ziemlich schwerfälligen, ungefälligen Bewußtsein werden läßt, so daß man nicht weiß, in welchem Maße man beim Lesen man selbst ist oder nicht. Wie die Augen des Helden jedenfalls meine Augen sind, ist ein Baum in einem Roman kein Baum, es ist immer ein zum Beispiel mit

---

[1] Nach dem Stenogramm einer Einführung Sartres zu einer von Jean Vilar veranstalteten Diskussionsreihe über Theaterfragen. Die Debatte fand wenige Tage nach der Uraufführung von *Huis clos* am 10. Juni 1944 statt.

[2] Henri Gouhier, *L'essence du théâtre*, Paris 1943.

den Augen von Julien Sorel gesehener Baum, und folglich, da ich mich mit ihm identifiziert habe, ist es ein von mir gesehener Baum; ich sehe ihn ein bißchen mit der Vergangenheit des Helden, der im Augenblick, da ich lese, in mir geblieben ist, und auch ein bißchen mit seiner Zukunft, es ist ein individualisierter Baum.

Im Film gibt es ein ziemlich zweideutiges Phänomen, das davon herrührt, daß wir die Dinge nicht direkt sehen, sondern daß es ein Kameraauge gibt, das heißt, einen unpersönlichen Zeugen, der zwischen den Zuschauer und den gesehenen Gegenstand eingeschoben ist: ich sehe die Dinge, wie sie jemand sieht, der nicht ich ist; zum Beispiel bin ich weit weg von der Figur und sehe sie doch in Großaufnahme. Es gibt also hier eine Art Abstand, aber andrerseits, das ist eben der zweideutige Charakter, wird dieses Auge häufig das Auge einer der Figuren, zum Beispiel des Helden. Wenn der Held ein Geräusch hört, sehen wir zuerst den Kopf der Figur, die sich umdreht, dann sehen wir, in einer andren Kameraeinstellung, den Gegenstand, der das Geräusch gemacht hat, so wie eben gerade der Held ihn sehen kann. Es kommt also hier zu einem Hin- und-Her, und für einen Moment identifiziere ich mich mit der Figur, die sieht.

Diese Identifikation kann weiter getrieben werden, sie könnte sogar und müßte, experimenthalber, bis zu dem Punkt getrieben werden, wo man das Kameraauge vollständig mit dem Auge des Helden identifiziert. Wir haben versucht – ein Regisseur und ich –, ein Szenarium zu konstruieren, in dem es genau eine Figur gäbe, die man niemals sähe und die mit dem Kameraauge gleichgesetzt würde, und man sähe die Dinge immer nur soweit auftauchen, wie diese Figur sie sieht.[1]

Das machte viele Schwierigkeiten, und das Projekt wurde mitten drin aufgegeben, doch nicht wegen seiner Unmöglichkeit.[2] Wenn wir uns den Geisteszustand des Kinobesuchers ansehen, so identifiziert er sich häufig mit der Figur seiner Wahl, der stärksten oder sympathischsten, mit der Figur, die ihm am meisten ermöglicht, stolz auf sich zu sein. Im Theater ist das alles durch eine absolute Distanz ersetzt: zunächst sehe ich mit meinen Augen, und ich bleibe immer auf derselben Ebene, auf demselben Platz, also gibt es weder die Komplicenschaft des Romans,

---

1 Diesen Film, der *Par les chemins obscurs* heißen sollte, plante Sartre mit Henri-Georges Clouzot. Das Szenario sollte von Sartres Stück *Huis clos* ausgehen.

2 Der amerikanische Schauspieler Robert Montgomery produzierte 1946 nach einem Szenario von Steve Fisher, das auf einem Roman von Chandler basierte, den Film *The Lady in the Lake*, der vollkommen nach dem Verfahren der «subjektiven Kamera» gedreht ist. Seine systematische Anwendung erwies sich bei dieser Gelegenheit als langweilig und nicht überzeugend.

noch jene zweideutige Komplicenschaft des Films, und die Figur ist also definitiv für mich der Andere, jener, der ich nicht bin und in dessen Haut ich *per definitionem* nicht schlüpfen kann.

Daraus resultiert in einem bestimmten Maße, daß die Emotion des Theaters ziemlich oft nicht dieselbe Qualität oder dieselbe Intensität wie die des Films hat; es ist eine Emotion, die immer etwas mehr Abstand einschließt, denn alle Figuren des Theaters sind mir gegenüber außerhalb; aber andrerseits ist der, den ich sehe, für mich nicht genau der Andere, denn im Leben ist der Andere nicht nur der, den ich ansehe, sondern auch der, der mich ansieht: wenn ich zum Beispiel auf einem öffentlichen Platz ein sich streitendes Paar beobachte und es mit einemmal auf mich aufmerksam wird, wenn ich den Kopf nach ihm umdrehe, dann fühle ich mich plötzlich beobachtet, und ich schlüpfe in meine Haut zurück, ich mache mich klein und bin plötzlich auf der Ebene dessen, den man ansieht.

Im Theater sieht mich der Andere niemals an, oder wenn er mich zufällig ansieht, dann ist es der Schauspieler, der Imaginäre verschwindet, Hamlet oder Volpone verschwindet, es ist Barrault oder Dullin, der mich ansieht, und wenn das Publikum angeredet wird, verschwindet die imaginäre Figur und läßt den realen Menschen auftreten.[1] Das kann in der Music-Hall amüsant sein, wo es ein Schillern gibt zwischen dem Augenblick, wo der Schauspieler einfach der Andere ist, und dem Augenblick, wo er das Publikum anredet und es beispielsweise auffordert, den Refrain mitzusingen, aber dieses Schillern ist im Theater ausgeschlossen, so daß der Zuschauer außerhalb des Spiels bleibt. Er kann sehen, aber er wird nie gesehen, und man kann das dreimalige Klopfen nach jenem Eröffnungszeremoniell der Einnahme der Plätze im Saal als eine magische Vernichtungszeremonie betrachten: der Zuschauer verliert sein Ich, wenn er sich im Laufe des Schauspiels daran erinnert, dann hat es Längen; beispielsweise können die Schauspieler eine Streichung vorschlagen, weil die Klappsitze des Theaters, in dem man spielt, in einem bestimmten Moment zu stark geknarrt haben: das bedeutet, der Zuschauer erinnert sich daran, daß er Beine hat und unbequem sitzt.

Normalerweise soll der Zuschauer, sobald das Stück anfängt, nur noch Blick sein, und zugleich ermißt er seine Ohnmacht. In vielen Stücken, die in Volkstheatern gespielt werden, hört man die Zuschauer «Trink nicht» schreien, wenn jemand in Gefahr ist, Gift zu trinken, oder «Beeil dich», wenn es darum geht, die Heldin zu retten, aber der Zuschauer

---

[1] Charles Dullin hat Ben Jonsons *Volpone* in einer Bearbeitung von Jules Romains 1928 im Théâtre de l'Atelier inszeniert und gespielt, Jean-Louis Barrault 1942 *Hamlet* in der Comédie-Française.

schreit mit einem Gefühl der Ohnmacht, denn er weiß sehr wohl, daß nichts passieren wird, und das ist im Grunde der Ursprung der Notwendigkeit von Distanz. Diese im Theater absolut unentbehrliche Notwendigkeit schließt keineswegs die Freiheit des Helden aus: sie bedeutet nicht, wie man geglaubt hat, daß er Opfer eines Fatums oder Gegenstand eines Determinismus ist, sondern einfach, daß das Ereignis, was auch immer geschieht, selbst wenn es für mich ungefähr voraussehbar ist, in keiner Weise von mir aufgehalten werden kann; wenn ich schrie, würde ich den Schauspieler unterbrechen, aber nicht Hamlet, und dieses Gefühl der Notwendigkeit, das die Projektion der Ohnmacht des Zuschauers ist, ist der Ursprung des Tragischen und des Komischen, und man muß es als analog zur Ohnmacht des Menschen ansehen, der träumt und weiß, daß er nichts ausrichten kann.

Diese Ohnmacht wird übrigens ziemlich gut durch den antiken Chor offenbar, der kommentiert, der tadelt, aber um den man sich absolut nicht kümmert. Das Ergebnis dieser ersten Distanz ist, daß das Dekor abstrakt bleibt. Was das Dekor im Roman individualisiert, ist die Beziehung der Figur, die ich mir angeeignet, in der ich mich verkörpert habe, zum Baum oder zum Tisch, den sie gerade ansieht. Was im realen Leben den Gegenstand individualisiert, ist, daß ich mich mit meinen Erinnerungen, diesem Gegenstand gegenüber in meiner Situation placiere, daß ich ihn berühre und auf ihn einwirke. Ebenso im Kino: damit ich die Lindenzweige genau in dem Moment sehe, wo ich sie sehen soll, und da ich sie folglich sehen muß, werde ich wieder auf die Individualität hin gestoßen.

Aber im Theater sehe ich den Gegenstand nicht, denn ihn sehen hieße, ihn an meine Welt binden, wo es ein Baum aus Pappe wäre, da ja ihn sehen hieße, ihn als etwas auf Kulissen oder auf einen bezeichneten Gegenstand Gemaltes sehen. Meine einzigen Beziehungen zum Dekor sind die Gesten der Figuren, die einzige Art meiner Beziehung zum Baum besteht darin, daß ich sehe, wie eine Figur sich in seinen Schatten setzt. Folglich ist es nicht die Sicht der Figur, die das Dekor entstehen läßt, sondern die Gesten; und die Gesten schaffen Allgemeines und nicht Besonderes. Es gibt nicht zehn Arten, sich auf einen Stuhl zu setzen, der Stuhl, der erscheint, ist irgendein und kein besondrer Stuhl. Es gibt nicht zehn Arten, mit der Gabel umzugehen, die zwischen meinen Fingern erscheint, es ist eine absolut allgemeine Gabel.

Wenn man sich also mit diesen allgemeinen Aspekten aller Requisiten des Dekors abgefunden hat, kann man ihm gegenüber Entscheidungen treffen, kann man bis zum Ende gehen, wie es beispielsweise Barrault oft tut, das heißt sich sagen, daß der Gegenstand nicht notwendig selbst anwesend sein muß, weil er ja in gewisser Weise aus der Geste entsteht, die ihn benutzt: also ist es das Schwimmen einer Figur, die den Fluß entstehen läßt, und es ist überflüssig, einen Fluß aus Pappe darzustellen, in den sie sich zu stürzen scheint.

Man kann auch – und das ist der Sinn des «armen Theaters»[1] – stilisierte, schematisierte Gegenstände machen, weil es wirklich weitgehend genügt, sie anzudeuten, da man weiß, daß die Andeutung allgemein ist und das, was wir vom Gegenstand sehen, immer allgemein ist. Das ist, glaube ich, der wahre Sinn des Appells an das Künstliche, das heißt, das wirklich schematisierte Dekor, das die menschliche Anwesenheit zum Ausdruck bringt, ist immer ein allgemeines Dekor: einen nur stilisierten Baum, genau das brauchen wir.

Aber das Dekor, die Schauspieler und die Hinweise des Dialogs bilden indessen eine vollkommen geschlossene Welt, weil wir nicht in sie eindringen können, weil wir sie nur sehen, eine einmalige Welt und eine Welt, die zugleich der Typus der menschlichen Welt ist: es ist einfach die Welt, in der ich lebe, aber plötzlich bin ich daraus vertrieben; anders gesagt, ich bin draußen. Normalerweise ist ein Mensch zugleich in der Welt, mitten drin, und draußen, da er sie ja ansehen kann. Im Fall des Theaters haben wir die Negation: ich bin völlig außerhalb, und ich kann nur zuschauen; kurz, es gibt da einzig eine unmittelbare Erfüllung des menschlichen Verlangens, aus sich heraus zu kommen, um sich besser sehen zu können, nicht wie ein andrer Mensch ihn sieht, sondern wie er ist. Diese Bemühungen haben beim Roman phantastische Bücher wie die Werke Kafkas ergeben oder wie *Aminadab* von Maurice Blanchot[2]: hier ist es auf der Stelle realisiert, unmittelbar; ich existiere nur noch als bloßes Sehen, und die Welt als Anwesenheit ist eine über sich geschlossene Welt, deren bloßer Zeuge ich bin: ich habe keine Hände mehr, da ich dem Schauspieler ja nicht in den Arm fallen kann, um ihn daran zu hindern, daß er sich erstickt.

So scheint es mir der Ursprung, der Sinn des Theaters selbst zu sein, die menschliche Welt mit einer absoluten Distanz, einer unüberwindbaren Distanz zu zeigen, der Distanz, die mich von der Bühne trennt; und der Schauspieler befindet sich in einer solchen Distanz, daß ich ihn zwar sehen, aber nie berühren noch auf ihn einwirken kann.

Wenn das wirklich eines der Prinzipien des Theaters ist, so scheint mir, daß diese Distanz nicht unterschätzt werden darf; wenn wir Theater machen, dürfen wir sie nicht zu verringern suchen, sei es als Autor,

---

[1] Vor allem durch das Theater von Jacques Copeau und Georges Pitoëff illustriert.
[2] Siehe Sartres Aufsatz über Maurice Blandots *Aminadab oder Das Phantastische als Sprache* in: *Der Mensch und die Dinge*, Reinbek 1978 rororo (Nr. 4260).

als Schauspieler oder als Regisseur: man muß sich darauf einstellen und sie ganz offen zeigen, ja damit spielen. Beispielsweise scheint mir der Versuch von Gémier in seiner Inszenierung von *Der Widerspenstigen Zähmung*, die Distanz zwischen den Figuren und den Zuschauern zu verringern, indem er die Figuren auch im Parkett auftreten ließ, ein Irrweg zu sein: sobald man eine Figur im Parkett auftreten sieht, haben wir es mit dem Schauspieler zu tun.[1]

Das Schauspiel – das muß man hinnehmen – soll auf der Bühne stattfinden, und dieses Verlangen nach Distanz, das wir beim Zuschauer selbst antreffen, erklärt auch den Spaß, den man immer gehabt hat, Theater im Theater zu sehen, Theater auf der Bühne, wie bei der italienischen Commedia, wo häufig eine Komödie im Hintergrund der Bühne gespielt wurde, die sich die Figuren ansahen, weil das für den, der zuschaute, eine besonders schmeichelhafte Distanz zweiten Grades ergab; das ist dann reines Theater in zweiter Potenz.

Aber unter diesen Umständen, wenn wir uns auf diese Distanz einstellen, muß jede Spur von Naturalismus aus dem Theater verbannt sein: wie soll man denn in einem notwendig abstrakten Dekor, auch wenn die Zeichen sich häufen, auch wenn man versucht hat, das Dekor selbst realistisch wiederzugeben, wie soll man in einem abstrakten Dekor eine alltägliche individuelle Geschichte erzählen? Das scheint unmöglich.

Andrerseits haben wir, wenn wir uns in Distanz zum Dekor befinden, auch Distanz zum Menschen, das heißt, der Mensch, der vor uns ist und der spielt, ist jemand, den wir nur durch seine Handlungen wahrnehmen; wir können eine Figur nur durch ihre Handlungen kennenlernen; genau das bringt uns nun einerseits auf die Bedeutung des Mimen im Theater, und andrerseits befreit uns eben die Tatsache, daß wir die Handlung betrachten, von der Psychologie.

Die Handlung ist ja *per definitionem* das, was der Psychologie entgeht; sie ist zunächst ein freies Unternehmen, das heißt, daß wir hier nicht über die Natur und die Reichweite der Freiheit zu diskutieren haben, aber wenn die Freiheit existiert, muß sie zumindest in eine Handlung eingehen, die ein Unternehmen ist, die ein Ziel hat, die geplant ist, die beschlossen ist; sie ist also das, was uns zuerst im Theater erscheint: Leute betreiben ein Unternehmen und tun etwas, um es zu verwirklichen. Andrerseits versetzen uns diese Handlungen immer anderswohin als auf die psychologische Ebene, weil es ein moralisches Leben gibt: je-

---

1 Die berühmte Aufführung von Shakespeares *Der Widerspenstigen Zähmung* fand 1918 im Théâtre Antoine statt und stellt einen historisch wichtigen Bruch mit der naturalistischen Tradition dar.

de Handlung umfaßt ihre eigenen Ziele und ihr Vereinigungssystem: wer eine Handlung begeht, ist überzeugt, daß er recht hat, sie zu begehen; folglich befinden wir uns tatsächlich nicht auf dem Boden des *de facto*, sondern auf dem Boden des *de jure*, da ja jedes Individuum, das in einem Stück handelt, weil es ein Unternehmen gibt und dieses Unternehmen zu Ende geführt werden muß, die Handlung durch Gründe rechtfertigt, sich Gründe liefert, es zu unternehmen.

Allein dadurch sind wir jetzt auf dem eigentlichen Boden des Theaters, wo es nicht darum geht, was sich im Bewußtsein abspielt, sondern wie die Rechte aneinandergeraten. Nehmen Sie zum Beispiel in *Das Leben ein Traum* die bewegenste Szene; das ist keine psychologische Szene, es ist die Szene, wo der Vater, der als König seinen Sohn abgesetzt hat, weil er den Weissagungen glaubte, daß dieser Sohn gewalttätig und grausam sein würde, sich in Anwesenheit dieses Sohns befindet, der durch eben diese Absetzung grausam geworden ist, und die beiden Männer bieten einander zwanzig Jahre danach die Stirn, und jeder erklärt, daß er recht hat. Natürlich hat jeder das Recht auf seiner Seite: Der Sohn sagt: Diese Gewalt hast du mir verliehen, während der Vater entgegnet: Durch deine Gewalt rechtfertigst du, was ich getan habe. Und gerade der Gegensatz dieser beiden Rechte begründet ja das pathetische Moment des Stücks.

Was die Psychologie betrifft, so gibt es hier keine: die Figuren sind zu sehr damit beschäftigt, sich zu erklären, was sie zu sagen haben, als daß wir die Vorlieben des Vaters oder des Sohnes für dies oder das erfahren könnten, während der Zuschauer zur gleichen Zeit, da er bloßer Zeuge ist, sich in einer neuen moralischen Richterhaltung sieht; er beurteilt die Kämpfe, er sagt: Der hat recht, jener hat unrecht, und die Überraschung im Theater kommt fast immer daher, daß der, dem man zu Anfang Unrecht gab, sich plötzlich als jemand erweist, der ebenfalls, wenn auch natürlich nur teilweise, recht hat. Beispielsweise neigen wir dazu, während der beiden ersten Szenen des zweiten Akts von *Das Leben ein Traum* Sigismund unrecht zu geben, aber wenn er plötzlich erklärt: Aber diese Gewalt hast du mir verliehen, weil du dich meiner entledigt hast, geben wir sofort Sigismund recht.[1]

So erscheint das Theater als ein Kampfplatz, auf dem die Menschen um ihre Rechte streiten. Allerdings müssen uns diese Rechte interessieren, und deshalb müssen es aktuelle Rechte sein; ich komme gleich darauf zurück. Nun ist zwar immer wünschenswert, daß alte Stücke wiederaufgeführt werden, aber es scheint mir doch auch wichtig, daß die

---

1 Calderóns *Das Leben ein Traum* inszenierte Charles Dullin erstmals 1921 und dann erneut 1944 im Théâtre de la Cité.

modernen Stücke – und ich sage das mit um so mehr Bescheidenheit, als ich es nicht befolgt habe – sich nicht auf das vergangene Leben beziehen, sich nicht auf Mythen beziehen, die alt sind und die sich nur schwer auf die Aktualität übertragen lassen. Ich glaube, daß die Rechtskonflikte, die den Zuschauer interessieren und leidenschaftlich erregen, unbedingt aktuelle, in ein wirkliches Leben verwickelte Rechtskonflikte sein müssen.

So haben wir hier ein Gebilde, das, wie Sie sehen, ganz von der Idee der Distanz beherrscht ist, aber – und das ist mein Thema, damit komme ich auf den Stil – wenn wir uns auf diese Distanz eingestellt haben und wenn wir gerade zugleich dem Zuschauer die Figuren zeigen wollen, die ihn am nächsten berühren, die letztlich er selbst sind, die er sehen will, aber in absoluter Distanz, wo sie nicht berührbar sind, welche Verfahren müssen wir dann anwenden?

Es gibt schwache Mittel: es gibt jene, von denen Racine sprach, als er sich im *Bajazet* entschuldigte, daß er keine zeitlich weit zurückliegenden Figuren dargestellt habe, und erklärte, daß sie dafür räumlich weit entfernt, jedenfalls weit weg seien und daß folglich alles in Ordnung wäre. Das ist ein Verfahren, auf das sowohl Albert Camus als auch ich aus einer gewissen Ängstlichkeit zurückgegriffen haben, Camus, indem er *Das Mißverständnis* in der Tschechoslowakei spielen ließ – das ist weit genug weg und heute besonders unzugänglich –, und ich, indem ich mein Stück in die Hölle verlegte, die noch unzugänglicher ist; aber offen gesagt ist das ein schwaches Mittel, ein rein formaler Abstand.[1]

Eigentlich sollte genügen – und ich glaube, daß Camus darin mit mir übereinstimmt –, daß der Stil selber, das Ganze des Stils diesen Abstand ermöglicht. Unter diesem ist natürlich zunächst ein bestimmtes Verhalten zu verstehen, das den Figuren verliehen wird. Camus hat das im *Mißverständnis* mit großem Geschick gelöst, als er eine Figur nahm, deren Rolle im wesentlichen darin bestand, Distanz zu wahren, eine Figur, die sagt: Berühren Sie mich nicht, und die in der ganzen Rolle durch ihr steifes Verhalten sowohl gegenüber dem Publikum wie den andren Figuren des Stücks Distanz bewahrt.

Aber abgesehen davon stellt sich im Grunde für alle zeitgenössischen Dramatiker das Problem, eine Dramensprache zu finden, wenn sie zu den Zuschauern von ihren aktuellen Rechten in zeitgenössischen Milieus wollen, die zugleich alltäglich ist und doch Distanz schafft. Wie soll man das erreichen, wenn man mit leeren Händen dasteht: die Szene spielt in Paris 1944, die Leute auf der Bühne sind irgendein Kellner oder ein Gemüsehändler, und diese Leute sprechen eine Sprache, die in sich

---

[1] *Das Mißverständnis* von Albert Camus und *Bei geschlossenen Türen* von Sartre. Die Uraufführung beider Stücke fand im Juni 1944 statt.

selbst Distanz schafft – das soll nicht heißen, daß sie vornehm ist, sondern daß sie Distanz schafft.

Es wäre ein Fehler – man muß das Problem genau verstehen –, diesen Figuren Wörter in den Mund zu legen, die nicht von jedermann benutzt werden. In einem Stück von Salacrou, *La vie en rose*, gibt es eine hübsche Szene, bei der niemand gemerkt hat, sagt er in einer Anmerkung, daß sie von Henry Bataille stammt; er hat sie in sein Stück eingefügt, und zwar eben aus Gründen des Stils, und ich glaube, daß man kein genaueres Zitat machen kann, und sie hat mich davon abgehalten, in einem zeitgenössischen Stück nicht die Wörter von jedermann zu benutzen. Hier die Szene:

> *Zwei elegante Frauen treten auf.*
> ODETTE: Wie aufregend.
> ISABELLE: Meine kleine Odette, ich stehe am Rande einer großen Sache, die mir angst macht. Ich weiß es genau, ich habe doch verstanden, woran ich leide.
> ODETTE: Er hat gelogen? Oh, hütet euch, Isabelle, hebt nicht das Taschentuch Othellos auf . . . Dieser Georges . . . sagt doch ein bißchen, daß ihr ihn nicht liebt?
> ISABELLE: Ja, nicht wahr, das ist sichtbar. Aber zu fühlen, daß ich das, Odette, daß ich das einem Kuß verdanke, daß ich das dem Niedrigsten in mir verdanke, der Demütigung einer Liebkosung des Fleisches. Und zu sagen, daß eine Minute genügt hat, eine Umarmung, um mein ganzes Leben versinken zu lassen und mich, an den Händen gebunden, dieser Unterwerfung auszuliefern! Oh, ich werde darüber wegen eines verwundeten Schamgefühls weinen . . . und wohin gehe ich jetzt? Wohin gehe ich? Also das ist die Eifersucht? Ich spüre etwas Zwielichtiges, Ungesundes, Verletzendes kommen . . . Das ist eine Art Bezauberung. Düfte steigen auf, die ich nicht einzuatmen wage . . . gräßliche Düfte, die berauschen.[1]

In einem solchen Text findet man also, was banal und alltäglich ist; das sind fertige Sätze wie die Sätze, die wir täglich hersagen; es gibt da keinen dramatischen Rhythmus, keinen speziellen Rhythmus, was dagegen verändert ist, sind die Wörter: «die Demütigung einer Liebkosung des Fleisches» oder »ein verwundetes Schamgefühl», das sind gesuchte Wörter, und die Distanz hat im Grunde durch die Moral geschaffen werden sollen. Ich glaube, daß man genau das Gegenteil tun muß,

---

[1] Armand Salacrous Stück *La vie en rose* entstand 1931. In der Ausgabe *Théâtre II*, Gallimard, Paris 1944, findet sich die betreffende Szene auf S. 250.

wie Salacrou im weiteren Verlauf seines Stücks, wo er den Dialog wieder aufnimmt, das heißt Wörter nimmt, die jedermann benutzt: «Hausbesitzer», «binnen zehn Stunden», «Treppen, die nicht geputzt sind» usw., und diesen Wörtern einen solchen Rhythmus gibt, daß sie eben gerade zu jener Würde erhoben werden, die die Sprache im Theater haben muß.

Was tun, also? Ich kann Ihnen nur – und das wird der Diskussion als Thema dienen – Anregungen geben, die ich als Regel zu meinem Gebrauch aufstellen möchte, und zwar: Zunächst ist ein Wort eine Handlung, es ist eine Art zu handeln unter andren, es steht der Figur zu Gebote, also weist es nie auf einen inneren Zustand hin. Es gibt meiner Meinung im Stück eines großen amerikanischen Autors einen schweren Fehler, ich spreche von *Seltsames Zwischenspiel*: die Figuren kommen auf die Bühne und wechseln Worte wie in jedem Theaterstück, aber hier ist das Besondre, daß sie von Zeit zu Zeit erstarren, ein etwas merkwürdiges Gesicht bekommen und wie für sich selbst dahersagen, was sie im Kopf haben; sie haben einen Monolog, einen inneren Monolog in der Art von Joyce halten wollen, aber das im Theater.[1]

Das ist ein grober Fehler, glaube ich, weil der Zuschauer keineswegs wissen will, was sich im Kopf einer Figur abspielt, sondern sie an der Gesamtheit ihrer Handlungen beurteilen können und sich nicht auf dem schlüpfrigen Boden naturalistischer Psychologie bewegen will; das Wort soll nicht einen inneren Zustand schildern, sondern Partei ergreifen. Im Theater muß ein Wort entweder Schwur oder Parteinahme oder Weigerung oder moralisches Urteil oder Verteidigung der Rechte oder Anfechtung der Rechte andrer sein, also Beredsamkeit oder Mittel, ein Unternehmen zu verwirklichen, das heißt, Drohung, Lüge usw., aber in keinem Fall darf es aus dieser magischen, primitiven und heiligen Rolle fallen.

Der Fehler des Naturalismus besteht darin, mit Wörtern die alltäglichen Dinge zu schildern, das heißt Wörter über Wörter zu machen.

Zweitens muß diese Sprache elliptisch sein, das heißt, da die Sprache Handlung ist, ist sie nicht von der Geste trennbar: die Geste führt zum Wort wie das Wort zur Geste führt, folglich muß es elliptisch sein, wenn man es liest, wenn man es ganz allein nimmt; genau diese Ellipse muß ständig den Rhythmus der Sprache ausmachen, und die Ellipse muß durch die Brücke spürbar gemacht werden, das heißt, daß in einem Text immer ein Teil fehlen muß, der das Denken des Schauspielers vollständig ausdrücken würde; diese muß durch Gesten ausgedrückt werden.

---

1 *Strange Interlude* von Eugene O'Neill, 1928 uraufgeführt, erschien 1938 in französischer Übersetzung bei Gallimard.

Schließlich muß diese Sprache unumkehrbar sein, das heißt, sie muß notwendig sein, da ja Parteinahme und Notwendigkeit herrschen in dem Bereich, den wir eben gesehen haben, Voraussicht; sie muß in jedem Augenblick so sein, daß man keinen Satz an eine andre Stelle setzen kann als dahin, wo er steht.

Wenn man diese drei Prinzipien anwendet, wird es einem dann gelingen, dem Text einen besonderen Rhythmus zu geben, der gerade Distanz schafft? Das heißt, wird man mit den banalsten, abgegriffensten Wörtern eben diese Strenge und diese Notwendigkeit erzielen können, die gerade die Unberührbarkeit des Schauspielers sein muß? Nein, wenn die Sprache allein ist, das heißt wenn der Schauspieler nicht ebenfalls begriffen hat, daß es die Art und Weise ist, in der er spielen muß; durch eine naturalistische Spielweise wird eine solche nicht-naturalistische Sprache sicher ihren rhythmischen Charakter verlieren, so daß, und darüber könnte man diskutieren, eine Erziehung des Schauspielers beginnen müßte, eine Erziehung, die für nicht-moderne Stücke ausgezeichnet gemacht wird, aber nicht für das moderne Stück. Man spielt Molière, man spielt Shakespeare, indem man dem Satz Rhythmus verleiht, zeitgenössische Autoren spielt man nicht so; aber das ist ein Problem, das über den Stil des Autors hinausgeht. All das sind nur einige Anregungen, und damit sollte die Diskussion beginnen.

Will mich jetzt jemand ablösen und das Wort ergreifen, um dem, was ich gesagt habe, zu widersprechen oder es zu bestätigen? Camus, ich habe Sie eben angeführt, stimmen Sie mit mir überein?

Camus: Ich glaube, daß es da noch einen Punkt zu klären gibt: alles, was Sie gesagt haben, scheint mir zutreffend, soweit es das Drama und die Tragödie betrifft, aber vielleicht könnte man versuchen, sich zu überlegen, ob es auch auf die Komödie zutrifft, das wäre interessant, das ist schwieriger, meinen Sie nicht?

Sartre: Es gibt besondere Probleme der Komödie, aber ich meine, daß das Wesentliche von dem, was ich gesagt habe, auch hier zutrifft, für mich wenigstens, da ja der Begriff der Distanz derselbe bleibt, und dann habe ich von Stücken im allgemeinen gesprochen und nicht von Tragödien, weil ich glaube, daß man ein Stück – man müßte hier gegen eine zeitgenössische Tendenz reagieren –, um es in einer bestimmten Weise aufzublasen, einfach Tragödie nennt. Meines Erachtens hat es seit den Tragödien des 18. Jahrhunderts keine Tragödie gegeben. Zum Beispiel würde ich *Die tote Königin*[1] oder jedes andere Stück dieser Art nicht Tragödien nennen: es sind keine Tragödien, es sind Stücke einer be-

---

1 *Die tote Königin* von Henry de Montherlant wurde 1942 von der Comédie-Française uraufgeführt.

stimmten Feierlichkeit, und unter diesen Bedingungen sehe ich nicht, worin sie sich im Grunde von einem Stück unterscheiden, wo das Komische stärker hervortritt, zumal heutzutage die Vermischung der Gattungen nahezu perfekt ist.

Teilen Sie meine Auffassung von der Verwendung der Alltagssprache?

Camus: Beim zeitgenössischen Theater seit fünfzig Jahren fällt mir auf, daß jedermann sich anstrengt, natürlich zu sprechen; wenn ein Wort oder ein Rhythmus ungewöhnlich klingt, gibt es einen Überraschungseffekt sowohl beim Schauspieler wie beim Zuschauer, der seit fünfzig Jahren immer einen bestimmten Rhythmus im Theater hört. Aber ich glaube eigentlich, daß Sie hier noch einiges zu präzisieren hätten; das Wort «natürlich» ist widersinnig: wenn man sagt, dieser Text ist natürlich, oder vielmehr, wenn man versucht, das ideale Natürliche zu präzisieren, hat man den Eindruck, daß es das Natürliche von jemandem ist, der natürlich wie auf der Straße redet, aber das ist nicht das Natürliche.

Praktisch reden die Helden Kafkas in gewisser Weise natürlich, aber sie sind es überhaupt nicht. Ich glaube vielmehr, daß das Natürliche eine bestimmte Sprechweise ist, die mit einer Figur oder einer Atmosphäre übereinstimmt, und das verändert das Problem. Ist es denn sicher, daß Bérénice natürlich spricht, während Madame de Z. am Hof Ludwigs XIV. nicht so sprach?

Sartre: Dem stimme ich völlig zu. Die Diskussion kommt nicht recht in Gang . . .

X: Sie haben das Problem einzig und allein vom Standpunkt des Dramatikers gestellt, aber das ist nur ein winziger Aspekt des Theaters, ein sekundärer Aspekt; den Aspekt des Regisseurs, des Bühnenbildners, kurz, des Schauspiels, haben Sie nur beiläufig behandelt, aber vielleicht wird das Problem so deutlicher.

Sartre: Ich kann nur von dem sprechen, was ich kenne; es gibt einen Inszenierungsstil, aber hier sind Leute, die qualifizierter sind als ich, darüber zu sprechen. Was meinen Sie, Vilar?

Vilar: Zunächst ist das ein Bereich, mit dem ich nichts zu tun habe, ich spreche von dem, worüber Sie geredet haben; mir scheint, daß der Autor uns ganz fertige Dinge liefert und daß die Mittel, die wir verwenden müssen, um ihm zu dienen, nicht Gegenstand des Vortrags sind, den Sie uns gehalten haben. Vom Standpunkt des Autors aus zum Dramenstil zu sprechen ist gut und schön, aber man muß zugeben, daß es auch einen Dramenstil vom Standpunkt des Darstellers aus gibt.

Sartre: Können sich beide verbinden und in welchem Maße unterscheidet sich der Dramenstil des Darstellers . . .

Vilar: Das ist mehr eine Frage des Fingerspitzengefühls und der Dispioniertheit als eine Frage der Intelligenz, und Sie als Autor liefern einen Stoff, dem wir uns bewußt oder unbewußt zu assimilieren versuchen . . .
Sartre: Glauben Sie, daß viele Schauspieler sich um den Rhythmus eines Textes kümmern?
Vilar: Er wird ihnen auferlegt.
Sartre: Da bin ich nicht so sicher: ich habe Beispiele gesehen, wo ausgezeichnete Schauspieler, die die Figur großartig darstellten, was die Handlung angeht, nicht den eigentümlichen Rhythmus des Satzes wiedergaben; ich kenne viele Beispiele, wo Schauspieler, um den Text besser in den Mund zu bekommen, «und dann» oder ähnliches hinzufügen; ich könnte Ihnen sogar genaue Beispiele zitieren.
Vilar: Wenn Sie sich nicht eng an den dramatischen Rhythmus des Autors halten, können Sie nicht die Figur sein, weil ja eines der Mittel ist, das Sie ihnen dafür bieten, daß sie bewußt oder unbewußt dem Rhythmus folgen.
Sartre: Es gibt da so eine Art von wechselseitiger Gefälligkeit zwischen Schauspieler und Autor, wo man versucht, wie Camus sagte, natürlich zu sprechen, das heißt ohne Rhythmus, das heißt mit einer Art von gefälligem und schlaffem Rhythmus. Ein Stück von Tristan Bernard[1] ist der typischste Fall; ein Wasserhahn, aus dem es lauwarm herausfließt, eine Art Bonhomie, dieser Mangel an Rhythmus ist fast selbst ein Rhythmus bei Tristan Bernard, und der Schauspieler, der sich dem unterwirft, wird keinerlei Rhythmus haben, während es doch darum geht, einen Text zu nehmen und ihm seine Bewegung zu geben, was man bei Molière oder Shakespeare macht; allerdings, da Shakespeare übersetzt ist, stammt der Rhythmus vom Übersetzer und ist nicht der wirkliche Rhythmus.
Es wäre interessant, das auf ein Stück zu übertragen, das heute geschrieben ist.
Camus: Ein solches Stück müßte erst geschrieben werden; ich übernehme hier gerne die Verteidigung der Schauspieler; das Problem des Rhythmus in vielen Stücken ist nicht das primäre, es gibt andere Probleme.
Sartre: Die Hauptschuld liegt bei den Autoren, genauer bei der naturalistischen Strömung, die in einem bestimmten Moment die Gesamtheit des Denkens dargestellt hat.
Vilar: Es ist eines der schwierigsten Dinge für einen Darsteller, sich

---

[1] Tristan Bernard (1866–1947) war ein Autor erfolgreicher Boulevardstücke wie *Der charmante Prinz, Herr Codomat* oder *Seine Schwester*. (Anm. d. Übers.)

genau an diesen Rhythmus zu halten; es sind Schauspieler im Saal, könnten sie nicht etwas dazu sagen.

X: Genau wie jedermann reden: ich nehme als Beispiel das Stück *Césaire*, das Vilar gespielt hat; hier redete ein Matrose; es liegt auf der Hand, daß kein Matrose je so geredet hat, aber wer die Aufführung gesehen hat, hat sich nie vorstellen können, daß ein Matrose anders hätte reden können, man war völlig gefesselt.[1] Das ist genau das Gegenteil von Wie-jedermann-reden.

Sartre: In *Césaire* waren es zwei Dinge; das Theater von Schlumberger hat meines Erachtens einen Rhythmus; das ist ein Autor, der mit einem Rhythmus schreibt und dem daran liegt; übrigens finde ich, daß die Wörter, die er verwendet, keine alltäglichen Wörter waren, anders gesagt, wir hatten ein Mittelding zwischen jenem Ideal, das ich Ihnen vorschlug, und dem Theater von Henry Bataille: die Wörter waren nicht alltäglich, aber der Rhythmus ließ sie als solche erscheinen; ich persönlich fand, daß das Stück *Césaire* in einer Hinsicht ganz gut war. Dennoch ziehe ich hundertmal *Wetterleuchten* vor, das danach kam und wo ich in ganz andrer Weise gefunden habe, daß man mit Worten, die den von jedermann benutzten absolut ähnlich sind, eine ganz besondere Atmosphäre wiedergeben kann.

Vilar: Schlumberger verwendet kein Seemannsvokabular, von einigen Ausnahmen abgesehen, er hütet sich bewußt davor, aber er redet wie jedermann: er verwendet eine sehr verständliche Umgangssprache.

Sartre: Ja, es ist vielleicht ein Gemisch aus Vergleichen und Anspielungen.

Vilar: Nicht der Sprache wegen könnte man ihm Vorwürfe machen, sondern bestimmter Ideen wegen, die ein Matrose nie äußern würde; aber die Sprache ist alltäglich.

Sartre: Es gibt einen Rhythmus, den Sie übrigens sehr gut wiedergaben: genau da gab es einen Rhythmus der Sprache des Schauspielers.

Vilar: Ich stelle Ihnen eine Frage: meinen Sie, es ist beim Dramenstil notwendig, zu einer solchen Perfektion zu gelangen, daß eine prosodische Sprache entsteht?

Sartre: Ich glaube nicht, daß man bis zum Rhythmus im eigentlichen Sinn gelangen muß, bis zur Prosodie; mir scheint, es muß ein Theaterrhythmus sein, ein Rhythmus also, dessen Regeln wir nicht in der Prosodie selber suchen, sondern in den Notwendigkeiten der Handlung.

---

1 *Césaire ou La présence de l'esprit*, ein Stück von Jean Schlumberger, wurde 1922 von Firmin Gémier inszeniert und 1943 zusammen mit Strindbergs *Wetterleuchten* in einer Inszenierung von Jean Vilar im Théâtre de Poche erneut aufgeführt.

Zum Beispiel scheint mir der Bruch zum Theaterrhythmus zu gehören, das heißt, daß man nach zwei oder drei ziemlich langen Sätzen über ein Thema plötzlich durch einen abrupten Fragesatz aus drei Wörtern zu einem andren Thema übergeht; da haben wir zum Beispiel das, was einen Rhythmus ergeben kann, das hat nichts mit der Prosodie zu tun, keine Folge von abwechselnd langen oder kurzen Sätzen, nein, nichts dergleichen.

Vilar: Glauben Sie denn nicht gerade, daß die prosodische Palette uns viel mehr Anlässe böte, uns auszudrücken, viel mehr Chancen, uns auszudrücken, als die einfache Sprache der Prosa? Kann man sich bei zeitgenössischen Autoren das Bemühen um eine prosodische Form wünschen? Ich spreche weder vom Alexandriner noch vom Bibelvers Claudels.

Sartre: Mir scheint das ein Bemühen unabhängig vom Inhalt des Satzes; ich meine, daß der Rhythmus zugleich von der Schreibweise des Autors selbst kommen muß und andrerseits vom Gegenstand selbst, der Situation selbst, und folglich glaube ich nicht, daß er Verfahren anwenden sollte, die in gewisser Weise fast festgelegt sind.

Vilar: Racine hat seine Art, sich auszudrücken . . .

Sartre: Wir haben den Alexandriner, ich glaube nicht, daß wir außer in gewissen Fällen darauf zurückkommen könnten.

X: Könnte man den Stil von André Gide im *Saul* als einen rhythmischen Stil ansehen?[1]

Sartre: Sicher, hier haben wir es mit einem Stück zu tun, das genau zu dem Typus von Stücken gehört, die von der Entfernung leben.

X: Die Wörter sind Vorbedingung, das Vokabular ist Vorbedingung.

Sartre: Das Vokabular ist eine Sprechweise, die jene Art von Distanz gegenüber Gegenwart und Vergangenheit hat und gerade das Eigentümliche der Autoren ist, die das Bedürfnis nach Rhythmus empfinden, den sie dem modernen Leben nicht geben wollen, und die ihr Stück in die Vergangenheit verlegen, wo es wirklich einen Rhythmus gibt.

X: Warum glauben Sie, daß die Sprache unbedingt alltäglich sein muß, warum liegt Ihnen so viel daran?

Y: Es gibt den Satz von Shakespeare: «Alle Wohlgerüche Arabiens würden diese kleine Hand nicht wohlriechend machen . . .», er gehört zum Rhythmus Shakespeares, ist die Sprache alltäglich?[2]

Sartre: Das Zitat scheint mir zur alltäglichen Sprache zu gehören, es ist kein Satz, den ich nicht alltäglich nennen würde; Wohlgerüche Arabiens, das ist so, als ob man die Wohlgerüche von Chanel sagen würde;

---

1 Gide schrieb sein Drama *Saul* 1898, Jacques Copeau inszenierte es 1922 im Vieux-Colombier.
2 Zitat aus *Macbeth*, 5. Akt, I. Szene.

das ist ein sehr schöner Satz, selten in gewisser Hinsicht, aber er gehört genau zum Alltäglichen, während der Satz, den ich vorhin zitiert habe: «Ich werde darüber wegen eines verwundeten Schamgefühls weinen» . . .

X: «Die Ekstase war göttlich in unsren runden Brauen.»

Sartre: Sie haben mir selbst gesagt, daß Shakespeare ein Theaterdichter, ein Dramatiker sei.

X: Aber ich sage jetzt: warum wollen Sie um jeden Preis, daß die Alltagssprache ins Theater gebracht wird?

Sartre: Das habe ich nicht gesagt; ich habe gesagt, daß wir eine Sprache nehmen müssen, deren Wörter die Wörter von jedermann sind, daß wir aber diese Wörter mit einem Rhythmus gebrauchen müssen, einer Bedeutung und einer Distanz, so daß wir mit ihnen ein Gebilde konstituieren, das dann durchaus nicht mehr das Alltägliche und das Natürliche ist.

X: Es sind Wörter, die jedermann benutzt.

Sartre: Pegasus ist kein Wort, das jedermann benutzt, das ist ein Wort, das ich selten im meinem Leben verwende.

X: Aber «Wohlgerüche Arabiens» sind auch Wörter, die man nicht oft benutzt . . .

Y: Man kann mit alltäglichen Wörtern nicht-alltägliche Assoziationen erreichen.

Sartre: Man müßte besser Sätze sagen oder, wenn Sie lieber wollen, Wortgruppen.

Cocteau: Glauben Sie, daß es nicht gerade das Bestreben eines Theaterschriftstellers ist, zu überhöhen, um gehört zu werden? Sie erkennen daran den Theatermann; wenn Sie eine Sprache wahrnehmen, die nicht in Distanz gesprochen werden kann, dann ist das theaterfremd; wir haben uns irre machen lassen von Leuten, die keine Theaterleute sind, wir haben falsches Theater gehabt, eine Theatersprache, die mogelt; sie scheint eine gewisse Höhe zu haben, aber es ist eine theatralische Sprache, keine Theatersprache; dasselbe gilt für die Lyrik; im Theater ist Lyrik keine lyrische Sprache, denn sie ist dazu da, von weitem gehört zu werden. Sie ist immer zu klein.

X: Ein kleines Beispiel aus *Antigone*: «Oh, welche Grausamkeit, Euch böses zu Brauen» (*à vous brasser du mal*); der Bearbeiter hat wahrscheinlich geglaubt, das umschreiben zu müssen, um Wörter zu vermeiden, die nicht von jedermann benutzt werden: «Oh, welche Grausamkeit, Euch Böses anzutun!» (*à vous faire du mal*) «Böses zu brauen», ist das wirklich ein nie verwendetes Wort? Es ist sehr interessant, zu wissen, wie das Wort heute heißt.

Cocteau: Wir treten in eine linguistische Diskussion ein: hier interessiert die Optik des Theaters. Sie ist unendlich: man muß eine spezielle Prägung erreichen . . .

X: «Verletzend» (*effleureur*) in dem Stück von Bataille erscheint überraschend.

Cocteau: Das sind Details.

Sartre: Für einen Autor des 16. Jahrhunderts, ja, aber es sind nicht unsre heutigen Probleme; wie dem auch sei, wenn Sie «brauen» (*brasser*) verteidigen, das heißt das alte Wort, das den Reiz eines alten Wortes in einem alten Stück hat, können Sie doch von mir nicht verlangen, daß ich dieses Wort gebrauche.

Barrault: Ich glaube nicht, daß der Herr es als altes Wort verwendet sehen möchte, sondern als plastische Darstellung des Worts: ich liebe das Wort «brauen» (*brasser*), weil es mir eine plastische und genaue Vorstellung vermittelt, es schneidet ein Kapitel über den Stil an, das auch behandelt werden könnte: ich bin völlig einverstanden, daß die Sprache elliptisch sein muß, denn man soll sie ein einziges Mal hören und schnell hören, also darf man vom Zuschauer nicht verlangen, daß er Gedankenassoziationen damit verbindet; die Sprache muß überraschend sein anstatt, sagen wir, intellektuell.

Der Rhythmus Stendhals ist ein vollendeter Rhythmus für die Augen, aber unmöglich für die Ohren, jedenfalls ist er nicht für alle Ohren gemacht, nicht für die Zähne, für den Mund, für die Zunge; ich habe Gelegenheit gehabt, Stendhal zu sprechen: die Flucht von Fabrice, alle Konsonanten blieben in meinem Mund wie Tapeziernägel. Die Schwierigkeit bei Montherlant ergab sich auch daraus, daß sein Stil die Schreibweise eines Literaten und nicht die eines Theatermanns ist, denn ich glaube, daß der Theatermann mehr mit seinem Atem als mit seinem Kopf schreiben muß.

Wäre das nicht gerade die Gelegenheit, das Kapitel über die Plastizität der Wörter anzuschneiden und bis zu den Konsonanten zu gehen; denn bei dem Wort *brasser* – selbst wenn ich Ausländer wäre – denke ich an *malaxer* (kneten), *baratter*, (buttern) ein Wort, das mich körperlich trifft, während ich diese Assoziation gar nicht brauche, und deshalb erwähne ich das Wort *brasser*. Dieses Kapitel könnte interessant sein: der Dramenstil könnte aus einer geatmeten Inspiration hervorgehen, wenn ich so sagen darf: ich wage nicht von Claudel zu sprechen, weil man es von mir in dieser Runde erwartet. Doch ist es genau das, was Claudel versucht hat.

Sartre: Ohne die elliptische Sprache.

Cocteau: Bist du nicht der Meinung, daß der große Theaterautor immer ein Schauspieler ist? Racine war ein Schauspieler.

Barrault: Das Wort muß immer geatmet sein, damit es mit der Geste zusammenstimmt, und wenn es manchmal solche Stockungen gegeben hat in Schauspielen, wo man der Plastizität Gewicht verlieh, war es immer ein Auseinanderklaffen zwischen dem Wort und der Plastizität; es gab kein Zusammenstimmen, weil es plötzlich unterschiedliche Gesichtspunkte gab; da war ein Licht, das im Kopf anging, während das Licht in der Brust angegangen war für den plastischen Ausdruck.

Sartre: Ich denke, daß der Theaterautor das Wort wenigstens schematisch mit der dazugehörigen Plastizität sehen sollte.

Barrault: Claudel sprach mit mir einmal über das Wort *voler*, im Sinn von «schweben»; der Engländer sagt: *to fly*, das ist eine Tätigkeit, die Tätigkeit des Fliegens; der Franzose hat das Wort *voler* genommen, es hat hier keinen starken Akzent, oder vielmehr, er hat bei der Tätigkeit des Fliegens die Phase des Schwebens genommen; der Engländer hat *to fly* genommen, das heißt, sich schnell woanders hin begeben, und der Deutsche bezeichnet mit *fliegen* die Arbeitsleistung; da haben Sie also für dieselbe Tätigkeit drei verschiedene Temperamente, von denen jeder eine Phase der Tätigkeit genommen hat. Das sind drei Wörter, die eine dramatische Tragweite haben; es ist also interessant, das Wort nicht als Idee zu betrachten, sondern als Tätigkeit, als Form, und das würde dazu führen, alle Konsonanten ebenso wie alle Vokale auf ihre Form hin zu untersuchen, der Konsonant c mit a, e, i, o, u, dann das d mit den Vokalen.

Wenn wir deshalb von Nonsensgedichten sprechen, könnte das eine außerordentlich dramatische Sprache sein und im vorliegenden Fall wirklich herausfordernd, da sie ja die Ideenprojektion erklärt.

Sartre: Für die Leute, die uns zuhören, muß man hinzufügen, daß es darum geht, sie von Zeit zu Zeit zu gebrauchen.

Barrault: Und unter bestimmten Umständen natürlich den Gleichklang.

Cocteau: Das Wort ist Tat im Theater, und das Wort ist Form. Ich glaube, daß für die modernen Stücke die wahre Sprache eine falsche natürliche Sprache ist, sie muß wie eine natürliche Sprache wirken.

X: Ich wollte von Claudel sprechen, noch ehe Barrault von ihm sprach, ich wollte wissen, ob Ihrer Meinung nach Claudel einen Rhythmus gesucht hat; er hat nicht zwangsläufig das Natürliche gesucht; hat er Ihrer Meinung nach einen typischen Dramenstil?

Sartre: Ich glaube ja; allerdings sind wir hier im Bereich der Lyrik, das heißt, hier handelt es sich um einen Typus von Theater, der übrigens dem Theater, von dem ich sprach, nicht entgegengesetzt ist, aber ich dachte an ein nicht-lyrisches Theater. Es gibt zwei Bedeutungen des Wortes Lyrik: jedes Theater kann natürlich lyrisch sein, aber ich wollte von einem Theater sprechen, dem es nicht ausdrücklich um Verse,

Rhythmus und einen bestimmten Schönheitstypus geht, der zu dem gehört, was man gewöhnlich Lyrik nennt.

X: Claudel verwendet gerne Wörter, die aus dem Natürlichen und Alltäglichen herausfallen; gehört seine Sprache trotzdem zum Dramenstil?

Sartre: Genau in dem Maße, wie sie sich auf einer Ebene bewegt, die nicht alltäglich ist.

Cocteau: Sie haben das Problem des Stücks im Jahre 1944 gestellt: wer Mut hat, wird das Stück von heute schreiben und eine markante und strenge Sprache finden, die es zum Ausdruck bringen wird.

Sartre: Es gibt ein Stück von Claudel, das ich weniger als die andren mag, nämlich *Der Tausch*, und zwar weil die Figuren Zeitgenossen sind.

Cocteau: Die Sprache ist in gewisser Weise übernatürlich, was die ideale Sprache für das Theater ist; Sie sprechen von etwas sehr Schwierigem, und das Publikum glaubt, seine alltägliche Sprache zu hören, und hört doch eine andre.

Sartre: Man gibt ihm seine tagtägliche Sprache zurück, aber mit einer gewissen Distanz, die bewirkt, daß es Zeuge ist, und zwar so, daß sie ihn einschüchtert.

Cocteau: Es handelt sich auch um kollektive Hypnose: wenn ein Publikum sich entindividualisiert; aber wenn es sich reindividualisiert . . . Sie sprachen vom Geräusch der Sitzplätze, ja, es ist schrecklich, wenn eine Dame im Programmheft zu lesen beginnt, ein Herr unruhig herumrutscht, dann gibt es Längen, irgend etwas klappt nicht mehr, die Leute reindividualisieren sich.

Salacrou: Das ist kein Beweis.

Cocteau: Das ist die Gefahr des Massengeists.

Salacrou: Das Interesse. Aber es gibt ganz schlechte, ganz konventionelle Stücke, die das Publikum begeistern.

Sartre: Sicher.

Salacrou: Das ist auch kein Beweis.

Sartre: Es ist dennoch ein Hinweis, es ist negativ; wenn Sie ein Stück in einem sehr erhabenen Ton schreiben, aber es langweilt das Publikum!

Salacrou: Das ist ein notwendiger, aber nicht zureichender Grund.

Cocteau: Damit gewöhnt man sich daran, eine Tür ohne Grund zu öffnen, unnötige Plätze; eine Tür, die sich öffnet, ist entscheidend.

Sartre: Haben Sie *Der Stern von Sevilla* gesehen?[1] Das Dekor war aufs Minimum reduziert und bestand aus einem Stuhl rechts, einem Gitter links, sowie einer Art kleiner Mauer an der äußersten linken

---

1 *Der Stern von Sevilla* von Lope de Vega wurde 1942 von der Compagnie des Quatres saisons provinciales in der Comédie des Champs-Élysées gespielt.

Wand des Theaters und im Hintergrund; während des Spiels wurde entweder der Stuhl oder das Gitter oder die Mauer angeleuchtet, der Schauspieler brauchte nur anzufangen zu sprechen, damit man sich im Thronsaal glaubte, wenn es rechts aufleuchtete, im Gefängnis, wenn es links aufleuchtete, und in einem Garten, wenn sich hinter der Mauer etwas tat; es gab nur diese Requisiten, und ich spreche davon, weil meine Illusion vollkommen war.

Cocteau: Da man immer zur Sparsamkeit ermahnt wird, war das sparsam.

Sartre: Es war nichts weiter nötig außer einem Stuhl.

X: Das hat Jean Cocteau in *Romeo und Julia* versucht.

Cocteau: Ja, man sah das Wesentliche, man baute die Straßen um sie herum.

Sartre: Insofern trifft man sich mit Barrault, der sogar die Treppe sparen möchte.[1]

Cocteau: Schlimm ist das Theater, wo man viele Stühle und Sessel hinstellt, viele unnötige Blumen; man schafft eine furchtbare Unordnung und eine falsche Natürlichkeit.

X: Warum haben Sie eine Bronzefigur von Barbedienne benutzt?[2]

Sartre: Sie wird im Text erwähnt: die Bronzefigur von Barbedienne; was die Figur als Requisit anbelangt, so kann ich Ihnen versichern, daß Sie nicht von Barbedienne ist. Da genügt eine massive Figur im Hintergrund; ich glaube, daß sie eine nackte Frau auf einem Pferd ohne Sattel darstellt; ich glaube übrigens nicht, daß das irgendeinen Nutzen hat.

Cocteau: Das ist eine Bronzefigur von Barbedienne, weil man sie nicht hochheben kann; es ist die Hölle, man sieht eine Bronzefigur von Barbedienne.

X: Glauben Sie, daß es in der *Antigone* von Anouilh einen Rhythmus gibt?

Sartre: Ich habe sie nicht gesehen. Halten Sie das Gespräch für beendet?

Cocteau: Ja, ich werde mir Ihr Stück ansehen!

Juni 1944

---

1 Sartre spielt auf Barraults Inszenierung der Dramatisierung von Hamsuns Roman *Hunger* im Jahre 1938 im Théâtre de l'Atelier an, wo Barrault pantomimisch eine imaginäre Treppe hochging.
2 In Sartres *Bei geschlossenen Türen*.

Mythen schaffen[1]

Wenn ich in den Zeitungen die Rezensionen der *Antigone* von Anouilh in der Inszenierung von Katherine Cornell lese[2], habe ich den Eindruck, daß das Stück bei den New Yorker Theaterkritikern eine gewisse Verlegenheit hervorgerufen hat. Viele sind erstaunt, daß ein so alter Mythos auf das Theater gebracht worden ist. Andre kritisieren an der Figur der Antigone, daß sie weder lebendig noch wahrscheinlich sei und kein «Charakter» sei, wie es im Theaterjargon heißt. Das Mißverständnis kommt, glaube ich, daher, daß die Kritiker nicht darüber informiert sind, was viele junge Autoren in Frankreich – jeder in andrer Art und ohne gemeinsames Ziel – zu machen versuchen.

Man hat in Frankreich viel von einer «Rückkehr zur Tragödie» gesprochen, von einer «Renaissance des philosophischen Theaters». Die Etikettierungen geben zur Verwirrung Anlaß und sollten alle beide aufgegeben werden. Für uns ist die Tragödie ein historisches Phänomen, das zwischen dem 16. und 18. Jahrhundert herrschte, und wir haben keinerlei Lust, sie auferstehen zu lassen. Ebensowenig liegt uns daran, philosophische Stücke zu schreiben, wenn man darunter Werke versteht, die eigens dazu konzipiert sind, auf der Bühne die Philosophie von Marx, Thomas von Aquin oder des Existentialismus zu illustrieren. Eines ist allerdings wahr an diesen beiden Etikettierungen: erstens stimmt, daß uns weniger an Innovation als an Rückkehr zu einer Tradition liegt; zweitens stimmt, daß die Probleme, die wir im Theater behandeln wollen, sich sehr von denen unterscheiden, mit denen wir uns vor 1940 befaßt haben.

Das Theater, wie man es in der Zeit zwischen den beiden Weltkriegen verstand und wie man es vielleicht heute noch in den Vereinigten Staaten versteht, ist ein Theater von Charakteren. Die Analyse der Charaktere und deren Konfrontation waren der Hauptgegenstand des Theaters. Was man eine «Situation» nannte, hatte einzig und allein

---

[1] Dieser Text ging aus einem Vortrag hervor, den Sartre 1946 während seines zweiten Aufenthalts in den Vereinigten Staaten hielt. Er erschien in englischer Übersetzung unter dem Titel *Forgers of Myths: the young playwrights of France* in der amerikanischen Zeitschrift *Theatre Arts* XXX, Nr. 6, Juni 1946, und wurde später in mehrere amerikanische Sammelbände von Texten über das Theater aufgenommen.

[2] *Antigone* von Jean Anouilh wurde am 18. Februar 1946 zum erstenmal in New York aufgeführt.

zum Ziel, die Charaktere besser hervortreten zu lassen. Die besten Stücke dieser Epoche waren psychologische Studien über einen Feigling, einen Lügner, einen Streber oder einen Enttäuschten. Gelegentlich bemühte sich ein Dramatiker, die Mechanismen einer Leidenschaft – gewöhnlich die Liebe – aufzudecken oder einen Minderwertigkeitskomplex zu analysieren.

Nach solchen Kriterien ist Anouilhs Antigone überhaupt kein Charakter. Ebensowenig ist sie der bloße Träger einer Leidenschaft, die sich nach den festen Regeln irgendeiner Psychologie entwickeln müßte. Sie verkörpert einen nackten Willen, eine reine und freie Wahl; man kann bei ihr die Leidenschaft nicht vom Handeln trennen. Die jungen französischen Dramatiker glauben nicht, daß die Menschen eine «Menschennatur» gemeinsam haben, die ein für allemal gegeben ist und sich unter dem Einfluß einer gegebenen Situation verändern kann. Sie glauben nicht, daß die Individuen Opfer einer Leidenschaft oder einer Manie sein können, die sich nur aus der Vererbung, dem Milieu und der Situation erklären ließe. Was in ihren Augen allgemein ist, ist nicht eine Natur, sondern die Situationen, in denen sich der Mensch befindet, das heißt nicht die Summe seiner psychischen Züge, sondern die Grenzen, an denen er sich an allen Seiten stößt.

Für sie muß der Mensch nicht als ein «vernünftiges» oder «soziales» Tier definiert werden, sondern als ein freies, völlig unbestimmtes Seiendes, das sein eigenes Wesen angesichts bestimmter Notwendigkeiten wählen muß, wie zum Beispiel der Tatsache, daß es schon in eine Welt verwickelt ist, die zugleich bedrohliche und günstige Faktoren enthält, unter andren Menschen, die ihre Wahl vor ihm getroffen und im voraus über den Sinn dieser Faktoren entschieden haben. Er ist mit der Notwendigkeit konfrontiert, arbeiten und sterben zu müssen, in eine Welt geworfen zu sein, die bereits da ist und die dennoch sein eigenes Unternehmen ist und in der er sich nie wieder zurücknehmen kann: eine Welt, in der er seine Karten ausspielen und seine Risiken auf sich nehmen muß, was es ihn auch kosten mag. Deshalb haben wir das Bedürfnis, bestimmte Situationen auf die Bühne zu bringen, die die Hauptaspekte des Menschseins aufklären, und den Zuschauer an der freien Wahl, die der Mensch in diesen Situationen trifft, teilnehmen zu lassen.

So hat Antigone von Anouilh abstrakt erscheinen können, weil sie weniger als eine junge griechische Prinzessin, geprägt von bestimmten Einflüssen und einigen schrecklichen Erinnerungen, dargestellt wurde, als vielmehr als eine freie Frau ohne Charakterzüge, bis sie sie selbst wählt in dem Augenblick, wo sie entgegen dem Willen des triumphierenden Tyrannen ihre Freiheit im Tod behauptet. Wenn der Bürgermeister von Vaucelles in *Unnütze Münder* von Simone de Beauvoir[1] entscheiden muß, ob er seine belagerte Stadt retten soll, indem er die Hälfte ihrer Einwohner (Frauen, Kinder, Greise) opfert, oder ob er sie der Gefahr aussetzen soll umzukommen, indem er versucht, alle zu retten, dann liegt uns nichts daran, zu erfahren, ob er gefühlvoll oder kalt ist, ob er einen Ödipuskomplex, ob er einen reizbaren oder heiteren Charakter hat. Sicher wird er eine schlechte Entscheidung treffen, wenn er tollkühn und unvorsichtig, eingebildet oder zaghaft ist. Aber wir sehen kein Interesse darin, im voraus die Motivation oder die Gründe zusammenzuführen, die unvermeidlich seine Wahl erzwingen werden. Vielmehr liegt uns daran, die Angst eines Menschen darzustellen, der zugleich frei und guten Willens ist, der in aller Aufrichtigkeit herauszufinden sucht, was er tun muß, und der weiß, daß er mit der Entscheidung über das Schicksal andrer zugleich seine eigene Verhaltensregel wählt und ein für allemal entscheidet, ob er ein Tyrann oder ein Demokrat sein wird.

Wenn es bei einem von uns vorkommt, daß er einen Charakter auf der Bühne darstellt, so geschieht das einzig mit dem Ziel, sich so bald wie möglich von ihm zu befreien. Zum Beispiel hat Caligula zu Beginn des gleichnamigen Stücks von Camus einen Charakter.[2] Man ist geneigt zu glauben, daß er sanft und gut erzogen ist, und zweifellos ist er das alles wirklich. Aber diese Sanftmut und diese Bescheidenheit schwinden plötzlich, als der Kaiser die fürchterliche Entdeckung macht, daß die Welt absurd ist. Von da an wird er wählen, der Mensch zu sein, der die andren Menschen von dieser Absurdität überzeugt, und das Stück erzählt lediglich, wie er seinen Plan ausführt.

Der freie Mensch in den Grenzen seiner eigenen Situation, der Mensch, der, ob er will oder nicht, für alle andren wählt, wenn er für sich wählt – das ist das Thema unsrer Stücke. Wir wollen das Charaktertheater durch ein Situationstheater ablösen; unser Ziel ist es, alle Situationen zu erforschen, die der menschlichen Erfahrung am vertrautesten sind, jene, die sich mindestens einmal im Leben der meisten ergeben. Die Figuren unsrer Stücke unterscheiden sich voneinander nicht wie ein Feigling von einem Geizigen oder ein Geiziger von einem Mutigen, sondern vielmehr so, wie die Handlungen voneinander abweichen oder aufeinanderstoßen, wie das Recht mit dem Recht in Konflikt geraten kann. Insofern kann man tatsächlich sagen, daß wir an die Corneillesche Tradition anknüpfen.

---

1 *Les bouches inutiles* von Simone de Beauvoir wurde im November 1945 zum erstenmal in Paris aufgeführt.
2 *Caligula* von Albert Camus wurde am 26. September 1945 zum erstenmal in Paris aufgeführt.

Daher wird man leicht verstehen, weshalb wir uns wenig um Psychologie kümmern. Wir suchen nicht das «richtige» Wort, das plötzlich die ganze Entwicklung einer Leidenschaft enthüllt, ebensowenig wie «die Handlung», die den Zuschauern am wahrscheinlichsten und unvermeidlichsten erscheint. Wir halten die Psychologie für die abstrakteste Wissenschaft, weil sie die Mechanismen unsrer Leidenschaften erforscht, ohne sie in ihren wahren menschlichen Kontext zu versetzen, ohne ihren Hintergrund von religiösen und moralischen Werten, die Tabus und Imperative der Gesellschaft, die Konflikte zwischen Völkern und Klassen, die Konflikte zwischen Rechten, Absichten und Handlungen zu berücksichtigen. Für uns ist der Mensch ein totales Unternehmen in sich selbst. Und die Leidenschaft ist Teil dieses Unternehmens.

Darin kehren wir zu der Auffassung zurück, die die Griechen von der Tragödie hatten. Für sie war, wie Hegel gezeigt hat[1], die Leidenschaft nie ein bloßer Gefühlsausbruch, sondern grundlegend immer die Behauptung eines Rechts. Für Sophokles und Anouilh sind der Faschismus des Kreon, der Eigensinn der Antigone, für Camus der Wahnsinn des Caligula *alles zugleich* Gefühlsaufwallungen, die ihren Ursprung tief in uns haben, und Äußerungen eines unerschütterlichen Willens, die die Behauptung von Werte- und Rechtesystemen sind, wie die Bürgerrechte, die Familienrechte, die individuelle Moral, die kollektive Moral, das Recht zu töten, das Recht, Menschen ihre jämmerliche Lage zu enthüllen, und so weiter. Wir verwerfen die Psychologie nicht, das wäre absurd: wir beziehen sie ins Leben ein. – Seit fünfzig Jahren heißt eines der berühmtesten Aufsatzthemen in Frankreich: «Kommentieren Sie den Satz von La Bruyère: Racine schildert die Menschen so, wie sie sind, Corneille schildert sie so, wie sie sein sollten.» Wir meinen, daß diese Behauptung umgekehrt werden sollte. Racine schildert den Menschen psychologisch, er erforscht die Mechanismen der Liebe, der Eifersucht ganz rein und abstrakt, das heißt, ohne je moralischen Betrachtungen oder dem menschlichen Willen zu ermöglichen, von ihrer unvermeidlichen Regung abzuweichen. Seine Figuren sind nur Geschöpfe seines Geistes, das Ende resultiert aus einer intellektuellen Analyse. Corneille zeigt uns dagegen den Willen mitten in der Leidenschaft und stellt so den Menschen in seiner ganzen Komplexität, in seiner totalen Wirklichkeit wieder her.

Die jüngeren Autoren, von denen ich spreche, stehen auf der Seite Corneilles. Für sie ist das Theater nur dann fähig, den Menschen in seiner Totalität darzustellen, wenn es *moralisch* sein will. Wir wollen da-

---

[1] Hegel behandelt die griechische Tragödie vor allem in seinen *Vorlesungen über die Ästhetik*.

mit nicht sagen, daß das Theater Beispiele zur Illustration von Verhaltensregeln oder die praktische Moral liefern soll, die man Kinder lehrt, sondern vielmehr, daß man das Studium der Charakterkonflikte durch die Darstellung von Rechtskonflikten ersetzen muß. Beim Konflikt zwischen einem Stalinisten und einem Trotzkisten ging es nicht um den Gegensatz zwischen verschiedenen Charakteren, nicht durch ihre Charaktere stießen 1933 ein Antinazi und ein SS-Mann zusammen; die Schwierigkeiten der internationalen Politik rühren nicht vom Charakter der Männer her, die uns regieren; die Streiks in den Vereinigten Staaten offenbaren keine Charakterkonflikte zwischen den Industriellen und den Arbeitern. Trotz verschiedener Interessen sind es in jedem dieser Fälle letztlich die Wertesysteme, die Moral- und Begriffssysteme des Menschen, die aufeinanderstoßen.

Aus diesem Grunde hat sich unser neues Theater bewußt vom sogenannten «realistischen Theater» entfernt, denn der «Realismus» hat immer Stücke mit Geschichten einer Niederlage, einer Duldung und eines Verzichts hervorgebracht, er hat immer lieber zeigen wollen, wie äußere Mächte einen Menschen vernichten, ihn in Stücke reißen und schließlich aus ihm eine Wetterfahne im Wind machen. Wir aber berufen uns auf den *wirklichen* Realismus, denn wir wissen, daß es unmöglich ist, im alltäglichen Leben die Tatsache vom Recht, das Reale vom Idealen, die Psychologie von der Moral zu trennen.

Dieses Theater ist nicht Träger irgendeiner «These», es ist von keiner vorgefaßten Idee inspiriert. Es versucht, das Dasein in seiner Totalität zu erforschen und dem zeitgenössischen Menschen ein Bild von sich selbst, von seinen Problemen, seinen Hoffnungen und seinen Kämpfen zu bieten. Wir meinen, daß unser Theater seine Mission verraten würde, wenn es individuelle Persönlichkeiten schilderte, selbst wenn es sich um so allgemeine Typen handelte wie einen Geizigen, einen Menschenfeind oder einen betrogenen Ehemann, denn wenn das Theater sich an die Massen wenden soll, muß es ihnen von ihren allgemeinen Sorgen sprechen, ihre Ängste ausdrücken in Form von Mythen, die jeder verstehen und zutiefst nachempfinden kann.

Meine erste Theatererfahrung war besonders glücklich. Als ich 1940 deutscher Kriegsgefangener war, habe ich ein Weihnachtsspiel geschrieben, inszeniert und gespielt, das durch einfache Symbole der Wachsamkeit der deutschen Zensur entging und sich an meine Mitgefangenen richtete. Dieses Drama, das nur scheinbar biblisch war, wurde von einem Kriegsgefangenen verfaßt und inszeniert und von Kriegsgefangenen gespielt, in einem Bühnenbild, das Kriegsgefangene gemalt hatten; es war ausschließlich für Kriegsgefangene bestimmt (so daß ich seitdem nie die Einwilligung gegeben habe, daß es gespielt oder gar gedruckt würde).¹ Und es wandte sich an sie, indem es von ihren Kriegsgefangenenproblemen handelte. Natürlich war das Stück weder gut noch gut gespielt: es war Laientheater, würden die Kritiker sagen, das Produkt besonderer Umstände. Als ich mich jedoch über das Rampenlicht hinweg an meine Kameraden wandte und ihnen von ihrer Kriegsgefangenenlage sprach, begriff ich bei dieser Gelegenheit, als ich sie plötzlich so still und aufmerksam sah, was Theater sein sollte: ein großes kollektives religiöses Phänomen.

Sicher profitierte ich bei dieser Gelegenheit von außergewöhnlichen Umständen; es kommt nicht alle Tage vor, daß ein Publikum durch ein großes gemeinsames Interesse, einen großen Verlust oder eine große Hoffnung vereint ist. In der Regel setzt sich ein Theaterpublikum aus sehr verschiedenen Elementen zusammen: ein dicker Geschäftsmann sitzt neben einem Vertreter oder einem Lehrer, ein Mann neben einer Frau, und jeder hat seine besonderen Sorgen. Diese Situation ist jedoch für den Dramatiker eine Herausforderung: er muß sein Publikum schaffen, alle diese unvereinbaren Elemente zu einer einzigen Einheit verschmelzen, indem er in den Gemütern die Dinge weckt, die alle Menschen einer Epoche und einer gegebenen Gemeinschaft beschäftigen.

Das heißt nicht, daß unsere Autoren Symbole gebrauchen wollen, wenn man unter Symbol den indirekten oder poetischen Ausdruck einer Realität versteht, die man nicht direkt erfassen kann oder will. Es widerstrebt uns heute zutiefst, das Glück durch einen ungreifbaren blauen Vogel darzustellen, wie es Maeterlinck tat. Unsre Stücke sind zu streng für solche Kindereien. Aber wenn wir auch das Symboltheater verwerfen, so wollen wir doch, daß unser Theater ein Mythentheater sei; wir wollen versuchen, dem Publikum die großen Mythen von Tod, Exil und Liebe zu zeigen. Die Figuren im *Mißverständnis* von Albert Camus sind keine Symbole, sie sind aus Fleisch und Blut: *eine* Mutter und *eine* Tochter, *ein* Sohn, der von einer langen Reise zurückkehrt; ihre tragischen Erfahrungen genügen sich selbst. Und dennoch sind diese Figuren mythisch, insofern das Mißverständnis, das sie trennt, zur Verkörperung aller Mißverständnisse dienen kann, die den Menschen von sich selbst, der Welt und den andren Menschen trennen.

Das französische Publikum hat sich darin nicht getäuscht, wie es die durch einige Stücke hervorgerufenen Diskussionen bewiesen haben. Bei

---

1 *Bariona ou les Fils du tonnerre* erschien zum erstenmal in Michel Contat/ Michel Rybalka, *Les écrits de Sartre*, Gallimard, Paris 1970, aber das Stück ist niemals öffentlich aufgeführt worden. (Eine deutsche Übersetzung erschien in Gotthold Hasenhüttl, *Gott ohne Gott*, Styria, Graz 1972.)

Unnütze Münder zum Beispiel hat sich die Kritik nicht darauf beschränkt, die Handlung zu diskutieren, die auf im Mittelalter häufig vorkommende Ereignisse zurückging: sie hat in dem Stück eine Verurteilung faschistischer Praktiken erkannt. Die Kommunisten dagegen haben darin eine Verurteilung ihrer eigenen Praktiken gesehen: «Die Schlußfolgerung», haben sie in ihren Zeitungen geschrieben, «ist in Begriffen eines kleinbürgerlichen Idealismus ausgedrückt. Alle unnützen Münder hätten geopfert werden müssen, um die Stadt zu retten.» Anouilh löste mit seiner *Antigone* ebenfalls Diskussionen aus: für die einen war er ein Nazi, für die andren ein Anarchist. Derart heftige Reaktionen beweisen, daß unsre Stücke das Publikum dort berühren, wo es berührt werden muß.

Dennoch sind diese Stücke streng. Da wir uns vor allem für die Situation interessieren, wird sie in unsrem Theater genau an dem Punkt vorgeführt, wo sie ihren Höhepunkt erreicht. Wir nehmen uns nicht die Zeit für wissenschaftliche Nachforschungen, wir haben nicht das Bedürfnis, die unmerkliche Entwicklung eines Charakters oder einer Handlung genau zu beschreiben: man wird nicht allmählich vom Tod ereilt, man sieht sich ihm plötzlich gegenüber – und wenn man sich der Politik oder der Liebe nur allmählich nähert, dann tauchen plötzlich dringende Probleme auf, die kein Fortschreiten ermöglichen. Indem wir von der ersten Szene an unsre Protagonisten in den Höhepunkt ihrer Konflikte werfen, greifen wir auf das wohlbekannte Verfahren der klassischen Tragödie zurück, die sich in dem Augenblick der Handlung bemächtigt, wo sie auf die Katastrophe zutreibt.

Unsre Stücke sind gewaltsam und knapp, um ein einziges Ereignis zentriert; sie haben wenige Darsteller, und die Geschichte ist auf eine kurze Zeitspanne komprimiert, mitunter auf nur wenige Stunden. Daraus resultiert, daß sie einer Art «Regel der drei Einheiten» folgen, die nur etwas verjüngt und modifiziert worden ist. Ein einziges Bühnenbild, einige Auftritte, einige Abgänge, lebhafte Dispute zwischen den Figuren, die leidenschaftlich ihre individuellen Rechte verteidigen – das bringt unsre Stücke in so großen Abstand zu den brillanten Nichtigkeiten des Broadway. Dennoch haben einige davon mit ihrer Strenge und Intensität in Paris ihre Wirkung nicht verfehlt. Wir sind gespannt, wie New York sie aufnehmen wird.

Weil das Ziel unsrer Dramatiker ist, Mythen zu schaffen, dem Publikum ein vergrößertes und bereichertes Bild seiner eignen Leiden zu bieten, lehnen sie jenes ständige Bemühen der Realisten ab, den Abstand zwischen Zuschauer und Schauspiel so weit wie möglich zu verringern. 1942 gab es in Gaston Batys Inszenierung von *Der Widerspenstigen Zähmung* einen Abgang von der Bühne in den Zuschauerraum, der bestimmten Figuren ermöglicht, ins Parkett herunterzukommen.[1] Wir sind von solchen Vorstellungen und solchen Methoden weit entfernt. Für uns sollte ein Stück nie zu *vertraut* erscheinen. Seine Größe hängt von gesellschaftlichen und in gewissem Sinn religiösen Funktionen ab: es muß ein Ritus bleiben; auch wenn es zu den Zuschauern selbst spricht, muß es das in einem Ton und in einem Stil tun, der keineswegs Vertrautheit aufkommen läßt, sondern die Distanz zwischen Werk und Publikum eher noch vergrößert.

Deshalb ist es eines unsrer Probleme gewesen, einen Dialogstil zu finden, der, obwohl äußerst einfach und nur mit alltäglichen Wörtern, doch etwas von der alten Würde unsrer Sprache bewahren kann. Wir haben alle aus unsren Stücken die Abschweifungen, die effektvollen Reden, das, was man in Frankreich gerne «die Poesie der Replik» nennt, verbannt; jenes ganze Gewäsch läßt eine Sprache verkommen. Es scheint uns, daß wir etwas vom Pomp der alten Tragödien wiedergewinnen, wenn wir die strengste Sparsamkeit an Wörtern praktizieren. Ich für meinen Teil habe mir in *Tote ohne Begräbnis*, meinem letzten Stück, nicht versagt, umgangssprachliche Wendungen, Flüche oder sogar Argotausdrücke zu gebrauchen, wenn ich spürte, daß eine solche Sprache den Figuren entsprach. Aber ich habe durch die Dialogführung versucht, eine äußerste Ausdrucksschärfe, Ellipsen, plötzliche Unterbrechungen zu bewahren, eine Art innerer Spannung in den Sätzen, die sie sofort vom nachlässigen Ton der Alltagssprache unterscheiden. Der Stil von Camus in *Caligula* ist von ganz andrer Art, aber er ist großartig nüchtern und straff. Die Sprache von Simone de Beauvoir in *Unnütze Münder* ist so karg, daß ihr mitunter Trockenheit vorgeworfen wurde.

Kurze und gewaltsame Dramen, mitunter auf die Länge eines einzigen Akts reduziert (*Antigone* dauert anderthalb Stunden, mein eigenes Stück *Bei geschlossenen Türen* eine Stunde und zwanzig Minuten, ohne Pause), ganz um ein Ereignis zentrierte Dramen – meistens ein Rechtskonflikt in bezug auf eine ganz allgemeine Situation –, in einem klaren äußerst straffen Stil geschrieben, die mit einer kleinen Zahl von Figuren auskommen, die nicht wegen ihrer individuellen Charaktere dargestellt, sondern in eine Situation gestürzt werden, die sie zwingt, eine Wahl zu treffen – das ist das strenge, moralische, mythische und rituelle Theater, das in Paris während der Besetzung und besonders seit Kriegsende neue Stücke hervorgebracht hat. Sie entsprechen den Bedürfnissen eines er-

---

1 Sartre meint offensichtlich eine andere Inszenierung Gaston Batys oder Firmin Gémiers Inszenierung von *Der Widerspenstigen Zähmung* von 1918, auf die er bereits in seinem Beitrag vom 10. Juni 1944 hingewiesen hat (siehe «Zum Dramenstil»).

schöpften, aber anspruchsvollen Volks, für das die Befreiung nicht eine Rückkehr zum Wohlstand bedeutet hat und das nur mit äußerster Sparsamkeit leben kann.

Gerade die Strenge dieser Stücke stimmt mit der Strenge des französischen Lebens überein; ihre moralischen und metaphysischen Themen spiegeln die Sorgen einer Nation, die zugleich wiederaufbauen und wiedererschaffen muß und die nach neuen Prinzipien sucht. Sind sie das Produkt lokaler Umstände oder ermöglicht ihnen gerade die Strenge ihrer Form, ein größeres Publikum in wohlhabenderen Ländern zu erreichen? Das ist eine Frage, die wir uns offen stellen müssen, ehe wir versuchen, sie zu verpflanzen.

Juni 1946

Für ein Situationstheater

Die treibende Kraft der großen Tragödien von Aischylos, Sophokles und Corneille ist die menschliche Freiheit. Ödipus ist frei, Antigone und Prometheus sind frei. Die Fatalität, die man in den antiken Dramen festzustellen glaubt, ist nur die Kehrseite der Freiheit. Die Leidenschaften selbst sind in ihrem eigenen Netz gefangene Freiheiten.

Das psychologische Theater von Euripides, von Voltaire und von Crébillon kündigt den Verfall der tragischen Formen an. Ein Zusammenprall von Charakteren ist, welche Wendungen man auch hineinbringt, immer nur ein Zusammenspiel von Kräften, dessen Ergebnisse vorhersehbar sind: alles ist vorbestimmt. Ein Mensch, den das Zusammentreffen von Umständen ins sichere Verderben führt, berührt einen kaum. In seinem Untergang ist nur dann Größe, wenn er durch eigene Schuld fällt. Psychologie stört im Theater nicht deshalb, weil zu viel, sondern weil zu wenig in ihr steckt; es ist schade, daß die modernen Autoren auf diese Zwittererkenntnis gestoßen und sie unangebracht angewandt haben. Sie haben den Willen, den Eid, den Größenwahn verfehlt, die die Tugenden und Laster der Tragödie sind.

Die zentrale Substanz eines Stücks ist folglich nicht der Charakter, den man in gelehrten «Theaterwörtern» ausdrückt und der nichts andres ist als die Summe unsrer Eide (der Eid, sich reizbar, starrsinnig, treu zu zeigen usw.), sondern die Situation. Nicht jenes oberflächliche Verwirrspiel, das Scribe und Sardou so gut auf die Bühne zu bringen wußten und das keinerlei menschlichen Wert hatte. Aber wenn es wahr ist, daß der Mensch in einer gegebenen Situation frei ist und daß er in dieser Situation und durch sie sich selbst wählt, dann muß man im Theater einfache menschliche Situationen zeigen und Freiheiten, die in diesen Situationen gewählt werden. Der Charakter kommt danach, wenn der Vorhang gefallen ist. Er ist nur die Verhärtung der Wahl, ihre Verkalkung; er ist, was Kierkegaard *die Wiederholung* genannt hat. Das Bewegendste, was das Theater zeigen kann, ist das Entstehen eines Charakters, der Augenblick der Wahl, der freien Entscheidung, durch die sich eine Moral und ein ganzes Leben engagiert. Die Situation ist ein Appell; sie schließt uns ein; sie bietet uns Lösungen, wir müssen entscheiden. Und damit die Entscheidung zutiefst menschlich ausfällt, damit sie die Totalität des Menschen aufs Spiel setzt, muß sie jedesmal Grenzsituationen auf die Bühne bringen, das heißt Situationen, die Alternativen darstellen, deren eine der Tod ist. So offenbart sich die Freiheit auf ihrer höchsten Stufe, da sie es ja hinnimmt zu scheitern, um sich behaupten zu können. Und weil es nur Theater gibt, wenn man die Einheit aller Zuschauer verwirklicht, muß man derart allgemeine Situationen finden, daß sie allen gemeinsam sind. Man stürze Menschen in solche allgemeinen extremen Situationen, die ihnen nur zwei Auswege offen lassen, man sorge dafür, daß sie mit ihrer Wahl des Auswegs sich selbst wählen, dann hat man gewonnen, das Stück ist gut. Jede Epoche erfaßt das Menschsein und die Rätsel, die sich seiner Freiheit durch besondre Situationen stellen. Antigone in der Tragödie des Sophokles muß zwischen der Moral der Polis und der Moral der Familie wählen. Dieses Dilemma hat heute kaum mehr einen Sinn. Aber wir haben unsre Probleme: das Problem des Zwecks und der Mittel, der Legitimität von Gewalt, der Folgen des Handelns, der Beziehung der Person zur Kollektivität, des individuellen Unternehmens zu den historischen Konstanten und hunderte andre. Mir scheint, daß es die Aufgabe des Dramatikers ist, zwischen solchen Grenzsituationen die zu wählen, die am besten seine Sorgen ausdrückt, und sie dem Publikum als die Frage darzulegen, die sich bestimmten Freiheiten stellt. Nur so wird das Theater die Resonanz wiederfinden, die es verloren hat, nur so wird es das unterschiedliche Publikum, das es heute besucht, *vereinigen* können.

November 1947

Volkstheater und bürgerliches Theater
Interview mit Bernard Dort, *Théâtre populaire*,
September/Oktober 1955.

Hat der Begriff «Volkstheater» für Sie einen Sinn, und wenn ja, was verstehen Sie darunter?
Volkstheater. Ja. Dieser Begriff hat für mich durchaus einen Sinn. Vielleicht hat er sogar zuviel Sinn, weil er für mich eigentlich das *ganze* Theater bedeutet. Es geht also gar nicht darum, ob das Theater ein Volkstheater sein muß – es kann ja nur das sein –, sondern ob dieses Volkstheater, das Theater schlechthin, gegenwärtig existiert und wie. Hier stoßen wir nämlich auf einen Widerspruch. Es gibt viele Theater, aber nicht ein Theater. Nehmen wir zum Beispiel . . .
Das TNP?[1]
Ja, das TNP. Für mich verwirklicht das TNP nicht dieses Volkstheater. Das ist kein Urteil über die Tätigkeit von Vilar, sondern eine sachliche Feststellung. Vilar selbst kann nichts dafür; es ist die Situation des TNP, um die es geht.
Zunächst ist das TNP ein subventioniertes Theater. Das heißt ein Theater, das Stücke aufführt, die es aus dem Repertoire auszuwählen hat, und zwar mit der größten Umsicht. Stücke, die nicht für die Massen von heute geschrieben sind. Stücke, die zweifellos früher – und ich denke hier an Shakespeare – von einem echten Volkstheater herkamen, die für die Menschen jener Zeit geschrieben worden waren, die aber jetzt Formen der Kultur, die Bestandteil des bürgerlichen Kulturerbes geworden sind.
So stellt für Sie die Aufführung von Stücken des traditionellen Repertoires – selbst wenn sie in neuer Form gespielt werden, sozusagen entstaubt, wie es beim Cid *der Fall war – kein wirkliches Volkstheater dar?*
Ja. Den *Don Juan* aufführen oder Racine, das ist gut, das ist nützlich, aber darum geht es nicht. Für ein Volkstheaterpublikum muß man Stücke aufführen, die für es geschrieben sind und die von ihm handeln. Und das bringt mich zur zweiten Art der Ursachen für das «Scheitern» des TNP, zur Frage des Publikums. Das TNP hat kein Volkstheaterpublikum, kein Arbeiterpublikum. Es hat ein kleinbürgerliches Publikum, ein Publikum, das ohne das TNP und seine relativ niedrigen Eintritts-

[1] Théâtre National Populaire, die von Jean Vilar begründete und viele Jahre geleitete staatliche Volksbühne in Paris. (Anm. d. Übers.)

preise nicht oder nur selten ins Theater ginge – aber kein Arbeiterpublikum. Es gibt Arbeiter, die ins TNP kommen, das TNP hat Vorstellungen für Arbeiter gegeben, aber das TNP hat kein Arbeiterpublikum. Selbst wenn es herumzieht und in den Vororten spielt.[1]

Es gibt ja einen außerordentlichen Widerstand der Arbeiter gegen das Theater. Sehen Sie meinen Fall. *Nekrassow* ist bedingungslos von den Kommunisten unterstützt worden, von der Gewerkschaft CGT und von ‹Théâtre et Culture›[2]. Deren Presseorgane berichteten darüber, es gab Karten zu ermäßigten Preisen. Und doch sind die Arbeiter nur zögernd gekommen, nach und nach. Für die Arbeiter ist das Theater noch etwas Zeremonielles, das zum bürgerlichen Zeremoniell gehört. Sie mißtrauen ihm, und wenn sie hingehen, ist das alles sehr mühsam: die Plätze sind teuer (selbst die im TNP), es muß jemand auf die Kinder aufpassen, die Theater sind weit, in Paris, im Zentrum, und die Arbeiter sind müde; daher möchten sie, wenn sie sich entspannen wollen, eine Operette sehen.

Das heißt, daß man ihnen ihr Theater geben muß: ihr Mißtrauen zerstreuen (ein Wort genügt, sie vom Theater abzubringen, wie es zum Beispiel bei *Dantons Tod* von Büchner war: die Kommunisten haben sich dagegen ausgesprochen, und niemand ist zu den Vorortvorstellungen von Vilar gekommen. Während es bei den Bürgern gerade umgekehrt ist. Das Theater ist ganz ihre Sache. Während der Tournee von *Der Teufel und der liebe Gott* wetterte der Erzbischof von der Kanzel gegen das Stück, jeder war da und hörte es, und abends trafen sich dieselben Leute alle im Theater wieder), indem man im Theater *ihr* Problem stellt – das politische Problem.

Das TNP selbst kann nichts dafür. Sein Fall ist nur aufschlußreich. Es gibt kein echtes Volkstheaterpublikum, denn dieses Publikum setzt Stücke voraus, die ausdrücklich für es geschrieben sind.

---

1 Diesen Bemerkungen über das Publikum des Théâtre National Populaire ist Jean Vilar in *L'Express* vom 24. November 1955 entgegengetreten. Vilar erwiderte vor allem: «Mein Theater heißt ‹Nationales Volkstheater› und nicht ‹Nationales Arbeitertheater› ... In Frankreich ist ein Volkstheaterpublikum heute nicht einzig und allein ein Arbeiterpublikum. Das ist doch offensichtlich, oder etwa nicht? Ein Postbeamter, meine Sekretärin, ein Kleinhändler, die auch acht Stunden am Tag arbeiten, alle sind Teil des Volkes. Warum weist Sartre sie ab? ... *Nekrassow* ist vielleicht ein bewußt populäres Stück. Ist es ein Unterhaltungsstück? Sartre möge darüber nachdenken und uns dann ein gutes Stück bescheren, seit vier Jahren bitte ich ihn darum. Mir scheint, daß er sich im Théâtre National Populaire zu Hause fühlen könnte.»
2 Théâtre et Culture war eine von der Kommunistischen Partei beeinflußte Zuschauervereinigung.

Daher ist in Frankreich das einzige Beispiel für Volkstheater, das ich kenne, die Tournee, die Claude Martin mit dem Stück über Henri Martin in den Fabriken gemacht hat.[1] Das Stück war summarisch, ein Bilderbogen, das stimmt, aber es stellte ein politisches Problem, es handelte von dem, worüber die Arbeiter sich unterhielten, von der Partei, und es wurde vor Arbeitern gespielt, dort, wo sie arbeiteten: das war das Wesentliche.

In diesem Sinn gibt es in der Sowjetunion ein Volkstheater – wenn auch nicht überall. In Leningrad, in Moskau, in den Großstädten haben die Theater ein kleinbürgerliches Publikum wie bei uns. Aber neben diesem Theater gibt es ein Theater in der Nähe jeder Fabrik, in den Kulturhäusern; ein Theater, das ein Arbeiterpublikum hat. Und dann gibt es trotzdem einen wichtigen Unterschied zu unsrer Situation. Dieses Volkstheater hat überhaupt nichts Abseitig. Es wird auch von Großstadtschauspielern gemacht, die jährlich eine bestimmte Anzahl von Vorstellungen in Fabriken spielen müssen. Und die neuen Stücke, die Probleme, von denen sie handeln, betreffen das, was die Arbeiter beschäftigt. Das Theater in der Sowjetunion ist *erzieherisch*: es ist nicht sehr gut, es könnte besser sein. Aber das Wesentliche ist, daß es ein Publikum hat, daß es wirklich dieses Arbeiterpublikum *anspricht*.

Im Grunde wäre es für hier vielleicht eine Lösung, wenn es fünfzig, wenn es hundert TNP gäbe.

Ja, aber es bleibt das Problem des Repertoires, der Tradition. Glauben Sie nicht, daß ein Volkstheater auch eine völlige Änderung des Theaterstils voraussetzt, einen Bruch mit der Theatertradition?

Eine Änderung, ja. Einen Bruch vielleicht nicht. In jedem Fall die Aufgabe der Traditionen des bürgerlichen Theaters und die Rückkehr zur Theatertradition: zu jener der vorbürgerlichen Epoche. Denn nur das bürgerliche Theater ist kein Volkstheater gewesen. Die gesamte Theatertradition ist eine Tradition des Volkstheaters gewesen bis zum Aufkommen des Bürgertums. Unter dem Ancien régime ist der Klassenkampf zwar ebenso heftig wie in unsrer Zeit, aber die Strukturen der Stadt spiegeln ihn nicht wider, jeder geht ins Theater, und das Theater ist für jeden da. Aber seit dem 19. Jahrhundert gehört die Stadt den Bürgern. Sie setzen die Theater ins Zentrum, ins Herz ihrer Zitadelle. Das Theater wird so ein Klassentheater: das Theater des Bürgertums.

Sicher konnte das Theater vor dem 19. Jahrhundert die Bestrebungen

---

[1] Henri Martin war ein französischer Matrose, der 1950 zu fünf Jahren Zuchthaus verurteilt wurde, weil er Flugblätter gegen den Indochina-Krieg verteilt hatte. Die Kommunistische Partei begann eine Kampagne zu seiner Befreiung, der sich Sartre anschloß. Siehe *L'affaire Henri Martin*, Gallimard, Paris 1953.

einer Klasse widerspiegeln, aber es war kein, es war nie ausschließlich ein Klassentheater.
Und unser klassisches Theater?
Ja, das alles ist etwas pauschal. Unser klassisches Theater ist nur in einem bestimmten Maße Volkstheater. Zwischen Corneille und Racine kam es zu einem Bruch, einer politischen und gesellschaftlichen Veränderung: das Auftauchen der absoluten Monarchie. Aber das ist nur eine vorübergehende Erscheinung gewesen. Das Theater im 18. Jahrhundert – außer Marivaux, der eine Nachwirkung des 17. ist – wurde wieder Volkstheater. Ja, Voltaire, sogar die Tragödien von Voltaire, das ist Volkstheater gewesen. Wie Corneille. Nur zwischen 1660 und 1730 hat es einen Bruch gegeben.
Aber setzt nicht die Wiederaufnahme der Tradition die Findung einer andren Thematik voraus? Muß man nicht einen Unterschied machen zwischen den Strukturen des Theaters – jenen des traditionellen Volkstheaters – und den Themen?
Natürlich. Unser Volkstheater braucht neue Themen. Sein Publikum hat sich verändert, und man muß sich jetzt an dieses Publikum wenden. Das traditionelle Volkstheater ist wie gesagt zum Bestandteil des Repertoires geworden: ein Stück bürgerlicher Kultur.
Jetzt muß man menschliche Konflikte in historische Situationen situieren und zeigen, daß sie davon abhängig sind. Unsre Themen müssen gesellschaftliche Themen sein: die Hauptthemen der Welt, in der wir leben, derer wir uns bewußt geworden sind.
Ich sage nicht, daß ein Volkstheater kein psychologisches Theater sein kann. Ich sage lediglich, daß es das gegenwärtig nicht sein kann.
Sie haben früher das, was Ihnen als das Theater unsrer Zeit erschien, als ein Situationstheater definiert. Sie schrieben: «Wenn es wahr ist, daß der Mensch in einer gegebenen Situation frei ist und daß er in dieser Situation und durch sie sich selbst wählt, dann muß man im Theater einfache menschliche Situationen zeigen und Freiheiten, die in diesen und durch diese Situationen gewählt werden ... Das Bewegendste, was das Theater zeigen kann, ist das Entstehen eines Charakters, der Augenblick der Wahl, der freien Entscheidung, durch die sich eine Moral und ein ganzes Leben engagiert.» Stimmen Sie dieser Definition noch Wort für Wort zu?
Ja und nein. Ja, denn ich sehe keinen Grund, im Theater nicht Freiheiten zu zeigen, die sich tatsächlich entmystifizieren. Und wenn ich wie Brecht der Auffassung bin – wie Brecht, dessen Beitrag zum Theater mir sehr wichtig erscheint, vor allem was das Bewußtsein von einem zeitgenössischen Volkstheater angeht –, daß jedes Theaterstück entmystifizierend sein muß, so kann es sich, glaube ich, um dieses Ziel zu erreichen,

nicht darauf beschränken, nur kritisch zu sein. Das hieße zu sehr auf das Publikum bauen – allein im Fall von Brecht ist das vielleicht möglich, weil sein Publikum bereits politisiert ist. Wir dagegen müssen unser Publikum – ein Publikum, bei dem die Gefahr bestünde, daß es auf ein rein kritisches Schauspiel gar nicht reagiert – an der wirklichen Entmystifizierung bestimmter Figuren beteiligen.

Nehmen Sie Henri Martin. Das ist eine Figur, die sich entmystifiziert; eine Freiheit zum Werk, eine beladene Freiheit, bescheiden, in einer Aktion mit begrenztem Ziel engagiert – es handelt sich nur um eine Demonstration gegen den Indochina-Krieg –, eine Freiheit, die sich auf diese Weise erfüllt. Und in der Henri Martin-Affäre haben Sie noch eine andre Figur; gewissermaßen das Negativ von Henri Martin, Heimburger. Eine völlig mystifizierte Figur: ein Mensch, dessen Freiheit aufgesogen, durch die Umstände verrenkt ist – ungefähr das, was ich mit der Figur von Heinrich in *Der Teufel und der liebe Gott* machen wollte: jemand, der durch seine Situation vollkommen verloren ist, jemand, der durch seine Situation vollkommen verloren ist, jemand, der immer das Böse tut, was er auch tut, weil er in einer falschen Situation ist.

So kann man sich ein Stück ausdenken, wo wir von einer historischen, gesellschaftlichen Situation aus der ganzen Skala der in diesem Kontext möglichen Mystifizierungen und Entmystifizierungen gegenüberstehen.

Und das habe ich in der Definition, die Sie zitiert haben, nicht berücksichtigt: die Grenzen der Freiheit. Denn diese entmystifizierende Freiheit, die uns das Theater, um wirksam zu sein, zeigen muß, kann nicht wie eine blitzartige Explosion auftauchen. Sie ist ihrem Wesen nach begrenzt, bestimmt. Es ist die Freiheit, in einem bestimmten Fall ja oder nein zu sagen, bei einem Streik, bei einem Aufstand, und von diesem Ja oder Nein her muß der Dramatiker seine Figur konstruieren, zeigen. Nichts weiter. Er muß zeigen, wie Jasagen oder Neinsagen die Figur erschafft, ihre Dichte, ihre objektive Realität.

Aber fürchten Sie nicht, daß durch das eigentliche Spiel der Theatervorstellung das Publikum – ein bürgerliches Publikum – sich diese Freiheit aneignet, zu seinem Nutzen konfisziert?

Vielleicht, aber um das zu vermeiden, muß die Theaterhandlung sehr klar, sehr genau sein, und vor allem müssen wir das Publikum wechseln.

Was mich angeht, so habe ich heute den Bürgern nichts mehr zu sagen.

Aber das eigentliche Problem sind zweifellos weder die Strukturen noch die Themen des Volkstheaters, sondern seine Technik – im weitesten Sinne des Wortes –, ja, wenn Sie so wollen, seine Sprache. Ich meine damit nicht die Frage, welche Sprache man sprechen muß, sondern die Rolle der Sprache in diesem Theater.

Sehen Sie sich die Texte der Stücke an, die man im 19. Jahrhundert fast überall auf fahrenden Wagen spielte, oder auch die elisabethanischen Stücke: Marlowe vor allem; das ist eine schnelle Sprache. Nie hat irgendein klassisches Theater diese Schnelligkeit erreicht. Genau das müssen wir wiederfinden. Und ich weiß nicht, ob Brecht das gelungen ist: seine Dialoge – oder liegt das an den Übersetzungen? – scheinen mir nicht schnell. In seinem Theater haben wir die Handlung vor uns, und die Sprache wird hier von der Handlung getragen wie eine Möwe von der Welle. Sie ist nicht entscheidend. Was die Struktur seines kritischen Theaters angeht hat Brecht zwar eigentlich recht, aber ist das Theater? Für mich ist das Hauptproblem: es gilt eine Organisation des Sprechens und des Handelns zu finden, bei der das Sprechen nicht als überflüssig erscheint, bei der es eine Macht behält, jenseits aller Beredsamkeit. Das ist sogar die Grundbedingung eines wirklich effizienten Theaters.

Da Sie auf das Problem der Sprache des Theaters gekommen sind, können Sie uns Ihre Meinung zu dem präzisieren, was man summarisch unser Theater der Avantgarde nennt und dessen Autoren sich zuerst Probleme der Sprache gestellt haben?

Sie möchten, daß ich über Beckett, Ionesco, Adamov spreche? Ich betone, daß ich über sie kein Urteil abgeben, sondern lediglich versuchen will, ihre Werke gegenüber jenem Volkstheater, von dem wir gerade gesprochen haben, zu situieren.

Hier muß man nun sofort feststellen: ihre Stücke haben einen zutiefst, wesensmäßig bürgerlichen Inhalt. Nehmen Sie Beckett. *Warten auf Godot* hat mir sehr gefallen. Ich glaube sogar, das ist das Beste, was das Theater seit dreißig Jahren hervorgebracht hat. Aber alle Themen von *Godot* sind bürgerlich: die Einsamkeit, die Verzweiflung, der Gemeinplatz, die Unkommunizierbarkeit. Sie alle sind das Ergebnis der inneren Einsamkeit des Bürgertums. Und es ist einerlei, wer Godot sein kann: Gott oder die Revolution. Entscheidend ist, daß Godot nicht kommt wegen der inneren Schwäche der Helden, daß er nicht kommen kann, wegen dieser «Sünde», weil die Menschen so sind.

Und mit Ionesco ist es genauso. Alle diese Schriftsteller sind Ausgeschlossene. Da sie ausländischer Herkunft sind, stehen sie außerhalb unsrer Sprache und außerhalb unsrer Gesellschaft. Sie betrachten sie also von außen. Jedes Werk von Ionesco ist eine Gesellschaft des Sprichworts: die Verbindung zwischen den Menschen, aber verkehrt gesehen. Und das Problem dieser Schriftsteller ist die Integration – in diesem Punkt sind sie die einzigen Dramatiker unsrer Zeit, sie sprengen das bürgerliche Theater, wo diese Integration im voraus gegeben ist –, aber ganz gleich welche Integration, ihre Integration in ganz gleich welche Gesellschaft: in diesem Sinne apolitisch, sind sie auch reaktionär.

Der Fall Adamov liegt etwas anders. Das ist auch der einzige, von dem man etwas erwarten kann für jenes Volkstheater. Weil er sich geändert hat. Sein Stück *Alle gegen alle* hat mir nicht gefallen, weil es ein völlig negatives Werk war, ein Werk, das jede Form von gesellschaftlichem Leben als Unterdrückung denunzierte und dadurch letztlich aus der Unterdrückung ein Gesetz machte und sie so rechtfertigte. Bei *Ping-Pong* ist es etwas andres. Hier beginnt Adamov, positives Theater zu machen. Man spürt eine tiefe Sympathie des Autors für seine Figuren, ein echtes Verständnis – und diese Sympathie läßt er das Publikum nicht teilen. Woraus ein Spiel entsteht, die Möglichkeit echter Kritik. Nur, Adamov ist noch nicht weit genug gegangen. Die Gesellschaft erscheint in *Ping-Pong* nur im Hintergrund. *Ping-Pong* bewegt sich noch auf einer sehr idealistischen Ebene, und im wesentlichen geht es hier immer noch um die Beziehung der Menschen untereinander.

Und dann gibt es da noch ein Problem: Wäre dieses Theater, vor allem von Beckett und Ionesco, den Massen direkt zugänglich? Würde diese Zerstörung seines eignen Inhalts durch sich selbst, die seine eigentliche Handlung ist, von den Massen verstanden werden? Ich fürchte nein. Und ich sehe einfach nicht, daß Adamov, der Adamov von *Ping-Pong* . . .

Da fällt mir ein, daß Sie mir vor fast drei Jahren von einem Schauspiel erzählt haben, das Sie mit Fernand Léger für den Sportpalast schreiben wollten. Haben Sie dieses Projekt aufgegeben oder scheint es Ihnen immer noch möglich und wünschenswert?

Wenn aus diesem Projekt nichts geworden ist, so hat das persönliche und praktische Gründe. Léger und ich, wir waren uns einig. Wir hielten daran fest. Aber die Sache konnte nicht stattfinden. Ob sie wünschenswert war, das hätte ich Ihnen erst hinterher sagen können.

Übrigens handelte es sich nicht wirklich um Theater. Es handelte sich um ein Fest, um ein Fest für den Frieden, das nur einmal hätte stattfinden können mit Schauspielern, die ohne Gage bei uns mitgemacht hätten.

Man darf übrigens Volkstheater nicht mit Massentheater verwechseln. In Moskau spielt man in bestimmten Fabriken intimistische Stücke vor weniger als 250 Zuschauern. Ihr Aufführungsort, der Inhalt dieser Stücke lassen dennoch keinen Zweifel zu: das ist echtes Volkstheater.

Ja, man darf nicht Fest und Theater verwechseln. Das hat man allzu oft getan. Und ich möchte Sie sogar fragen, ob der Sportpalast, der ein ausgezeichnetes Mittel zur Mystifizierung ist – das ist mir bei den Predigten von Billy Graham klargeworden –, Ihnen für das Theater geeig-

net erscheint, das heißt für eine Entmystifizierung?

Das ist tatsächlich ein Problem. Aber kehren wir zu Brecht zurück. Und hier muß ich noch sagen, was mich von ihm trennt. Ich glaube zutiefst, daß jede Entmystifizierung in einem bestimmten Sinn mystifizierend sein muß. Oder daß man vor einer teilweise mystifizierten Menge nicht nur auf die kritischen Reaktionen vertrauen kann. Man muß ihr eine Gegenmystifizierung bieten. Und deshalb darf das Theater auf die Zauberkünste des Theaters nicht verzichten. Genau so, wie in der Gegenreformation die Jesuiten vorgingen – jene Jesuiten, die die Lehrer unsrer kommunistischen Freunde gewesen sind.

In diesem Sinn könnte man fast sagen, daß Brecht zu «formalistisch» ist. Oder besser, wenn er es vielleicht nicht für sein Publikum, die politischen Massen ist, die schon alles wissen, so könnte er es doch für uns sein, für ein so rückgratloses Publikum wie das unsre. Das heißt, ich gebe zu, daß Brecht der einzige gewesen ist, der die Probleme des Theaters in ihren wirklichen Begriffen gestellt hat, der einzige, der verstanden hat, daß jedes Volkstheater nur ein politisches Theater sein kann, der einzige, der über eine *Technik* des Volkstheaters nachgedacht hat.[1]

Noch eine Frage. Was halten Sie von diesem Standpunkt aus von den Hexen von Salem?

Viel von der Inszenierung von Rouleau. Was das Stück angeht, so stört mich die Zweideutigkeit seines Schlusses. Aus einem spezifisch amerikanischen Phänomen hat man etwas Allgemeines gemacht, das damit nichts mehr bedeutet, außer daß überall Intoleranz herrscht und daß alles immer auf dasselbe hinausläuft.

Es war einfach ein Fehler, Marcel Aymé die Bearbeitung des Stücks machen zu lassen. Auf diese Weise ist die gewalttätige, emotionale Komponente daraus verschwunden. Das Schwergewicht ist nicht mehr auf die «Hexen» gelegt, der gesellschaftliche Hintergrund ist völlig verwischt.

Im Grunde geht es um einen Kampf zwischen alten und neuen Aus-

---

1 Man muß daran erinnern, daß zur Zeit dieses Interviews (1955) Brecht in Frankreich noch wenig gespielt wurde. Das erste seiner Werke, das bei uns gespielt wurde, war *Die Dreigroschenoper*, die Gaston Baty 1930 im Théâtre Montparnasse inszenierte und die Sartre damals sah. Abgesehen von *Die Ausnahme und die Regel*, 1947 von Jean-Marie Serreau in den Noctambules gespielt, und von *Mutter Courage*, die seit 1951 in das Repertoire des Théâtre National Populaire aufgenommen wurde, blieben die Stücke Brechts auf Avantgardetheaterexperimente beschränkt. Im Grunde setzte sich Brecht in Frankreich erst mit den Vorstellungen des Berliner Ensembles im Théâtre des Nations durch. (Siehe dazu Agnes Hüfner, *Brecht in Frankreich 1930–1963. Verbreitung, Aufnahme, Wirkung*, J. B. Metzlersche Verlagsbuchhandlung, Stuttgart 1968.)

wanderern, zwischen reichen und armen, um Grundbesitz. Das erkennen wir in der Bearbeitung von Aymé nicht wieder. Wir sehen hier einen Menschen, der aus irgendeinem Grund verfolgt wird, und der ganze Schluß der *Hexen von Salem* fußt auf einem konfusen Idealismus. Der Tod von Montand und die Tatsache, daß er diesen Tod akzeptiert, hätten einen Sinn gehabt, wenn man sie uns als einen Akt der Revolte mitten in einem gesellschaftlichen Kampf gezeigt hätte. Aber in der Aufführung des Théâtre Sarah Bernhardt ist dieser gesellschaftliche Kampf unverständlich geworden, und der Tod von Montand erscheint als ein rein ethisches Verhalten, nicht als ein freier Akt, den er begeht, um einen Skandal zu machen, um seine Situation effektiv zu leugnen, als der einzige Akt, den er noch begehen kann.

Auf diese Weise verwässert und kastriert, erscheint mir das Stück von Arthur Miller eben gerade als ein mystifizierendes Stück, weil hier jeder darin sehen kann, was er will, weil jedes Publikum hier nur die Bestätigung seines eigenen Verhaltens wiederfindet. Und das, weil die realen politischen und gesellschaftlichen Fakten des Phänomens der Hexenjagd nicht klar in Erscheinung treten.[1]

Oder, um wie Brecht zu sprechen, weil das Stück, so wie es uns dargeboten wird, den «sozialen Gestus» des Phänomens Hexenjagd zudeckt, anstatt ihn zu enthüllen?

Genau.

Oktober 1955

---

[1] Arthur Millers Stück *Hexenjagd* lief in Frankreich unter dem Titel *Les sorcières de Salem* in einer Bearbeitung von Marcel Aymé. Sartre hat später danach ein Drehbuch geschrieben, bei dem er den gesellschaftlichen Aspekt und seine Verurteilung des McCarthy-Unwesens stärker betonte. Der Film wurde in Coproduktion mit der DEFA von Raymond Rouleau gedreht und kam 1957 heraus, gespielt von Yves Montand und Simone Signoret.

Brecht und die Klassiker[1]

In gewisser Hinsicht ist Brecht unser. Reichtum und Originalität seines Werks darf Franzosen nicht daran hindern, in ihm ihre alten Traditionen wiederzuentdecken, die vom romantischen und bürgerlichen 19. Jahrhundert begraben worden sind. Der größte Teil der zeitgenössischen Stücke ist bemüht, uns an die Realität der Ereignisse, die auf der Bühne abrollen, glauben zu lassen. Um ihre Wahrheit dagegen kümmern sie sich kaum: Wenn man es versteht, uns den Revolverschuß am Ende erwarten und fürchten zu lassen, wenn er uns das Trommelfell zerreißt, was liegt dann an seiner Unwahrscheinlichkeit? Wir «gehen mit». Und es ist nicht so sehr die Genauigkeit des Spiels, die der Bürger bei den Schauspielern bewundert, sondern eine geheimnisvolle Qualität, die «Präsenz». Wessen Präsenz? Des Schauspielers? Nein, die seiner Rolle: wenn Buckingham erscheint, wie er leibt und lebt, lassen wir ihn ruhig alle seine Albernheiten sagen. Das Bürgertum glaubt eben nur an private Wahrheiten.

Brecht ist, glaube ich, kaum von unsren großen Autoren beeinflußt, auch nicht von den griechischen Tragikern, die ihnen als Vorbild dienten: eher als an die Tragödien erinnern seine Stücke zunächst an die elisabethanischen Dramen. Und dennoch hat er mit unsren Klassikern und den Klassikern der Antike gemein, daß er über eine kollektive Ideologie, eine Methode und einen Glauben verfügt: wie sie versetzt er den Menschen wieder in die Welt, das heißt in die Wahrheit. So wird das Verhältnis von wahr und illusorisch umgekehrt: wie bei ihnen offenbart das dargestellte Ereignis selbst seine *Abwesenheit*: es hat früher stattgefunden oder es hat nie existiert, die Realität löst sich in reinen Schein auf; aber diese Trugbilder enthüllen uns die wahren Gesetze, die das menschliche Verhalten bestimmen. Ja, für Brecht wie für Sophokles, wie für Racine existiert die Wahrheit: der Theatermensch soll sie nicht *sagen*, sondern *zeigen*. Und diesen ehrgeizigen Versuch, den Menschen die Menschen zu zeigen ohne Rückgriff auf die verdächtigen Zaubereien der Begierde und des Schreckens ist zweifellos das, was man Klassik nennt.

1 Beitrag zum Programmheft der Pariser Theaterfestspiele des Théâtre des Nations vom 4. bis zum 21. April 1957: *Hommage international à Bertolt Brecht*. Das Berliner Ensemble spielte *Galileo Galilei* und *Mutter Courage* und das Schauspielhaus Bochum spielte *Die Dreigroschenoper*. Sartre nahm an der Veranstaltung zu Ehren Brechts teil, mit der am 4. April 1957 der deutsche Zyklus der Theaterfestspiele eröffnet wurde.

Brecht ist klassisch durch sein Trachten nach Einheit: wenn es eine totale Wahrheit gibt, ist der wahre Theatergegenstand das ganze Ereignis, das die Gesellschaftsschichten und die Personen zusammenwürfelt, das aus der individuellen Unordnung die Widerspiegelung der kollektiven Unordnung macht und dessen gewaltsame Evolution die Konflikte an den Tag bringt und die allgemeine Ordnung, von der sie bedingt werden. Aus diesem Grund haben seine Stücke eine klassische Sparsamkeit: gewiß, er kümmert sich nicht um die Einheit des Ortes und der Zeit, aber er streicht alles, was uns zerstreuen könnte; er lehnt die Einzeleinfälle ab, wenn sie uns das Ganze verfehlen lassen. Er will uns nicht *zu sehr* bewegen, damit wir in jedem Moment unsre volle Freiheit behalten zu hören, zu sehen und zu verstehen. Dennoch spricht er uns von einem schrecklichen Ungeheuer: von uns. Aber er will davon sprechen, ohne uns zu terrorisieren; das Ergebnis wird man sehen: ein unwirkliches und wahres ätherisches, ungreifbares und vielfarbiges Bild, wo die Gewalttätigkeiten, die Verbrechen, die Rasereien und die Verzweiflung Gegenstand einer stillen Betrachtung werden wie jene «durch die Kunst nachgeahmte» Ungeheuer, von denen Boileau spricht.

Muß man folglich annehmen, daß wir unbewegt auf unsren Sitzen bleiben, während auf der Bühne geschrien, gefoltert und getötet wird? Nein, da ja diese Mörder, diese Opfer, diese Henker niemand anders sind als wir selbst. Auch Racine sprach von ihnen zu seinen Zeitgenossen. Aber er achtete darauf, daß sie durch das dicke Ende des Fernrohrs betrachtet wurden. In der Vorrede zu *Bajazet* entschuldigt er sich, daß er eine nicht lange zurückliegende Geschichte auf die Bühne gebracht habe: «Meine tragischen Gestalten müssen mit anderen Augen betrachtet werden als wir gemeinhin die Personen betrachten, die wir von nahe gesehen haben. Man kann sagen, daß die Achtung, die wir dem Helden entgegenbringen, zunimmt, je weiter er sich von uns entfernt . . . Die Entfernung der Länder aber macht in gewisser Weise die zu große Nähe der Zeit wieder wett.» Das ist eine gute Definition dessen, was Brecht Verfremdungseffekt nennt. Denn die Achtung, von der Racine spricht, wenn es sich um die blutrünstige Roxane handelt, ist vor allem, ist ausschließlich eine Art, die Brücken abzubrechen. Man zeigt uns unsre Liebe, unsre Eifersucht, unsre Mordgelüste, und man zeigt sie uns kalt, von uns losgelöst, unzugänglich und schrecklich, um so fremder, als es unsre eigenen sind, die wir zu beherrschen glauben, und als sie sich außerhalb unsrer Reichweite mit einer schonungslosen Strenge entwickeln, die wir zugleich entdecken und wiedererkennen. So verhält es sich auch mit Brechts Figuren: Sie erstaunen uns wie Papuas, wie Kanaken, und wir finden uns in ihnen wieder, ohne daß unsre Benommenheit abnimmt. Diese grotesken oder dramatischen Konflikte, diese Vergehen, diese

Schlaffheiten, diese Miseren, diese Komplicenschaften, all das sind wir. Wenn es wenigstens einen Helden gäbe: der Zuschauer, wer das auch immer sei, identifiziert sich gern mit jenen Elitefiguren, die in ihnen und für jedermann die Versöhnung der Gegensätze und die Zerstörung des Bösen durch das Gute bewirken. Selbst wenn er lebendig verbrannt, in Stücke gerissen wird, geht er, wenn die Nacht schön ist, pfeifend und beruhigt heim. Aber Brecht bringt weder Helden noch Märtyrer auf die Bühne – oder aber, wenn er das Leben einer neuen heiligen Johanna schildert, ist es ein zehnjähriges Mädchen: wir sollen keine Möglichkeit haben, uns mit ihm zu identifizieren; ganz im Gegenteil erscheint uns der in der Kindheit eingeschlossene Heroismus um so unerreichbarer. Es gibt eben kein individuelles Heil: die Gesellschaft muß sich als Ganzes ändern; und die Aufgabe des Dramatikers bleibt jene *Kartharsis*, von der Aristoteles sprach; er offenbart uns, was wir sind: Opfer und Komplicen zugleich. Deshalb bewegen uns die Stücke Brechts. Aber unsere Bewegung ist eine ganz besondere: es ist ein ewiges Unbehagen – da wir ja das in beschaulicher Ruhe schwebende Schauspiel sind, da wir ja die Zuschauer sind. Dieses Unbehagen verschwindet nicht, wenn der Vorhang fällt; im Gegenteil, es wird größer, es kommt zu unsrem täglichen, verleugneten, in Unaufrichtigkeit, auf der Flucht erlebten Unbehagen hinzu und hellt es auf. Die *Kartharsis* hat heute einen andern Namen: es ist das Bewußtwerden. Aber war es nicht auch ein Bewußtwerden – zu andrer Zeit, in einem andern gesellschaftlichen und ideologischen Kontext – jenes stille und strenge Unbehagen, das durch *Bajazet* oder *Phèdre* im 17. Jahrhundert hervorgerufen wurde in der Brust einer Zuschauerin, die plötzlich das unerbittliche Gesetz menschlicher Leidenschaften entdeckte? Aus diesem Grund erscheint mir auch das Theater Brechts, dieses shakespearesche Theater der revolutionären Negation – ohne daß sein Verfasser das jemals beabsichtigt hätte –, als ein außerordentlicher Versuch der Erneuerung der klassischen Tradition im 20. Jahrhundert.

April 1957

Wenn die Polizei dreimal klopft ...[1]

Die Freiheit ist in Gefahr; der blinde Haß der Widerstandskämpfer, Deportierten und Deportiertensöhne hat sich gegen das Theaterstück *La Reine de la Césarée* von Robert Brasillach[2] und gegen zwei arme Frauen entfesselt, die Damen Roubé-Jansky und Cocéa, die ganz allein, von allen verlassen, sogar von der öffentlichen Gewalt, der Meute haben standhalten müssen. Schließlich hat sogar der Polizeipräfekt vor der Straße kapituliert. Marcabru hat in *Arts* seine demokratische Entrüstung geäußert. *Le Figaro* hat im Namen der Menschenrechte diesen neuerlichen Rückzieher der Regierung verurteilt; Jean-Jacques Gautier hat sich das Stück angesehen und bürgt für seine untadelige Gesinnung. In einem Interview teilt uns Frau Cocèa mit, daß sie ruiniert sei: um endlich eine Rolle spielen zu können, die sie gerne spielen wollte, hätte sie ihren Schmuck verpfändet.

Nichts Neues, wie man sieht. Das sind die üblichen Finten, und wir erkennen unsre Leute wieder, bis zum Tod Gefangene ihrer Rollen, aber sehr amüsant. Neu ist – wenn auch nicht *so* neu –, daß eine bestimmte Linke, nämlich die, zu der wir gehören, die wir lieben, auf die Bretter gestiegen ist, um den düpierten Graukopf zu spielen. In welcher Verlegenheit sie ist, diese Linke! Wieder einmal eingeklemmt zwischen der großen Schere, die ausdrücklich für sie gemacht worden ist: keine Freiheit für die Feinde der Freiheit – Freiheit für alle, selbst für die Feinde der Freiheit.

Ich glaube alle Artikel über diese Affäre gelesen zu haben: bis einschließlich *L'Express* bilden alle einen Block; von *L'Express* an windet sich jeder, wie er kann. Die harten Demokraten vom *Canard Enchaîné* haben unwissentlich den Artikel von Marcabru noch einmal geschrieben; die weichen Demokraten flüchten sich in die Empfindsamkeit: «O nein, keine Gewalt; aber jene Deportierten, jene Deportiertensöhne, verstehen wir doch, daß man sie verstehen muß.» Ein tristes Argument; die Scapins von rechts sehen zu und runzeln die Stirn: weder der Schmerz noch das Verdienst können ein Attentat auf die Freiheit legitimieren.

---

[1] Gemeint sind die drei Schläge auf den Boden der Bühne, mit denen in Frankreich der Beginn einer Theateraufführung angezeigt wird. (Anm. d. Übers.)

[2] Robert Brasillach (1909–45) sympathisierte als Schriftsteller und Journalist mit den Nationalsozialisten und wurde 1945 als Kollaborateur erschossen. (Anm. d. Übers.)

Sie haben völlig recht. Unter einer einzigen Bedingung, *nämlich daß die Freiheit existiert*. Das ist der Kern der Angelegenheit. Die Schere ist eine falsche Schere; eine alte Scapinade: aber immer noch gut, weil wir immer noch darauf hereinfallen. Man hält uns zunächst das Allgemeine vor die Nase. «Ihr habt protestiert, als das Stück von Roger Vailland[1] verboten wurde. Protestiert also um so mehr, wenn man das eines Faschisten verbietet, oder gebt offen zu, daß ihr nach zweierlei Maß urteilt.» Genau in diesem Moment beginnt die Phantasmagorie: wenn die Rechte uns so höflich bittet, unsre eigenen Prinzipien anzuwenden, so will sie überzeugen, daß die Demokratie ein faktischer Zustand sei und daß man sich nur verständigen müsse, um sie zu bewahren. Bei dieser ganzen Polemik scheinen die Gegner in einem Punkt übereinzustimmen: sofern man nur ein Minimum an Talent hat und einigen ganz allgemeinen – und völlig zulässigen – Bestimmungen des Bürgerlichen Gesetzbuches nachkommt, kann ein Dramatiker, was er auch sei, sich auf der französischen Bühne frei äußern; wenn er Mißfallen erregt, werden die Leute ihn nicht anhören, das ist alles. Natürlich gibt es manchmal Wirbel, Lärm: aber die demokratische Wachsamkeit des *Canard Enchaîné* wird zusammen mit der von *Le Figaro* schließlich die Ruhe wieder herstellen.

Was das Allgemeine angeht, so habe ich hier nichts zu sagen, außer daß es nirgends realisiert ist, nicht einmal im Geist der Universalisten, daß unsre Aufgabe ist, es *über* die Partikularismen zu schaffen, die sich bekämpfen und sich nur verständigen, um sich zu negieren: jedesmal, wenn wir handeln oder urteilen, als wenn sein Reich schon begonnen hätte, sind wir betrogen und schuldig; auf jeden Fall sitzen wir an der Decke, über der Menge. Was die Freiheit der Meinungsäußerung angeht, so ist das etwas andres: da man sie als bedroht ausgibt, wäre es vielleicht nicht überflüssig, sich zu fragen, ob sie existiert.

In einem Buch kann man unter gewissen Vorbehalten und manchmal einigen Risiken noch sagen, was man will. Oder doch fast. Jedenfalls ist der Autor um so freier, je technischer der Gegenstand und je teurer das Werk ist. Aber von den Zeitschriften und Wochenzeitungen kann ich das nicht sagen; was die Tagespresse angeht, so ist sie entweder gefügig oder wird verfolgt; die ständig von ruinösen einstweiligen Verfügungen bedrohten Oppositionszeitungen sind einer Regierung ausgeliefert, die

---

[1] Roger Vailland (1907–65), vom Surrealismus herkommender sozialistischer Schriftsteller, der an der Résistance teilnahm und von 1952 bis 1956 Mitglied der Kommunistischen Partei war, schrieb das Korea-Stück *Le colonel Foster plaidera coupable*. Hier handelt es sich vermutlich um sein Stück *Monsieur Jean*. (Anm. d. Übers.)

von ihren finanziellen Schwierigkeiten profitiert, um sie zu ruinieren; wenn das nicht genügt, so erlaubt das Gesetz über «die Demoralisierung der Nation und der Armee», jeden beliebigen, wann auch immer, weswegen auch immer, zu verhaften.

Gegenüber dieser ohnmächtigen Presse unter Hausarrest erfreuen sich der staatliche Rundfunk und das Kino der friedlichen Seligkeit, von der manchmal die Schwachsinnigen heimgesucht werden: um sie vor den Versuchungen der Freiheit zu schützen, hat man ihnen schon in der frühesten Kindheit das Gehirn herausoperiert. Und da soll das Theater frei sein?

Ich gebe zu, daß es weniger gefährlich ist als die Massenmedien: der Eintrittspreis selektioniert ja die Besucher; diese erste Auswahl erspart der Polizei viel Ärger, indem sie zwei Drittel der Pariser Bevölkerung von den Aufführungen fernhält. Von einer gewissen Unordnung begünstigt, konnte man noch vor drei oder vier Jahren auf erfolgreichen Bühnen unabhängige Werke aufführen. Damit ist es vorbei: die Noctambules, das Théâtre de Babylone und noch andre haben ihre Tore geschlossen: dank dieser Tatsache hat die Regierung eine fruchtbare Operation durchgeführt: im Théâtre de l'Alliance Française unterjocht sie die jungen Autoren durch ihre Handlanger. Das heißt, daß sie in ihrer Hand sind; wer aufmuckt, wird nicht gespielt. Um ein Haar hätte Paris von Vinavers *Les Coréens*[1] nicht einmal etwas gehört: wir haben das Glück gehabt, daß eine Mitteilung von einem Ministerium zum andren zufällig in einem Loch verschwunden ist.

Heute funktioniert das System, und es bedurfte nur eines einzigen Briefs, um die Aufführung eines der besten Stücke von einem unsrer besten Autoren einfach zu unterbinden. Alle Vorsichtsmaßregeln sind getroffen, daß der Zufall, der es Georges Arnaud eines Tages erlaubte, *Les aveux les plus doux*[2] aufführen zu lassen, sich nicht noch einmal wiederholt. Alles ist blockiert, eingeengt, kontrolliert: in ganz Paris, von einem Ende bis zum andren und von Theater zu Theater dialogisiert die Rechte mit sich selbst vor einem rechten Publikum. Ich verstehe sehr gut, daß sie die Freiheit der Meinungsäußerung verteidigt: diese Freiheit gehört ihr, sie fußt auf dem Schweigen, das man uns aufzwingt, aber ich würde dagegen weniger verstehen, daß *wir* jene Demokratie verteidigen

---

[1] Michel Vinaver debütierte 1957 mit dem Stück *Les Coréens*, «das die beiden Fronten des Koreakrieges, den Übergang eines französischen Söldners in das ‹rote Lager› und seine Veränderung beschreibt» (Agnes Hüfner, *Brecht in Frankreich 1930–1963*, Stuttgart 1968, S. 99f). (*Anm. d. Übers.*)

[2] Georges Arnaud, geb. 1917, wurde durch seinen verfilmten Roman *Lohn der Angst* weltbekannt. Sein Engagement gegen den Algerien-Krieg brachte ihm Haft und Strafverfolgung ein. (Anm. d. Übers.)

sollen. Allerdings: da ist die Genet-Affäre. Können wir *Der Balkon* verteidigen, wenn wir nicht *La Reine de Césarée* verteidigen? Also schauen wir uns das etwas näher an. Wir werden sehen, ob es standhält, das irreführende Trugbild des Allgemeinen.

La Reine de Césarée handelt von Bérénice und Titus. Mit andren Worten von einer Jüdin und einem «Arier». Ein gewisser Paulin legt mit aller wünschenswerten Überzeugung die Thesen des Faschismus und des Antisemitismus dar. Man tritt ihm zwar entgegen, man läßt sich nicht so leicht überzeugen: aber was beweist das? Im Theater muß ja dialogisiert werden. Die Direktion hat einige Schnitte im Text angebracht. Na und? Genügt das, um den Geist eines solchen Stücks zu ändern, das in einem bestimmten Moment von einem bestimmten Mann und über ein bestimmtes Thema geschrieben wurde? Staatsbürger und Vereine haben protestiert. Hier empört sich Pierre Brisson und verspritzt seine Tinte wie ein Tintenfisch, um alles einzunebeln: «*Brasillach hat bezahlt.*» Für mich haben diese Worte keinerlei Sinn. Ich kann ihm allerdings zwei Konzessionen machen: Brasillach war nicht der Schuldigste; wenn man ihn im blendenden Licht bestimmter Straffreiheiten betrachtet, so muß man zugeben, daß die Todesstrafe zu streng war.

Andrerseits ist er wegen seiner journalistischen Tätigkeit und nicht wegen seines Stücks *La Reine de Césarée* verurteilt worden. Aber was hat Brasillach überhaupt damit zu tun? War er es denn, der sein Stück hat spielen lassen wollen; wenn er den Verfolgungen entgangen wäre wie Déat, wenn er nach Ablauf von zehn Jahren von einer Amnestie profitiert hätte oder wenn er im Gefängnis wäre, aber noch lebte, wer weiß, was aus ihm geworden wäre, wie er sein vergangenes Verhalten, sein Werk eingeschätzt hätte, ob er diese Vorstellung für opportun gehalten hätte. 1940 schreiben, daß Jüdinnen, ob fett oder mager, nichts andres als Ungeziefer sind, ist schändlich. Aber man kann zumindestens ins Feld führen, daß die systematische Ausrottung des jüdischen Volkes gerade erst begonnen hatte, daß dieser streberhafte und abstrakte junge Mann Losungen wiederholte, ohne sich alle deren Folgen vorstellen zu können. Aber im Jahre 1957 – und selbst unter Auslassung des Satzes – ein Stück aufführen, das derartige Absichten erscheinen läßt, wo uns heute nicht mehr das geringste von den Konzentrationslagern verborgen ist und von dem Los, das man dem «Ungeziefer» dort bereitete, ist eine so bewußte, so offensichtliche Provokation, daß der eigentliche Autor, so kriminell er gewesen sein mag, hier nur noch als Aushängeschild dient. Diejenigen um Mme. Cocéa, die die Verantwortung übernommen haben, die «Operation Brasillach» zu starten und jene tote Stimme wieder zum Leben zu erwecken, als sie am kriminellsten wurde, glaubt man denn, daß sie der Sache eines Märtyrers haben dienen wollen? Oder der der reinen Kunst?

Ihnen war Brasillach scheißegal: der Beweis ist, daß sie ihn zum zweitenmal entehrt haben, als sie sein Stück durch die Söhne und Brüder der dicken und mageren Jüdinnen verurteilen ließen, die in den Gaskammern gestorben sind. Die Operation Brasillach hat nur ein Ziel: die öffentliche Meinung sondieren. Die Spaltungen der Linken und ihre Lähmung sind bekannt: das genügt aber noch nicht; man muß wissen, ob sie nur in Frieden sterben will oder ob sie noch zu einer Reaktion fähig ist – und für wie lange. Diese Linke hat Brasillach zum Tode verurteilt: man wecke ihn also wieder auf, wenn er mitten in Paris jeden Abend im Rampenlicht mit dem unausrottbaren Eigensinn eines Gespensts die Apologie des Rassismus und des Faschismus macht, wenn die früheren Richter schweigen und das Bürgertum Beifall klatscht, wird man noch zwei oder drei, etwas weitergehende, etwas blutigere Sondierungen machen, und dann wird man zu den ernsten Dingen übergehen. Durch einen Glücksfall, dessentwegen sich *die ganze Linke* beglückwünschen müßte, wurde die Operation gestoppt. Ganz klar: die Sondierer haben beschlossen, daß die Affäre nicht reif war.

Staatsbürger haben protestiert. Was haben die öffentlichen Gewalten getan? In ähnlichen Fällen ist ein Verbot Usus – jener Usus hat sich etabliert, weil die Demonstranten in der Regel von rechts sind. Also ist das Stück verboten, aber ohne es wirklich zu sein. Man hat verhandelt, man hat sich geeinigt: man würde es abwechselnd mit andren Stücken spielen, und das Publikum würde «auf private Einladungen» kommen. Der Trick mit den privaten Einladungen ist seit langem bekannt: jedermann wird eingeladen sein – natürlich gegen Zahlung. Außer den Demonstranten. Bei der Premiere jener privaten Vorstellungen filzten etwa fünfzig Polizisten die Zuschauer und überwachten die Umgebung. Man wird zufrieden sein, daß der Polizeipräfekt die Freiheit der Meinungsäußerung schützt.

Zum selben Datum – oder fast – schützte er sie auch im Théâtre de l'Œuvre, wo Fabre-Luce zwei seiner Stücke aufführte. Fabre-Luce hat früher einigen Ärger gehabt, ich sage es, weil er nie einen Hehl daraus gemacht hat und sich in seinen Büchern lange darüber ausgelassen hat. Das hat ihn, glaube ich, dazu gebracht, um den Schutz der Präfektur zu bitten: am Abend der Premiere parkte ein Polizeiwagen in einer Nebenstraße, einige Beamte in Zivil überwachten die Bühne. Für alle Fälle. Das ist unsre Demokratie. Der Polizeipräfekt schützt die Stücke von Brasillach und von Fabre-Luce vor den dummen Streichen der Pariser Bevölkerung. Die harten Demokraten können sich beglückwünschen: er zwingt uns, frei zu sein und die freie Meinungsäußerung der faschistischen Lehren frei zu tolerieren.

Vor einigen Jahren drang ein Kommando in ein Theater ein, das ein Stück von Vailland spielte. Jene vierschrötigen bewaffneten Männer schlugen die Schauspieler in aller Ruhe regelrecht zusammen. Die Polizei patrouillierte in den umliegenden Straßen; sie betrat den Saal erst, als die andren schon gegangen waren, und setzte ihre Arbeit fort: im Handumdrehen fanden sich die Zuschauer mitten auf der Straße wieder. Am nächsten Tag wurde das Stück verboten. Glauben Sie etwa, man hätte nach Regelungen gesucht? Man hätte «Privatvorstellungen» geduldet? Etwas später, unter dem Ministerium Laniel, wartete Paris auf das russische Ballett. Es bedurfte nicht einmal einer Demonstration: man gab der Regierung zu verstehen, daß es *zu solchen kommen könnte*. Das russische Ballett hatte keine Gelegenheit, Privatvorstellungen zu geben: es wurde ausgeladen, das war alles.

Aber warum in die Ferne schweifen. Sprechen wir lieber von Genet. Sein Stück ist schön. Es wurde in England gespielt, es wird in West-Berlin, in Warschau, in Stockholm, in New York gespielt. Überall, außer in Frankreich. Dennoch hatte es hier seine Schauspielerin gefunden: Marie Bell, vielleicht die größte unsrer Schauspielerinnen, fand das Stück *Der Balkon* gut und wollte es spielen. Peter Brook, der berühmte englische Regisseur, hatte sich verpflichtet, es einzustudieren. Schließlich hatte es in Lars Schmidt auch einen Kommanditisten gefunden und eine Bühne: Mme. Berriau bot ihm das Théâtre Antoine an, die Proben sollten beginnen. Aber siehe da: die Geschichte enthielt einen Polizeipräfekten und ein Bordell, und zwar den einen im andren. Außerdem kamen darin ein falscher Bischof, ein falscher Richter und als Hintergrund ein Aufstand vor (in einem imaginären Land). Bei Genet sind Ort und Handlung immer nur Mittel, um das merkwürdige Verhältnis auszudrücken, das den Menschen mit sich selbst, mit seinem Bild, mit seinem Doppelgänger, mit seinen Gesten, mit dem Anderen verbindet. Der Witz des Stückes liegt in dem erschöpfenden Reigen der Widerspiegelungen und nicht in den ziemlich vagen Umständen eines übrigens ganz beruhigenden, weil scheiternden Aufstands.

Ein «linkes» Stück? Ja und nein: es orientiert sich an keiner politischen oder gesellschaftlichen Auffassung; es ist eine Revolte, das ist alles. Unmoralisch? Sicher: für jene, die *La Reine de Césarée* lieben oder «nichts Schockierendes darin sehen». Skandalös? Ja, wie das Hundeleben, das wir alle führen. Außerdem hatte es noch niemand gelesen: aber das Theater ist geschwätzig, die Wörter Bischof oder Bordell, Polizeipräfekt oder Revolutionär machten die Runde und gelangten schließlich dahin, *wo es nötig war*. Hier nun beginnt die Geschichte. Die Seele eines Kommanditisten und die Seele einer Direktorin sind zwei Schilfrohre, jeder versucht sich vergeblich am andren anzulehnen. Ein Windstoß genügte, um sie umzublasen. Man blies gegen die Seele von Lars Schmidt, gegen die Seele von Mme. Berriau. Dem ersten flüsterte man ein: «Sie sind Schwede, wenn das Stück jemals Skandal macht, werden Sie niemals mehr ein Stück in Paris produzieren», was besonders amüsant ist, wenn man unsre Theaterdirektoren und den Geschmack kennt, den sie für das Geld der andren an den Tag legen, woher es auch immer kommt. Der andren sagte man ganz einfach: «Alle Ihre Logen werden daran glauben müssen; le Tout-Paris wird mit dem Finger auf Sie zeigen.»

Als diese Seelen verwirrt genug erschienen, fügte man beiläufig hinzu: «Der Polizeipräfekt ist ein gut beratener Mann, warum zeigen Sie ihm nicht das Manuskript? Er wird Ihnen inoffiziell seine Meinung sagen.» Wer «man»? Ich weiß es, ich könnte es sagen, aber das ist nebensächlich. Das Manuskript wurde also dem Polizeipräfekten geschickt. *Ohne das Wissen des Autors* natürlich und in Abwesenheit des Regisseurs. Der Polizeipräfekt antwortete mit viel Zurückhaltung, daß es ihm nicht zustehe, das Stück zu beurteilen, und daß er außerdem weder das Recht noch Lust hätte, eine Vorzensur auszuüben. Auf Grund seiner alten Erfahrung indessen könne er mit ziemlicher Sicherheit voraussagen, daß es von der ersten Vorstellung an zu ernsthaften Störungen kommen werde, die ihn ganz gegen seinen Willen zwingen würden, die Aufführung zu unterbinden. Man könnte sich fragen, warum diese eventuellen Demonstrationen die Polizeipräfektur so beunruhigt haben, wo sie doch angesichts der wirklichen Demonstrationen, die *La Reine de Césarée* hervorgerufen hat, so viel Ruhe bewies. Aber dieser inoffizielle Hinweis ist jedenfalls nur der Anfang eines weitergehenden Manövers: man mußte die Panik und die Entmutigung des Théâtre Antoine publik machen, um sie wie eine Grippe auf alle Pariser Theater zu übertragen. Hierher gehört das komische Interview von *Paris-Presse*, die es übernommen hatte, den Virus weiterzugeben: man weiß nicht, ob Mme. Berriau deren Opfer oder Komplice war, der Text von Jean-François Devay ist jedenfalls klar:

«Die Direktorin des Théâtre Antoine . . . sagte fest entschlossen: ‹Ich verzichte darauf, *Der Balkon* aufzuführen . . . *Und aus diesem Grund wird* Paris niemals das skandalöseste Stück sehen, das je aus der Feder von Jean Genet hervorgegangen ist, einem Dichter und professionellen Amoralisten . . . Seine besten Freunde atmen erleichtert auf: *sie fürchteten das Schlimmste.*» Es folgt die Geschichte des Polizeipräfekten und des inoffiziellen Hinweises, den sein Berater gegeben hat. Man sieht die Warnung: Führt es *niemals* auf, ihr seid gewarnt. Und man endet mit einem tendenziösen Resümee von *Der Balkon*, dessen offen eingestandenes Ziel es ist, Demonstrationen hervorzurufen. Gute Arbeit. Schilfrohre beugen sich, richten sich aber wieder auf: die Direktorin und der Kommanditist haben plötzlich begriffen, daß sie hinters Licht geführt worden waren. Also richteten sie sich wieder auf. Mme. Berriau erklärte mit derselben festen Stimme den Journalisten, daß sie *Der Balkon* aufführen würde. Das ist nun der absurdeste Moment der ganzen Geschichte: die beiden Unglücklichen rennen ins offene Messer aus Wut darüber, daß sie übers Ohr gehauen worden sind; sie beschließen, das Stück, das sie in die öffentliche Meinung gebracht haben, im Théâtre Antoine aufzuführen. Glücklicherweise war alles vorgesehen; genausoweit wollte man sie haben. Der Brasillach-Skandal mußte ja zu etwas gut sein, nicht wahr? Ein Stadtrat namens Robert Castille gibt folgende Erklärung gegenüber *Le Figaro* ab, der sie in den Artikel von Gautier über Brasillach einrückt: «M. Genebrier hat mir erklärt, daß er Mme. Berriau von der Aufführung dieses Stücks abgeraten hatte. Nun läßt man uns die Aufführung von *Der Balkon* voraussehen, während die Aufführungen von *La Reine de Césarée* verboten sind. Das macht jeden Kommentar überflüssig.» (*Le Figaro* vom 20. November 1957) Diesmal setzt man den Punkt aufs i: 1. Ein Rat des Polizeipräfekten ist ein Befehl; 2. Lassen Sie sich gesagt sein, daß man Sie niemals Genet spielen lassen wird.

Lars Schmidt fliegt sofort nach Schweden zurück. Er ist deswegen beschimpft worden. Ich frage mich, warum: niemand hat das Recht, von einem Mann zu verlangen, daß er gleichzeitig Mut und Geld hat, außer in dem besonderen Fall, wo der Mut zum einzigen Mittel wird, das Geld zu verteidigen. Unter diesen Umständen war die Angst die beste Verteidigung. Peter Brook ist angeekelt abgereist und hat erklärt, daß er kein einziges Stück mehr in Frankreich inszenieren würde, solange er nicht das Recht hätte, *Der Balkon* zu inszenieren. Marie Bell ist wie immer unerschütterlich: sie wird das Stück, wo auch immer, spielen, aus Treue zu sich selbst und zu Genet. Aber das Übel ist angerichtet: ein Polizeipräfekt, der Dichter, der ihn berät, ein Stadtrat, *Le Figaro* und *Paris-Presse* haben bei den Theaterdirektoren bewußt eine Zwangspsychose geschaffen. *Der Balkon* ist tot und begraben.

Wollen Sie die beiden Affären jetzt vergleichen? In einem düsteren, gelähmten Land, das wie vor den Kopf geschlagen das Aufkommen des Faschismus erlebt, wird mitten in Paris eine sorgfältig bemessene Provokation organisiert, deren Folgen politisch sein werden. Eine Gruppe ehemaliger Widerstandskämpfer und Deportierter findet genug Energie, dagegen zu opponieren. Viele sind zwar Mitglieder von Ligas und Vereinen, aber es sind *vor allem* Staatsbürger, und ihre Reaktion ist zugleich staatsbürgerlich und privat. Die Regierung gibt ihnen scheinbar nach; in Wirklichkeit begünstigt sie die Wiederaufnahme des Schauspiels in kaum veränderter Form. Diese Demonstrationen sind ein Erfolg; sie haben trotz allem gezeigt, daß unsre Passivität Grenzen hatte. Aber man muß zugeben – was übrigens keinerlei Bedeutung hat –, daß sie ihr unmittelbares Ziel nicht erreicht haben: *La Reine de Césarée* wird weitergespielt. In den Augen unsrer Minister zählt die Empörung jener Staatsbürger nicht. Es sind Franzosen zweiter Klasse.

In dem andren Fall, anläßlich eines gewaltsamen, aber schönen Stücks ohne politischen Inhalt startet die Regierung erfolgreich mit Hilfe der Presse den Meisterstreich der verkappten Wiederherstellung der Vorzensur. Das Resultat springt in die Augen: *La Reine de Césarée* wird gespielt, *Der Balkon* wird nicht gespielt. Aber, wird man sagen, wenn jemand nun den Mut hätte? Wenn jemand jenen Mut hätte, wäre er nicht Theaterdirektor. Mme. Roubé-Jansky hätte beinah *Der Balkon* aufgeführt: im Falle einer Bedrohung hätte sie allein dagestanden; sie hat den Mut gehabt, *La Reine de Césarée* aufzuführen: von ihrem Gesichtspunkt aus hat sie gut daran getan, und wir wissen, daß sie nicht allein dasteht. Was die Affäre Genet angeht, so werden ihre Folgen, so stinkend sie auch schon an sich ist, noch viel vergiftender sein; die Furcht wird sich bei den Direktoren und bei einigen Autoren in Selbstzensur niederschlagen. Die Bourgeoisie wird endlich ihr wahres Theater wiederfinden: ein idiotisches Geschwätz und darunter Schweigen.

Wo ist sie denn, die Freiheit der Meinungsäußerung? Wenn Sie sie finden wollen, suchen Sie sie da, wo die Polizeiwagen stehen. Um das Théâtre de l'Œuvre, um das Théâtre des Arts. Fabre-Luce ist frei, und niemand ist daran schuld, wenn sein Stück frei aus dem Programm verschwunden ist; Mme. Cocéa ist frei. Genet ist es nicht. Und wenn es ein Stück über den Algerien-Krieg gäbe, ein «linkes» Stück, glauben Sie, daß sein Autor frei wäre, es aufführen zu lassen? Daß Sie frei wären, hinzugehen? Wenn Sie glauben, daß man die Probe aufs Exempel machen muß, so weise ich die Theaterdirektoren vorsorglich darauf hin, daß es ein solches Stück gibt, daß es großartig ist und daß es in der Zeitschrift *Esprit* erschienen ist: *Der umzingelte Leichnam* von Kateb Yacine. Warten wir auf den Ausgang. Wer dagegen in dreißig Bildern das heldenhafte Leben des Obersten Bigeard erzählen möchte, der rufe die Polizeipräfektur an und wende sich an das Théâtre Antoine, alles wird sich rasch regeln lassen. Ist denn das so überraschend? Das Theater ist in den Händen der Großbourgeoisie. Es muß ihr dienen, oder es wird eingehen. Und sie ist es, die sich täglich mehr faschisiert: wie sollte es der dreifachen Kontrolle entgehen, die sie durch die Regierung, durch die Presse und durch das Portemonnaie über es ausübt? *Jedesmal*, wenn die Presse, die Stadträte oder die Abgeordneten die Freiheit der Meinungsäußerung verteidigen, ist es absolut notwendig, daß diese Freiheit zugunsten der extremen Rechten ausschlägt. Das übliche Geschwätz braucht ja keine Freiheit. Was sollte es damit anfangen? Was die linken Stücke angeht, auf welche Freiheit könnten sie sich berufen? Erstens schreibt man immer weniger, und bald wird niemand mehr auf die Idee kommen, welche zu machen: kann man eine Freiheit für nichts verlangen? Und wenn es zufällig welche gibt, wird sie der Theaterdirektor *frei* zurückweisen. Genau deshalb müssen wir uns aus dem Netz des Allgemeinen befreien: sich für die Freiheit des Theaters schlagen heißt zugleich gegen das Monopol der Rechten und für die Stücke der Linken kämpfen, für *Der Balkon* und gegen *La Reine de Césarée*; und das heißt auch – vor allem – für die Freiheit des Zuschauers kämpfen. Die wahre Freiheit des Theaters wird an dem Tag zu existieren anfangen, wo man es den Händen der Bourgeoisie entrissen hat, um es allen zu geben.

Dezember 1957

Autor, Werk und Publikum[1]
Interview mit *L'Express*, 17. September 1959

Warum haben Sie Die Eingeschlossenen *geschrieben? Ich meine nicht: warum dieses Stück im besonderen, sondern warum haben Sie, wenn Sie etwas zu sagen hatten, das Theater gewählt, um es auszudrücken?*

Erstens, weil ich mit meinem Roman nicht zu Rande komme.[2] Der vierte Band sollte von der Résistance handeln. Die Wahl war damals leicht – selbst wenn danach viel Kraft und Mut nötig war, dabei zu bleiben. Man war für oder gegen die Deutschen. Heute – und seit 1945 – ist die Situation komplizierter. Man braucht vielleicht weniger Mut zu wählen, aber das Wählen ist viel schwieriger. Ich kann die Zweideutigkeiten unsrer Epoche in diesem Roman, der 1943 spielt, nicht ausdrücken. Und andrerseits belastet mich dieses unvollendete Werk: es fällt mir schwer, ein andres anzufangen, bevor ich dieses beendet habe.

Haben Sie den Eindruck, daß Sie mit dem Theater ein größeres Publikum erreichen als mit dem Roman?

Wenn ein Stück Erfolg hat, erreicht der Autor ein größeres Publikum, wenigstens fürs erste. Nachher, ich weiß nicht. Aber ein Stück, das in einem großen Theater hundertmal gespielt wird und das Erfolg hat, erreicht schon 100 000 Zuschauer. Und 100 000 Leser, das ist außergewöhnlich.

Sie haben schon Taschenbuchauflagen weit über 100 000 gehabt. Und außerdem wird jedes Buch von mehreren Personen gelesen.

Gewiß. Aber außer daß man ein Theaterstück sieht, kann man es auch lesen. In den Taschenbuchausgaben, die Sie erwähnten, sind schon mehrere meiner Stücke veröffentlicht worden. Dazu kommen Tourneen und Wiederaufführungen.

Aber vor allem ist das Problem ein andres; der Erfolg eines Buches ermißt sich nicht notwendig an der Zahl der verkauften Exemplare. Ich kenne ausgezeichnete Werke, die die 3000 oder 4000 nicht überschritten und die, zumindest indirekt, eine ganze Generation beeinflußt haben.

---

1 Interview, das unter dem Titel *Deux heures avec Sartre* am 17. September 1959 in *L'Express* erschien anläßlich der Uraufführung von *Les séquestrés d'Altona*. Sartres Gesprächspartner waren Françoise Giroud, Robert Kanters, François Erval und Claude Lanzmann.
2 *Die letzte Chance*, der vierte Teil des Romans *Die Wege der Freiheit*, blieb Fragment. In der Zeitschrift *Les Temps modernes* erschienen 1949 zwei Kapitel daraus.

Kafka ist in Frankreich kein Bestseller, aber ohne ihn wären viele Intellektuelle meines Jahrgangs nicht, was sie sind. Das Theater als ein teures Unternehmen, das sofort etwas einbringen muß, verlangt, daß ein Stück entweder sofort Erfolg hat oder verschwindet. Das bedeutet, daß die Beziehung zwischen Autor und Publikum eine andre ist. Ein Buch findet allmählich sein Publikum. Ein Theaterstück ist zwangsläufig «theatralisch», weil der Autor weiß, daß er auf der Stelle beklatscht oder ausgepfiffen wird. Das ist wie bei einem Examen mit nur einer Prüfung ohne Wiederholung. Immer mehr ist ein Stück ein Gewaltakt: schlägt er fehl, wendet er sich gegen seinen Autor. In den Vereinigten Staaten und seit einiger Zeit auch in Frankreich setzt man ein Stück schon nach einigen Vorstellungen ab, wenn die Kritiken schlecht sind und der Vorverkauf nicht läuft. Ein Buch kann mit leiser Stimme sprechen. Drama und Komödie müssen die Stimme heben. Vielleicht ist es das, was mich zum Theater zieht: dieser Gewaltakt und diese laute Stimme und das Risiko, alles in einer Nacht zu verlieren. Das zwingt mich, *anders* zu sprechen, das ändert alles.

Was, glauben Sie, erwarten die Zuschauer, die sich Ihre Stücke ansehen, von Ihrem Theater?

Das frage ich mich selbst, denn das Theater ist derart *öffentlich*, derart *Sache des Publikums*, daß sich ein Stück dem Autor entzieht, sobald das Publikum im Saal ist. Jedenfalls sind mir meine Stücke – was immer ihr Los war – fast alle entzogen. Sie werden *Objekte*. Danach sagt man sich: «Ich habe es nicht gewollt», wie Wilhelm II. nach dem Ersten Weltkrieg. Aber was geschehen ist, ist geschehen.

Das trifft für Filme zu, zumindest für Filme, die eine Bedeutung hatten. Beim Ansehen bringt sie das Publikum von ihrem Sinn ab, oder er gibt ihnen einen neuen Sinn. Aber im Theater, kann da der Autor nicht eingreifen, die Inszenierung verändern, hier und da korrigieren, der Sache eine andere Richtung geben?

Nein. Was man plötzlich vor seinem Stück entdeckt, ist der Anteil des Teufels. Es wäre zu leicht, einfach zu sagen: es ist der Regisseur, es sind die Schauspieler. Ein Stück muß wiederaufgeführt, im Ausland gespielt werden können: es muß also aushalten, von Schauspielern gespielt zu werden, die nicht ganz zu den Figuren passen. Jede Rolle und das gesamte Werk müssen einen mehr oder weniger großen Spielraum für Variationen zulassen. Was zählt ist etwas andres: zunächst die unvorhergesehenen Zusammenhänge, die innerhalb der Akte und Szenen zwischen hunderterlei Dingen auftauchen (Gesten, Einstellungen, Verhaltensweisen der Figuren, Zeit und Ort der Handlung, Dekoration, Beleuchtung usw.). Man kann auf all das einwirken, aber unvollkommen: ein *Objekt* erschafft sich neu mit seinen objektiven Charakteren, die sich einem entziehen.

In *Der Teufel und der liebe Gott* zum Beispiel lasse ich die meisten Szenen am Abend oder in der Nacht spielen. Eines schönen Tages wurde mir bei einer Theaterprobe klar, daß aus der Verkettung dieser Nachtbilder ein Nachtstück entstand. Das ist nun genau das, was das Publikum – mit Vergnügen oder Mißvergnügen – vor dem Autor entdeckt, selbst wenn es seine Entdeckung nicht klar ausspricht.

Oder ich denke an eine Szene von *Tote ohne Begräbnis*; Milizsoldaten folterten 1944 Mitglieder der Résistance. Mir lag daran, nicht die physische Realität der Folter zu zeigen, sondern die Beziehung dieser beiden Gruppen und ihre Konflikte. Und dann verstanden wir uns gut: Vitold als Schauspieler und Regisseur, die andren Schauspieler und ich. Man hatte in guter Stimmung geprobt. Zumal Vitold, der nie Zeit zum Essen hatte, in dem Moment, wo man ihn in die Kulissen führte, sich auf sein Sandwich stürzte und es verschlang. Als er vor Schmerz hinter der Bühne schreien mußte, schrie er mit vollem Mund, was uns daran hinderte, an die Szene zu *glauben*. Und dann, bei der Premiere, haben verschiedene Zuschauer diesen Moment unerträglich gefunden. *Durch sie* habe ich, und ich bekenne es betroffen, den wahren Preis der klassischen Diskretion entdeckt: man muß nicht *alles* zeigen. Sie wissen, was bestimmte Maler von heute sagen: ein Bild ist *zunächst* ein Objekt. Auch ein *aufgeführtes* Stück ist zunächst ein Objekt. Ein Objekt, das seine eigenen Strukturen hat. Aber der Zuschauer ist es, der mit dem Autor zusammenarbeitet, um es hervortreten zu lassen.

Sind Sie mit dieser Umsetzung immer einverstanden?

Nein. Aber was tun? Ein Publikum ist zunächst eine Versammlung. Das heißt, jeder Zuschauer fragt sich zugleich, was er vom Stück hält und was sein Nachbar davon hält. Wenn ich ins Theater gehe und mir ein Stück ansehe, von dem bestimmte Stellen einige schockieren können, die jedoch meine Ansichten nicht teilen, und wenn ich sie im Saal vermute, habe ich nicht meine volle Urteilsfreiheit, ich bin *ihretwegen* gehemmt. Was sie anbetrifft, so wären sie weniger schockiert, wenn sie nicht an die Zuschauer dächten, die von derselben Partei oder von denselben Kreisen oder von derselben Konfession sind. Aus dieser kreisenden Reaktion entsteht eine merkwürdige Realität, für die niemand ganz verantwortlich ist.

Dann kommt die Presse, die diese Meinungsbildung *nicht schafft*, wie man immer annimmt, sondern nur interpretiert und kristallisiert. Die Dramatiker neigen dazu, ihr vorzuwerfen, daß sie ein Teil des Publikums von ihren Stücken abbringe. Doch das ist ein Mißverständnis: der Kritiker einer Tageszeitung oder einer Wochenzeitung ist in Wirklichkeit der befugte Vertreter einer bestimmten Fraktion dieses Publikums. Er wird nur gehört, wenn sein Urteil im allgemeinen von seinen Lesern

«Geld hin, Geld her! . . .

. . . Das ist das wenigste.» Sagt Nathan der Weise zu Al-Hafi. «Ich will mein Geld wiederhaben», jammert der geizige Harpagon, dem man zehntausend Taler gestohlen hat. «Aber ich muß Geld haben», sagt Spiegelberg zu Karl Moor, und der war mit vierzigtausend Dukaten Schulden dem Arm der Justiz entlaufen. Tausend Pfund bietet Prinz Heinrich dem Küfer Franz für ein Pfennigtütchen voll Zucker . . .

So viel Theater ums Geld? Das Geld spielt eben eine große Rolle.

Pfandbrief und Kommunalobligation

Meistgekaufte deutsche Wertpapiere - hoher Zinsertrag - schon ab 100 DM bei allen Banken und Sparkassen

Verbriefte  Sicherheit

bestätigt wird. Anders gesagt, alles spielt sich so ab, als ob er die Meinung der Kreise, die ihn lesen, *erriete*: Und das kommt genau daher, daß er selbst ein Teil davon ist.

Als *Die schmutzigen Hände* aufgeführt wurden, hat man – zu Recht – viel Lobendes über François Périer und André Luguet geschrieben. Über das Stück selbst war man unschlüssig: war es antikommunistisch oder nicht?

Die Kritiker der extremen Linken und die der bürgerlichen Presse warteten ab. Und nachdem schließlich die ersten beschlossen hatten, daß es gegen ihre Partei gerichtet war – was überhaupt nicht meine Absicht war –, haben es die andren als eine Kriegsmaschine beklatscht und ihnen dadurch recht gegeben. Von da an hat das Stück einen objektiven Sinn bekommen, den ich nie habe ändern können.

Inzwischen haben Sie allerdings Gelegenheit gehabt, bekannt zu machen, was Ihre Absicht war?

Ich habe ins Leere geredet. Im Theater zählen Absichten nicht. Es zählt nur, was *herauskommt*. Das Publikum schreibt das Stück ebenso wie der Autor. Und was natürlich die Zuschauer bedingt, ist die Epoche, ihre Bedürfnisse, die Konflikte, die ihr eigen sind. So hat man *Coriolan* für ein antidemokratisches Stück halten können, das die Faschisten 1934 im Théâtre Français beklatschten. Während dagegen die kürzlichen Aufführungen im Piccolo Teatro in Mailand den kritischen Aspekt eben dieses Stückes und die Mechanismen der Diktatur als eine Mystifikation der Massen unterstrichen haben. Natürlich wollte Shakespeare dem Diktator nicht die Demokratie, sondern die rechtmäßige und erbliche Monarchie entgegenstellen.

Haben solche Umwandlungen immer stattgefunden?

Mehr oder weniger ja, kann ich mir vorstellen. Aber in den großen Augenblicken der Geschichte des Theaters gab es eine wirkliche Homogenität zwischen Autor und Publikum, weil es mehr oder weniger bewußt die Widersprüche erlebte, die er auf die Bühne brachte. Es besteht kein Zweifel, daß Antigone, wie Hegel übrigens gesagt hat, den Konflikt der langsam zerfallenden aristokratischen Großfamilien und der Polis darstellt, die sich gegen sie herausbildet und deren Macht beschränkt. Es besteht kein Zweifel, daß sich die Athener von dem Konflikt zwischen Antigone und Kreon zutiefst *betroffen* fühlten. Es gab folglich ein *vereintes* Publikum für das Theater. Ebenso wurde in England im 17. Jahrhundert, als die englische Sprache ständig reicher wurde und sich die absolute Monarchie herausbildete, durch das elisabethanische Theater die *englische Nation* sich ihrer selbst bewußt. Heute kommen die Zuschauer aus zu verschiedenen Kreisen und haben manchmal zu gegensätzliche Interessen, als daß man die Reaktionen eines so ungleichartigen Publikums voraussehen könnte. Das Theater gehört jedenfalls im großen und ganzen dem Bürgertum. Dieses unterhält und finanziert die Theatersäle durch eine permanente Erhöhung der Eintrittspreise. Es gibt so viele interne Konflikte bei den Mittelklassen und sogar innerhalb der herrschenden Klasse, daß ein Teil des Publikums schockiert sein könnte, wenn das Theater ein Bild von unsrer Gesellschaft böte, das andren Zuschauern gefiele.

Das Ergebnis dieses Kompromisses ist, daß das Theater nicht oft die Veränderung des Menschen und der Welt zeigt, sondern lieber das Bild eines sich ewig gleich bleibenden Menschen in einer Welt, die sich niemals ändert.

Ein schlagendes Beispiel ist, daß man tausendmal über *Die kleine Hütte* gelacht hat.[1] Was ist *Die kleine Hütte*? Man sagt Ihnen: Ändern wir die Umstände des bürgerlichen Trios, das heißt Frau, Ehemann und Liebhaber. Setzen wir sie auf eine einsame Insel; was geschieht dann? Das Trio bleibt so oder so erhalten. Nichts ist verändert. Nichts ändert sich. Und das Publikum ist begeistert. In einem andren Stück, das unter Schiffbrüchigen auf einer einsamen Insel spielt, in dem englischen Stück *Zurück zur Natur*, sieht man, wie der Diener Crichton sich den andren Schiffbrüchigen aufzwingt und ihre Achtung gewinnt, weil er «der Bessere» ist.[2] Heißt das, daß sich die Welt ändern kann? Nein. Als man in der Ferne ein Schiff sieht, beschließt Crichton, sich in die Heimat zurückbringen und sich in seine Stellung als Untergebener zurückversetzen zu lassen. Die Beziehungen zwischen den Figuren werden wieder, was sie waren. Diese Robinsonade wird die Herren dank der Tugenden des Dieners lediglich besser gemacht haben. England ist ewig. Das sollte bewiesen werden. Aber wir wissen alle, daß sich die Welt verändert, daß sie den Menschen verändert und daß der Mensch die Welt verändert. Und wenn das nicht mehr das eigentliche Thema jedes Theaterstücks sein soll, dann hat das Theater kein Thema mehr.

Behandelt Bertolt Brecht nicht gerade dieses Thema in allen seinen Stücken?

Genau. Man behauptet oft, daß er eine marxistische Interpretation der Welt in ihrer Totalität geben will. Darum handelt es sich nicht. Ge-

---

1 *La petite hutte* ist ein Boulevardstück von André Roussin, das 1947 in Paris herauskam und danach einer der konstantesten Erfolge des Boulevardtheaters gewesen ist.
2 *The Admirable Crichton* von dem schottischen Dramatiker Sir James Matthew Barrie. Das Stück entstand 1902 und wurde 1920 von Gémier im Théâtre Antoine inszeniert. Die deutsche Bühnenfassung hat den Titel «Zurück zur Natur».

wiß, er ist zutiefst Marxist. Aber als Theatermann interessieren ihn trotzdem die individuellen Dramen. Er will einfach zeigen, daß es kein individuelles Drama gibt, das nicht ganz von der historischen Situation bedingt ist und das nicht zugleich auf die gesellschaftliche Situation zurückwirkt, um sie ihrerseits zu bedingen. Deshalb sind seine Figuren immer zweideutig: er deckt ihre Widersprüche auf, die die Widersprüche ihrer Epoche sind, und versucht zugleich zu zeigen, wie sie ihr Schicksal machen.

Ich denke an *Galileo Galilei*. Man sieht ihn in Brechts Stück ganz vom Augenblick bedingt, in dem er lebt, dem Augenblick, in dem die entstehende Wissenschaft den Traditionen, dem Glauben, den Interessen der Kirche und der Aristokratie zuwiderläuft. Und dieser Mann, der die Wissenschaft konstituiert, ist gleichzeitig der erste, der sie verrät. Warum? Weil ihn sein physischer Mut verläßt, aber vor allem, weil er nicht begriffen hat, daß sein Los ihn nicht mit den Großen dieser Welt verbindet, sondern mit dem Teil der Gesellschaft, der die Wissenschaft bedingt, weil er sie zu seiner Entwicklung braucht. Das war damals das Bürgertum. Da Galilei das Lager der Prälaten und Fürsten gewählt hat, lehnt er die Unterstützung der Bürger ab. Also ist Galilei für sein Schicksal verantwortlich. Er macht es. Aber gleichzeitig läßt sich seine Fehleinschätzung nur in einem Augenblick erklären, wo der Wissenschaftler eine Art Knecht der Herren oder Prälaten ist und wo er sich folglich selbst verkennt, während er zugleich schafft, was seine Lage verändern wird.

Und wie ist Brecht der Veränderung seines Werks durch sein Publikum entgangen?

Zunächst, weil das ostdeutsche Publikum trotz all seiner Probleme, all seiner tiefen Konflikte, all seiner inneren Spannungen relativ vereint ist. Diese Gesellschaft im Aufbau, was immer man von ihr hält, liefert dem Theater Zuschauer, die gemeinsame Sorgen und Hoffnungen haben und nicht wie bei uns von allen Horizonten kommen. Der Beweis dafür ist, daß wir die Kunst und den Sinn der Stücke Brechts nur in dem Maße verstanden haben, wie er *anderswo* Erfolg gehabt hat.

Aber die Stücke Brechts sind vor dem Bestehen dieser Gesellschaft geschrieben worden.

Ja. Aber seine eigentlichen Erfolge kamen danach.

Sind Sie sicher? Brecht hat in Deutschland noch vor Hitler in der Weimarer Republik Erfolg gehabt. Dann während der Nazizeit in New York. Jetzt hat er in Westdeutschland, in der Schweiz und in London Erfolg. Also überschreitet er sein vereintes Publikum.

Das stimmt. Aber beachten Sie den Unterschied zwischen dem Brecht von heute und dem Brecht der Zeit, als man in Paris *Die Dreigroschen-*

oper spielte.[1] Heute wissen wir, was Brecht ist. Aber als ich mit Simone de Beauvoir vor dem Krieg *Die Dreigroschenoper* sah, sahen wir nur, was man eine Gesellschaftssatire nennt. Das war amüsant. Das hatte Pfiff. Gut. Aber die eigentliche Aussage Brechts ist uns völlig entgangen. Als ich damals, vor mehr als zwanzig Jahren, aus dem Theater kam – da haben Sie die Veränderung durch das Publikum –, fand ich das Stück anarchistisch: die Bürger alle korrupt, der Polizeichef ein Räuber; aber andrerseits stellt uns das Stück die Massen als Bettler und ihre Anführer als Diebe dar, die sie betrügen. Die positive Seite der doppelten Kritik ist mir ebenso entgangen wie dem ganzen damaligen Publikum.

Der Film von Pabst ist trotzdem in Frankreich als ein «linker» Film angesehen worden.[2] *Das war die verbreitetste Interpretation der* Dreigroschenoper ...

Weil man über die Bankiers und die Polizei herzog. Aber man kann auch von rechts über die Bankiers herziehen. Das kommt auf die Art und Weise an. Die Mißverständnisse haben aufgehört, als Brecht sein Publikum direkt ansprechen konnte. Er hat beschlossen, den Zuschauer miteinzubeziehen, und da das Publikum in jedem Fall mit dem Autor zusammenarbeitet, hat er versucht, es bei dieser Zusammenarbeit zu lenken. Ein Theaterstück ist das belebte Bild des Menschen und die Welt als Bild vor dem Menschen. Es geht um die Beziehung zwischen Publikum und Bild. Ich glaube, daß Brecht die Einfühlung zerstören wollte, die die Beziehung des normalen bürgerlichen Theaters zum Zuschauer ist – beim klassischen Theater ist das anders. Sich im Schauspiel *einfühlen* heißt zum Beispiel, sich mehr oder weniger im Bild des Helden, der sich töten läßt, oder im Bild des Liebhabers verkörpern, also fürchten, daß der Liebhaber betrogen wird oder der Held am Schluß stirbt.

Einfühlung ist eine Art und Weise, eine fast sinnliche Beziehung mit dem Bild zu leben, also es nicht zu erkennen. Ebenso kann man nicht wirklich jemanden kennen, in den man verliebt ist, mit dem man ein leidenschaftliches und ungestümes Leben lebt. Wenn man sich einfühlt – was Brecht störte –, verändert man.

Man hat mit Recht sagen können, daß ein Bürger sich in einen einen echten Helden, einen Revolutionär, der seine eigenen Widersprüche überschreitet und im Tod darüber triumphiert, durchaus einfühlen kann. Warum? Weil er kein Unbehagen empfinden wird. Weil sich der

1 Die französische Erstaufführung der *Dreigroschenoper* fand 1930 im Théâtre Montparnasse statt. (Anm. d. Übers.)

2 Der Film *Die Dreigroschenoper* von G. W. Pabst wurde 1930 gedreht und von Brecht mißbilligt, dessen Drehbuch nicht akzeptiert worden war und der vergeblich in einem Prozeß seine neue Sicht des Stoffs, den er eben verkauft hatte, durchsetzen wollte. (Anm. d. Übers.)

Bürger letztlich mit diesem Helden identifizieren kann. So wie bestimmte Leute sagen: «Ich bin für ein französisches Algerien, aber ich respektiere den Kämpfer der Nationalen Befreiungsfront, der heldenhaft stirbt», kann sich der Zuschauer sagen, wenn dieser Linke seine Widersprüche auflöst und als Held für eine bestimmte Gesellschaft stirbt: «Ich mißbillige die Gesellschaft, die er ersehnt, aber ich muß in ihm das Bild eines Menschen sehen, der es verstanden hat, widersprüchliche Neigungen in sich zu versöhnen. Ich habe ähnliche Widersprüche – die andrer Art sind –, und diese Geschichte zeigt mir, daß man sie immer überschreiten kann.» Er wird also zufrieden nach Hause gehen. Er wird verstanden haben, daß in jeder Gesellschaft und in jeder Situation die Überschreitung möglich ist, und infolgedessen wird er, obwohl er den *Inhalt* des Stücks ablehnt, sich an dem formalen Schema des Heldentums erbauen. In diesem Sinn *stört* der positive Held der sowjetischen Stücke den bürgerlichen Zuschauer nicht.

Brecht dachte, daß die Überschreitung einer schwierigen und widersprüchlichen Situation niemals Sache eines Individuums ist, sondern daß sich in der historischen Entwicklung nur eine ganze Gesellschaft verändern kann. Er wünschte, daß man den Widerspruch durch seine Ursachen erfaßt, aber ohne Möglichkeit, ihn in einer Gemütsbewegung zu überschreiten.

Den Tartuffe sollte man auch mit Unbehagen verlassen.

Für mich stehen die Klassiker in einem sehr klaren Verhältnis zu Brecht; man findet bei ihnen zugleich Distanz und Verfremdung. Ich glaube nicht, daß man sich sehr für das Schicksal von Orgon oder Elmire interessiert. Tartuffe dagegen ist abstoßend, aber er ruft kein Entsetzen hervor. Man bleibt also ziemlich ruhig. Man lacht mäßig. Die Stärke des Stücks ist vor allem die Distanz.

Was Brecht gewollt hat, das haben auch unsre Klassiker gewollt, nämlich hervorrufen, was Platon die «Quelle aller Philosophie» nannte: Erstaunen, indem sie das Vertraute als nicht vertraut darboten. Denken Sie daran, daß Voltaire dieses Verfahren in seinen Romanen anwandte. Man brauchte nur Figuren von einer andren Welt darzustellen, so daß man darüber lachen konnte, da man sich am Schluß sagte: «Verdammt, aber jene Welt ist ja meine Welt!» Das Ideal des Brechtschen Theaters wäre ein Publikum, das sich wie eine Gruppe von Völkerkundlern verhält, die plötzlich einem wilden Völkerstamm begegnen. Sie würden sich ihnen nähern und plötzlich betroffen feststellen: diese Wilden, das sind ja wir. Das ist jener Augenblick, in dem das Publikum selbst Mitarbeiter des Autors wird: sich erkennend, aber befremdet, als ob es jemand anders wäre, gelingt es ihm, als *Objekt* gegenüber sich zu *existieren*, und es *sieht* sich, ohne sich zu *verkörpern*, folglich begreift es sich.

Eben haben Sie gesagt, daß die treibende Kraft eines Stückes das platonische Erstaunen sein sollte. Glauben Sie, daß das im Theater genügt? Gibt es nicht noch andere affektive Bindungen zwischen Zuschauer und Bühne? Ist eine Aufführung sonst nicht ziemlich kalt?

Sicher. Aber das wollte Brecht gar nicht. Er wünschte nur, daß die Emotion des Zuschauers nicht blind ist. Schließlich hat in *Mutter Courage* seine Frau, Helene Weigel, die auch seine Hauptdarstellerin war, die Zuschauer zum Weinen gebracht.

Das Ideal wäre, zugleich «zeigen» und «bewegen». Ich glaube nicht, daß Brecht diesen Widerspruch als eine unüberschreitbare Absurdität angesehen hätte.

Alles hängt von der Perspektive ab, die man annimmt, wenn man eine Geschichte erzählen will: entweder nimmt man den Standpunkt des Ewigen ein: das ist so, das wird immer so sein, die Frau wird immer das Ewig Weibliche sein usw. Dann verfallen wir wieder auf jenes Theater der «Menschennatur», das ich bürgerlich nannte. Oder man betrachtet sie als das Zeichen einer Entwicklung, die sich anbahnt, oder einer Auflösung, die sich fortsetzt. Das heißt vom historischen Standpunkt, besser: vom Standpunkt der Zukunft. Im *Puppenheim*, das von der Emanzipation der Frau handelt, in einer Zeit, wo noch kaum die Rede davon war, hat Ibsen sich in eine Zukunftsperspektive gestellt: vom Gesichtspunkt der Zukunft hat er den Zusammenbruch dieses autoritären und nichtssagenden Gatten und die Befreiung Noras gesehen.

Eine unmittelbare, sehr nahe Zukunft. Wie sehen Sie in Ihren eigenen Stücken dieses Einbeziehen einer unmittelbaren Zukunft?

Bis jetzt habe ich mich nicht sehr darum gekümmert. In *Die Eingeschlossenen* habe ich es etwas versucht. Das ganze Stück ist vom Gesichtspunkt einer falschen und zugleich wahren Zukunft konstruiert. Der Wahn des Eingeschlossenen besteht darin, daß er sich, um sich nicht schuldig fühlen zu müssen, als der Zeuge eines untergehenden Jahrhunderts betrachtet und sich an ein höheres Gericht wendet. Natürlich sagt er nur Dummheiten, erzählt er nicht, was dieses Jahrhundert wirklich ist, aber ich möchte, daß sich der Zuschauer etwas mit diesem Gericht konfrontiert fühlt. Oder ganz einfach mit den kommenden Jahrhunderten.

Unser Jahrhundert wird gerichtet werden, wie wir es mit dem 19. oder 18. Jahrhundert machen. Es wird seinen Platz in der Geschichte haben, die es in gewisser Weise schaffen wird, und es wird über die Menschen ein von einer objektiven Moral bestimmtes Urteil verlangen. Ich möchte, daß sich das Publikum durch das Gefasel meiner Figur vor dieses Gericht gestellt fühlt.

Das alles sind natürlich Luftschlösser. Aber wenn es gelänge, würde das dem Zuschauer den Eindruck vermitteln, daß er in die Vergangenheit gleitet. Ich versuche unsre Zeit spürbar zu machen, insofern dieses Jahrhundert allmählich zu Ende geht. Wie man am Ende jedes Jahres sagt: das Jahr 1959 war «so lala». Hoffen wir, daß das Jahr 1960 besser sein wird! Ich möchte, daß das Publikum unser Jahrhundert als Zeuge von außen wie eine fremde Sache sieht. Und daß es sich zugleich einfühlt, da es ja dieses Jahrhundert macht. Es gibt übrigens in unsrer Epoche etwas Besonderes: wir wissen, daß wir gerichtet werden.

September 1959

Episches Theater und dramatisches Theater[1]

Sie wissen, daß die Unterscheidung zwischen epischem Theater und dramatischem Theater natürlich nicht von mir stammt; sie stammt von Bertolt Brecht, der sein eigenes Theater als episches Theater und das bürgerliche Theater als dramatisches Theater ansah. In beiden Punkten hatte er recht, aber das Problem, das ich heute vor Ihnen behandeln möchte, ist die Frage, ob ein dramatisches Theater ganz dicht beim epischen Theater denkbar ist, das nicht bürgerlich wäre.

Sie wissen, was das epische Theater von Brecht ist, daß ihm hauptsächlich daran liegt, zu zeigen, zu erklären und die Zuschauer eher urteilen als sich einfühlen zu lassen. Er will zugleich das individuelle Handeln zeigen und das, was er den sozialen Gestus nennt, der dieses Handeln bedingt, er will die Widersprüche zeigen, die in jedem Verhalten sind, und zugleich das gesellschaftliche System, das diese Widersprüche hervorbringt, und das innerhalb einer Aufführung . . .

Alain sagte, daß ein Lehrer seine Schüler nicht begeistern darf, weil sie dann aufmerksam lauschen, aber schlecht begreifen. Das dramatische Theater dagegen, nehmen wir einmal an, es ist das Theater, das wir alle kennen und das eine individuelle Geschichte erzählt und dabei andeutet, daß es dahinter Verwicklungen gibt. Bevor wir jedoch diese Gegenüberstellung fortsetzen, muß ich Ihnen sagen, daß heutzutage alles verworren ist, weil wir in einer Epoche des bürgerlichen Theaters leben. Seit beinahe hundertfünfzig Jahren kontrolliert das Bürgertum das Theater: es kontrolliert es zunächst durch die Grundstückspreise, die im 19. Jahrhundert derartig gestiegen sind, daß die Arbeiter, wie Sie wissen, die Stadt verlassen haben und daß es nur noch Büros und Bürgerhäuser gibt und daß die Theater aller mehr oder weniger im Zentrum der Stadt liegen; das Bürgertum kontrolliert das Theater aber auch durch die Eintrittspreise, die immer höher klettern, damit das Theater ein rentables Unternehmen ist; es kontrolliert es durch die französische Zentralisation, so daß in den Städten, wo man Kontakte mit andren Publikumsschichten haben könnte, die Aufführungen entweder gar nicht gezeigt

1 Text eines Vortrags in der Sorbonne vom 29. März 1960 auf Einladung der Association théâtrale des étudiants parisiens, mit der sich damals Ariane Mnouchkine beschäftigte. Der Vortrag wurde auf Band aufgenommen. Auszüge aus diesem Vortrag erschienen in *Premières*, 11. Jg., Nr. 9, Juni 1960 und auf englisch unter dem Titel *Beyond bourgeois theater* in *The Tulane Drama Review*, Bd. 5, Nr. 3, März 1961.

werden oder erst sehr spät als Tourneevorstellungen; schließlich kontrolliert es das Theater durch die Kritiker. Es ist ein großer Fehler, den Kritiker einer Zeitung im Gegensatz zum Publikum zu sehen. Der Kritiker einer Zeitung ist der Spiegel *ihres* Publikums; wenn er Dummheiten sagt, wird sie das Publikum, das die Zeitung liest, ebenfalls sagen; folglich wäre es müßig, den einen dem andern gegenüberzustellen. Es gibt vereidigte Weinprüfer, damit man erfahren kann, daß der abgefüllte Wein nicht schlecht ist. Und so ist Jean-Jacques Gautier für die Leser des *Figaro* ein vereidigter Geschmacksprüfer, und es ist ziemlich klar, daß es eine vollständige Anpassung von Gautier an den Leser des *Figaro* und vom Leser des *Figaro* an Gautier gibt. Warum? Weil der Leser des *Figaro* denkt, daß Gautier ihn nie betrogen hat, was heißt, daß er seine Ansichten in allem teilt. Sie sehen also, es handelt sich um eine absolute Kontrolle, um so mehr als eben dieses Bürgertum nur eines zu tun braucht, um ein Stück durchfallen zu lassen, nämlich nicht hinzugehen; es ist also klar, daß die bürgerliche Diktatur über das Theater ein bürgerliches Theater hervorgebracht hat. Ist es bloß gefährlich, bedeutet das bloß die Einführung eines etwas zu speziellen Inhalts in das Theater oder hat diese Diktatur das, was Theater sein sollte, bis auf die Strukturen selbst zerstört? Das wollen wir herauszufinden suchen.

Um der totalen Verwirrung zu entgehen, in der man sich augenblicklich über das Theater befindet, müssen wir die Dinge zunächst anders angehen, irgendeinen Anhaltspunkt finden, der uns deutlich macht, was eine Theaterzeremonie ist. Ich will natürlich nicht bis zum Thespiskarren zurückgehen, sondern Ihnen lieber von einer Erfahrung berichten, die ich gerade in Kuba im Nationaltheater von Havanna gemacht habe.[1] Dort wurden religiöse Tänze der Schwarzen vorgeführt, begleitet von Gesängen und Rezitativen. Das Besondere daran war folgendes: die Religion der Schwarzen hat sich dort nahezu intakt erhalten, weil die spanische Kirche herrschte. Die französische Kirche in San Domingo sagte: man lasse ihnen ihre Religion, vorausgesetzt, daß sie in unsre eintreten, und diese Art von Toleranz hat den Vaudou hervorgebracht. In Kuba wurden die Schwarzen, die keine Christen waren, verfolgt, sie haben sich in religiösen Geheimgesellschaften zusammengeschlossen, und die Religion hat ihre ganze Reinheit behalten. Noch erstaunlicher ist, daß in den armen Vierteln Weiße von der Religion der Schwarzen angezogen wurden, mit ihnen eine Glaubensgemeinschaft bildeten und ihre Religionsriten feiern. Und auch einige Reiche, einige reiche Weiße machen mit. Diese Zeremonien, die ausgesprochen religiöse Zeremonien sind,

---

[1] Sarte war vom 22. Februar bis zum 20. März 1960 in Kuba. Im Nationaltheater von Havanna wurde gleichzeitig sein Dtück *Die ehrbare Dirne* aufgeführt.

waren immer verboten; man gewährte ihnen keinerlei Öffentlichkeit, und folglich hatte man keinen Grund, sie auf die Bühne zu bringen. Andrerseits muß man sie als Zeremonien begreifen, die von allen Schwarzen in den Armenvierteln zelebriert werden; alle kennen die Gesänge und Tänze, die man aufführt. Das erste, was auffiel, war nun, daß alle Schwarzen, die dorthin kamen, sehr erstaunt waren, als man sie aufforderte, für ihre Plätze zu zahlen. Sie sagten: «Aber das ist eine religiöse Zeremonie; bei religiösen Zeremonien zahlt man nicht.»

Sie sehen, der Anfang war also eine bestimmte Auffassung, die sie von der Religion hatten; sie waren gekommen, weil sie religiös waren und weil sie diese Religion leben wollten.

Andrerseits spielte es sich auf einem Theater ab, so daß es im Grunde eine erste Verfremdung innerhalb der religiösen Teilnahme gab. Zum erstenmal sahen Schwarze und Weiße auf Stühlen sitzend diese Religion als Tanz vor sich, während die Schwarzen gewöhnlich mittanzten. So kam es schließlich zu einem ganz widersprüchlichen Phänomen: es gab im Saal zunächst Gelächter und Applaus – was zu den allgemeinen Merkmalen einer Theateraufführung gehört –, und andrerseits gab es auch einen Tanz, der allmählich einige schwarze Zuschauer mitriß, so daß sie schließlich stehend auf ihrem Platz mit den Leuten ihnen gegenüber mittanzten, also dasselbe machten wie die Schwarzen ihnen gegenüber. Warum? Die Bemerkungen andrer Schwarzer, die nicht weit von mir entfernt waren, ließ es mich begreifen. Bemerkungen von Fachleuten. Diese Schwarzen sagten etwas verächtlich gegenüber den andren: «Wir tanzen doch genauso gut wie sie, ich weiß nicht, warum man lieber sie als uns herkommen ließ.» Und das mußten sie mehr oder weniger alle denken, weil der Tanz eine allen gemeinsame Sache war. Was da plötzlich stattgefunden hatte, war ein Bruch. Aber weil sie teilnehmen wollten, tanzten sie mit, und weil es zugleich eine Vorstellung war, setzten sie sich wieder hin, so daß eine merkwürdige Unruhe entstand, in der sie gewissermaßen ihr Bild auf der Bühne zu entdecken begannen. Denn sie sahen im Grunde sich selbst tanzen, aber zugleich ohne die gewohnte Beziehung wirklicher Teilnahme, die sie dazu bringt, mitzutanzen, wenn neben ihnen jemand einen Tanz anfängt, und eine religiöse Gemeinschaft entsteht einfach durch den Rhythmus, ohne daß sie sich selbst sehen.

Andrerseits entstand eine neue Kommunikationsweise, wenn ich so sagen darf, durch die entferntesten Sinne (weder durch Berühren noch durch Riechen, sondern durch Sehen und Hören), das war etwas absolut Neues. Selbst für die Schauspieler war es eine Verwandlung, denn als sie ankamen, sahen sie absolut nicht wie Schauspieler aus: übrigens habe ich sie hinter der Bühne gesehen, es waren Menschen jeden Alters, vor allem ausgesucht, weil sie besonders gute Tänzer waren, es waren Menschen, die tagsüber in den verschiedensten Berufen arbeiteten, also keine professionellen Schauspieler waren und sich trotzdem einer Reihe von Zwängen beugen mußten. Zum Beispiel dauerten die Tänze nur eine bestimmte Zeit, nie länger, und sie mußten noch einmal herauskommen, um sich am Ende des Tanzes zu verbeugen. So fingen sie jeden Tanz mißgelaunt an, schwunglos, weil es nicht gehen wollte, und dann begann es allmählich zu gehen, und meistens brachte sie das tanzende Publikum vor ihnen erst richtig in Schwung. Dann hielt das eine Weile an, und gegen Schluß, nach Tänzen, die sie oft mitrissen und viel weiter gingen als sie wollten, fanden sie dennoch dazu, wie Schauspieler zum Applaus auf die Bühne zu kommen. Aber gleich danach hatten sie ihre eigentlichen Trancezustände hinter den Kulissen, und deshalb hat man mir in einem bestimmten Augenblick gesagt: «Beunruhigen Sie sich nicht, wenn der Vorhang nicht hochgeht, zwei Schauspielerinnen sind in Trance.» Es kam also zu jener merkwürdigen Mischung, jener tiefen Mischung, die bewirkte, daß der Darsteller sich durch diesen Bruch plötzlich von Publikum ebenso getrennt fühlte, wie das Publikum sich von diesen Schauspielern getrennt fühlte – während er gewöhnlich mitten unter ihnen tanzte. Der Schauspieler fühlte gewissermaßen seine Wirklichkeit eines Tänzers im Publikum, weil er da etwas machte, was er nicht begriff, und das Publikum fühlte seine Wirklichkeit von Tänzern als Bild in den Schauspielern. So hatte man eine eigenartige Beziehung, die eine Mischung aus totaler Teilnahme, Aufführung und Distanz war.

Das führt uns natürlich, und wenn ich es Ihnen nicht gesagt hätte, würden Sie selbst daran denken, zum Psychodrama, in dem es eine gewisse Spontaneität gibt, die entsteht und die jeden der beiden Darsteller zum Ausdruck bringt, den einen, der der Kranke ist oder das Subjekt, das sich anbietet, den andren, der der Psychiater ist oder der Assistent, der mit ihm spielt, und wo es gleichzeitig merkwürdige Übertragungen und Gegenübertragungen gibt, so daß man im Psychodrama die Mischung von Bild und Teilnahme hat. Wenn Sie zum Beispiel eine Rolle spielen, die Sie mit einem Kameraden vor einem Psychiater oder einem Psychologen spielen, der die Rolle des Kameraden einnimmt, dann sehen Sie, in welcher merkwürdigen Situation Sie sich befinden. Diese Situation ist nicht ganz und gar wirklich, da Sie ja sehr gut wissen, daß Sie anfangs niemals völlig den Begriff davon verlieren, daß der, der vor Ihnen eine Rolle spielt, ein Kamerad als Bild ist, das Sie vor sich haben, und andrerseits können Sie nicht umhin, in vielen Fällen Ihre echten Beziehungen zu dieser Person zu äußern, weil Sie von irgend etwas ergriffen sind. Das funktioniert sogar bei Berufsschauspielern. Lebovici, der einen Artikel darüber geschrieben hat, berichtet, daß ihn eine Mutter aufsuchte, die sich heftig über ihren Sohn beklagte und sagte, daß er unausstehlich sei, selbst aber sehr sanft und vernünftig wirkte; er schlug ihr vor, mit ihm ihre Beziehung zu ihrem Sohn als Psychodrama zu spielen.[1] Sie lachte und sagte: «Hören Sie, ich bin Schauspielerin, und wenn ich Ihnen etwas vorlügen wollte, wenn ich Ihnen sagen wollte, daß ich in Wirklichkeit gut bin, obwohl ich schlecht bin, dann könnte ich das natürlich sehr gut spielen.» Daraufhin sagte er: «Versuchen wir es trotzdem», und wie Sie sich vorstellen können, ist dieser technische Lack der Schauspielerin vor der Spontaneität dieses absolut zweideutigen Doppelspiels, das die Vorstellung ausmacht, verschwunden.

Wenn wir nun andrerseits auf jene Schwarzen zurückkommen und bedenken, daß es auch weiße Zuschauer gab, die ihren Standpunkt nicht teilten, dann haben Sie genau hier einen weiteren Aspekt des Problems: jene Schwarzen mit ihrer Religion erschienen wie Objekte. Verstehen Sie mich recht: hier handelt es sich nicht um Objekte in einem abwertenden Sinn, ich will einfach sagen, daß wir jenes religiöse Band nicht hatten, das jene doppelte Distanz ergab, jene Distanz und jene Präsenz. Was hatten wir denn? Man sah Wesen, die wirklich Tänze aufführten, die zu ihrer Religion gehörten; der spektakuläre Aspekt war für uns weniger spürbar als der objektive Aspekt, und übrigens waren andre Schwarze manchmal bereit, bei den Studenten von Havanna dieselben Zeremonien für die Ethnologen aufzuführen. Wir waren also selbst in einer wenig ausgeglichenen Position, halb auf der Ebene des Objekts, aber andrerseits auch wieder halb auf der Ebene der Vorstellung. So daß wir schließlich, je mehr diese Religion für uns als ein vollkommenes, viel tieferes Objekt erschien, sie als *die* Religion schlechthin ansehen konnten. Wenn wir die Sache ganz objektiv betrachteten, so tanzten etwa zwanzig Schwarze von Havanna ihre religiösen Tänze zum erstenmal. Wenn wir sie dagegen als Bild nahmen, blähte sie sich mehr auf: in jenem Moment war diese Religion, die wir sahen, ein Bild, wir glaubten nicht mehr, daß es reale Gläubige waren, die es machten, sondern auf einmal stellte es jede besondere Form von Religion in Frage, da es alle Religionen war. Es gab diesen Weg in Richtung Mythos und auch die andre Richtung, die die Richtung des Objekts ist, und man schwankte ständig. Und man kann sagen, daß es ganz allgemein eine gewisse doppelte Beziehung zum Theater gibt, die der Mensch zu seiner eigenen Darstellung hat, und manchmal kommt es vor, daß der Theatermann mit dieser doppelten Beziehung spielen will.

---

[1] Serge Lebovici ist Spezialist für Probleme der Kindheit und Adoleszenz und hat viele Schriften über Psychodrama und Psychotherapie publiziert.

Ich denke zum Beispiel an ein Stück, das man gegenwärtig in New York in einem ehemaligen Speicher aufführt; ich sage Ihnen gleich, daß meine Informationen etwas ungenau sind, denn ich habe sie von einem Freund, aber das spielt keine Rolle, weil das Wesentliche wahr bleibt. Es handelt sich um ein Stück, das zunächst ein Fiasko war und wo jetzt ganz Amerika hingeht.[1] Man kommt in diesen Speicher und sieht auf der Bühne einige zusammengesunkene, heruntergekommene Personen, die kein Wort sagen; das Warten dauert ziemlich lang, und dann endlich kommt jemand und ermahnt sie, sich aufzurichten; sie sagen: «Nein, nicht jetzt; nein, nicht jetzt», und sinken wieder zusammen. Schließlich kommt der Autor selbst und sagt: «Hören Sie, das sind Drogensüchtige; man wollte sie ein Stück über Drogen spielen lassen, damit sie zu ihrem Geld kommen, weil sie nicht ohne Drogen leben können, aber sie wollen nicht.» So geht das Ganze weiter, es sind Ermahnungen gegenüber diesen Menschen: «Hört, strengt euch ein bißchen an», und sie sagen: «Aber die Drogen ... wir wollen Drogen, bevor wir anfangen.» Es kommen keine Drogen, es kommen Leute usw. Von Interesse an dem Stück, soweit ich es verstanden habe, scheint der Versuch, an Stelle der romantischen Süchtigen, die man im amerikanischen Film sieht, zu zeigen, daß Drogen zur absoluten Abstumpfung führen. Uns interessiert aber nicht das, sondern die Art, wie man den Leuten weisgemacht hat, daß es sich um echte Drogensüchtige handelte. Es steht in der Zeitung, und in der Pause wird unter den Zuschauern gesammelt, damit jene armen Leute gleich ihre Drogen bezahlen können. Man gibt übrigens, und viele Leute werden hinters Licht geführt, weil sie nicht wissen, ob es sich um Drogensüchtige handelt oder nicht, denen man diesen Job verschafft hat, oder ob es keine Drogensüchtigen sind. Natürlich sind es keine Drogensüchtigen, weil die Polizei eine derartige Geldsammlung nicht zulassen würde.

Was für uns aber interessant ist, ist der Erfolg, der vom Schwanken des Zuschauers herrührt. Ist es ein Bild, ist es ein Objekt? Wenn es echte Drogensüchtige sind, dann ist es ein Objekt, das heißt der Zuschauer befindet sich dann vor drei armen Unternehmern, die mit gutem Willen, aber ohne rechten Erfolg einige Drogensüchtige versammelt haben und sie vorzeigen, damit sie zu etwas Geld kommen. Das ist dann genauso, als ob man in eine Anstalt geht und sich dort irgendwelche Geisteskranke ansieht, nicht wahr? In diesem Fall können Sie sie als menschliche

---

1 Es handelt sich um das Stück *The Connection* von Jack Gelber, das das Living Theatre 1959 in New York herausbrachte und das den Ruhm dieser Theatertruppe begründete. 1961 kam das Living Theatre mit diesem Stück erstmals nach Europa. Sartres Inhaltsangabe und die Zitate sind sehr ungenau.

Objekte vor Ihnen ansehen, der Sie für sie ein menschliches Objekt sind. Oder es sind keine Drogensüchtigen, sondern Schauspieler; dann ändert sich alles, und Sie werden sofort sehen, daß es dasselbe ist wie bei der Religion. Wenn es Drogensüchtige sind und man selbst keine Drogen nimmt, hat man wahrscheinlich nichts mit ihnen gemein; ihre Abgestumpftheit, ihre Apathie wird einen abstoßen, weil man sich sagt: «Ich habe mit diesen Leuten nichts zu tun.» Wenn es Bilder sind, wenn sie die Rollen von Drogensüchtigen spielen, wird das in gewisser Weise zu einem allgemeinen Phänomen, zu einem Mythos. Schließlich rühmen wir ja auch viele Dinge, wie zum Beispiel Liebesqualen mit viel Romantik, aber was ist das letztlich? Abstumpfung. Man kann sich sehr gut vorstellen, wie manche solcher Zustände sich in einer Ungeduld, Nervosität usw. niederschlagen, die an einen Drogensüchtigen erinnern. Man kann also einen gewissen Stand erreichen, aber unter der Bedingung, daß man ihn uns als Bild darbietet. Und wie Sie sehen, haben Sie die beiden Aspekte zur gleichen Zeit.

Aber ausgehend von diesen beiden Beispielen, die beide etwas außerhalb des normalen Theaters liegen, ob es nun das epische Theater oder das dramatische Theater ist, können wir uns sofort eine Frage stellen: Weshalb leben die Menschen umgeben von ihren Bildern? Weil man schließlich auch ohne sie auskommen könnte. Sie wissen, daß Baudelaire von der «Tyrannei des menschlichen Gesichts» sprach.[1] Es ist manchmal so anstrengend, sich den ganzen Tag dieser Tyrannei zu beugen, daß man sich sagen könnte, mein Gott, weshalb muß man zum Beispiel noch Porträts in seinem Zimmer haben, weshalb muß man Darstellungen von sich im Theater sehen, weshalb muß man mitten unter Statuen spazieren gehen, die uns auch wieder darstellen, weshalb muß man ins Kino gehen und sich immer wieder sehen? Es gibt eine Art Selbstübersättigung durch die Menschen, das heißt, durch Sie alle und durch mich, die etwas Überraschendes hat. Wenn man darüber nachdenkt, ist das im Grunde gar nicht so schwer zu erklären. Ich glaube, daß die Menschen inmitten ihrer Bilder leben, weil es ihnen nicht gelingt, wirkliche Objekte für sie selbst zu sein. Die Menschen sind für andre Objekte, aber die Menschen oder Milieus sind nicht vollständig für sie selbst Objekte. Nehmen Sie ein individuelles Beispiel, Sie können es entweder in der Erfahrung des Spiegelbilds sehen, die in der ganzen frühen Kindheit so wichtig ist, oder im Irrtum eines Tieres, das sich im Spiegel sieht, im Irrtum eines Erwachsenen, der plötzlich in einem dunklen Zimmer je-

---

[1] Baudelaire übernahm die Formulierung aus de Quinceys *Confession of an English Opium Eater* in seine *Künstlichen Paradiese*. Sie findet sich auch in dem Prosagedicht *A une heure du matin* und in *Pauvre Belgique*.

mandem im Spiegel sieht und nicht merkt, daß er es selbst ist. Man kommt zu sich selbst wie zu einem Objekt, weil man zu sich selbst wie zu einem andren kommt. Das ist die Objektivität. Kaum haben Sie sich erkannt, schon sind Sie kein Objekt mehr. Man sieht ja sein eigenes Gesicht nicht so, wie man die andren sieht. Man sieht sein eigenes Gesicht in privilegierter Weise. Weshalb? Weil man ein tiefes Interesse an dem hat, der da ist, man kann ihn nicht mit jener absolut kalten und förmlichen Beziehung erfassen, die der einfache Blick ist, man erfaßt ihn durch eine Art von Teilnahme. Man kann nicht wirklich sehen, wer man ist, so wie man sich ja auch nicht sprechen hören kann. Sie kennen das Experiment, daß, wenn Sie von jemandem die Stimme aufnehmen und Sie ihn dann aus einem Dutzend auswählen lassen, er nur selten die seine wiedererkennt; der Prozentsatz an Irrtümern beweist, daß es hier einen bestimmten Faktor gibt.

Die Art, wie wir uns sprechen hören, entspricht nicht genau der Art, wie wir sprechen. Ebenso sieht man sich auch nicht, und zwar aus einer Menge von Gründen. Man kann sich nicht beurteilen, und folglich ist das, was im Spiegel ist, zwar immer noch ich, aber außerhalb meiner Reichweite, außerhalb meiner Erfahrung, außerhalb der Realität für mich, das heißt, was ich nicht fassen kann: es ist kein Objekt, es ist kein Bild. Und es ist ein Bild, nicht weil es eine Spiegelung ist, denn eine Spiegelung ist ein Objekt; vom streng physikalischen Standpunkt bedeutet das Wort Bild nichts andres als eine Realität der physikalischen Welt, die durch bestimmte Lichtstrahlen erzeugt wird. Es ist ein Bild, weil wir nichts daran machen können, insofern es dieses Bild ist, oder aber blindlings, indem wir mit dem Rasiermesser darauf einschlagen. Anders gesagt, die Spiegelung geht in den Zustand eines Objekts über, wenn es nicht erkannt wird, und in den Zustand eines Bildes, wenn es erkannt wird, nicht weil es eine Spiegelung ist, sondern einfach weil es außer Reichweite ist. Da ich nun also unfähig bin, da Sie unfähig sind, ein objektives Urteil über irgendein Gesicht zu formulieren, sofern es das Ihre ist, und wir andrerseits ein solches Urteil brauchen, wird man sich also an andre wenden. Man wird zum Beispiel von einer Zeichnung verlangen, von einer von einem andren gemachten Zeichnung ... Ich weiß nicht, ob Sie den bereits ziemlich alten Roman *Antic Hay* von Aldous Huxley gelesen haben: man sieht den Ärger, den der Held empfindet, als er zufällig bei Freunden eine Zeichenmappe aufschlägt und eine Zeichnung von sich findet, sein von einem seiner Freunde gemachtes Porträt, nicht einmal eine Karikatur, sondern einfach ein für ihn sehr unvorteilhaftes Porträt.[1] Hier hätten wir den Schock der Objektivität. In

---

1 Aldous Huxleys Roman *Antic Hay* erschien 1923.

diesem Augenblick stellt sich allerdings sofort das Problem: Wer hat das gemalt? Wie waren seine Beziehungen zu mir? Wie stellte er sich einen Menschen vor? Vielleicht gefällt ihm, was mir mißfällt? Vielleicht hat er mich anders sehen wollen? Vielleicht hat er bestimmte Dinge übertrieben, weil er sich selbst hineinprojizierte? In einem Wort, auch die Zeichnung ist kein Objekt, eben weil die Undurchdringlichkeit der Dinge, die eine Zeichnung hat – das heißt, sie ist da, und Sie können nicht daran rühren, es sei denn, Sie zerreißen das Papier –, weil diese Undurchdringlichkeit letztlich mit einer Art von Geheimnis dessen eins ist, der sie gemacht hat, einer Abwesenheit, und das wird ein bloßes leeres Objekt, ein Loch. Anders gesagt, Sie sind an ein bloßes gezeichnetes Porträt-Bild gelangt in Ermangelung eines Spiegels, in dem Sie sich als Objekt sehen könnten, und dieses Porträt ist selbst ein Bild, weil Sie nichts daran machen können. Und eben weil jeder von uns sich ständig durch irgendwen objektiviert fühlt, das heißt Objekt wird, wie ich es zum Beispiel jetzt im Augenblick sehr oft zugleich fühle, eben weil man fühlt, daß man sich in der Objektivität verliert, will man diese Objektivität zu fassen bekommen, und wenn man sie zu fassen bekommt, findet man ein Bild. Ein Bild ist etwas Irreales, das Ihnen noch gehört, das mir noch gehört, aber das zu mir Abstand hat wie ein Porträt. Ein Porträt von mir gehört zu *meinen* Dingen, wie ein Porträt von Ihnen zu *Ihren* Dingen gehört, es gehört zu einer Art von äußerer Subjektivität, und andrerseits ist es nichts, ist es etwas Irreales.

Und was ich hier von Individuen sage, gilt natürlich auch für jede beliebige Gruppe. Die Menschen können sich nicht von außen sehen, und der wahre Grund dafür ist, daß man, um einen Menschen wirklich als Objekt begreifen zu können, seine Zwecke und Ziele zugleich und im Widerspruch miteinander verstehen und nicht verstehen müßte. Weil Sie offensichtlich nicht annehmen können, daß Sie einen wirklich objektivierten Menschen vor sich haben, jemand, von dem Sie sagen können: das ist wirklich jemand, den ich kenne, wenn Sie ihn nicht dadurch kennen, daß Sie verstehen, was er sucht, was er will, das heißt von seiner Zukunft, von seinen persönlichsten Anstrengungen zur Erreichung seiner Ziele her sehen. Wenn Sie ihn aber dadurch kennen, daß Sie ihn verstehen, bedeutet das, daß Sie seine Ziele teilen, das heißt, was Sie auch immer an seinem Verhalten sonst mißbilligen, so verstehen Sie ihn doch nur, wenn Sie in gewisser Weise seine Ziele teilen. Und wenn Sie seine Ziele teilen, dann sind Sie in einer vollkommen geschlossenen Welt, oder vielmehr, wenn Sie so wollen, nicht in einer geschlossenen, aber begrenzten, durch sich selbst begrenzten Welt, aus der Sie niemals heraus können, solange Ihre Ziele immer von demjenigen geteilt werden, den Sie zu verstehen, und zu beurteilen im Begriff sind. Wenn Sie übrigens aufhören, seine Ziele zu verstehen, und wenn er in diesem Augenblick ein Wesen wird, das keine Ziele mehr hat, sondern nur noch kausal verstehbar oder mindestens erklärbar ist, dann haben Sie den Menschen verloren, dann haben Sie das Insekt. Zwischen diesem Verständnis des Menschen, wodurch der Mensch trotz allem für die andren Menschen niemals ein Objekt ist, sondern ein Quasi-Objekt, und dieser Weigerung zu verstehen, zum Beispiel einen Kriegsverbrecher zu verstehen, wodurch wir ihn als Insekt auffassen, gibt es keinen Platz, daß die Menschen einander vollständig als Objekte kennen. Totales Objekt sein könnte man entweder für die Ameisen oder für die Engel, aber als Mensch kann man es nicht für die Menschen sein.

Ein Ingenieur kann einen Arzt als Objekt betrachten, insofern er Arzt ist, aber er kann es nicht, insofern er Mensch ist, und genau von dem Augenblick an, wo er versucht, über den Menschen nachzudenken, verliert er sich im Bild. Ein solches imaginäres Urteil ist zum Beispiel, wenn die Menschen einem sagen, und Gott weiß, daß sie es einem sagen: «Mein Gott, wie sind die Menschen schlecht, wie ist der Mensch böse, alle Menschen sind böse» usw. Wie wollen Sie das sagen? Entweder sind Sie drinnen oder Sie sind draußen! Wenn Sie drinnen sind, und die meiste Zeit denken Sie gar nicht daran, ist Ihr Urteil verdächtig. Wenn Sie draußen sind, sind Sie kein Mensch, was aber sind Sie dann? So ist es absolut unmöglich, ohne ins Irreale zu fallen, solche Sätze zu formulieren, die im Grunde Dummheiten sind, obwohl man sie aus Höflichkeit Bilder nennt. Sie sehen also, und das wollte ich Ihnen zeigen, daß die Funktion der Kunst, die den Menschen darstellt (denn es gibt Künste, die ihn nicht darstellen), aus einem Scheitern entsteht; es gäbe keine Kunst dieser Art, wenn die Menschen füreinander reale Objekte wären. Es gibt Künste, weil man es niemals vollständig erreicht, einen Menschen direkt zu sehen; folglich hat man Bilder, und zu den Bildern, die man hat, hat man spezielle Beziehungen, das heißt, Teilnahmebeziehungen, wie jene Schwarzen, von denen ich gesprochen habe. Man nimmt am Irrealen teil, das vor Ihnen in einer bestimmten Form gegeben ist, in einer bestimmten Fiktion.

Natürlich gibt es verschiedene Bilder vom Menschen, und es ist sicher, daß es Filme und Fotos gibt, die ihn zeigen. Welches Bild bietet nun das Theater, denn es genügt nicht zu sagen, daß es ein Bild vom Menschen gibt? Für mich ist die Sache einfach, denn im Grunde ist das Theater Geste. Und es ist Geste, Sie wissen es, bis in die Pantomime. Und was ist das, Geste? Man kann sie nicht genau als etwas definieren, was keine Tat ist, denn oft sind Taten zur gleichen Zeit Gesten. Aber sagen wir, daß es eine Tat ist, die ihr Ziel nicht in sich selbst hat, es ist eine Tat, eine Bewegung, die dazu dient, etwas andres zu zeigen. «Machen Sie eine Geste», sagt man zu Leuten, die sich verkracht haben. Was heißt das: «Machen Sie eine Geste»? Das heißt überhaupt nicht: «Versöhnen Sie sich», das heißt: «Machen Sie ein Zeichen, das dem andren erlaubt, sich bei Ihnen zu entschuldigen . . . Er hat unrecht, aber Sie können doch eine Geste machen.» Die Geste ist also kein Akt der Versöhnung, sie ist bloß eine Bewegung. Und etwas allgemeiner ist sie die Reproduktion einer Tat durch Bewegung, ohne daß es das Ziel dieser Bewegung ist, zu erreichen, was man will, was man tut. Nehmen wir als Beispiel, wenn man im Theater trinkt. Früher war das eine vollständige Geste, denn es war nichts im Glas; seit einigen Jahren, da die Eintrittspreise erhöht sind, tut man etwas in die Gläser und folglich führt der Schauspieler den Akt des Trinkens aus. Doch in Wirklichkeit ist es eine Geste, weil der echte Akt des Trinkens voraussetzen würde, daß er es tut, weil er Durst hat oder um eine Medizin einzunehmen oder aus irgendeinem andren Grund. Aber hier macht er im Grunde, obwohl tatsächlich trinkend, nur die Geste des Trinkens, um anzudeuten, daß die Figur, die er verkörpert, im Begriff ist zu trinken, so daß die Geste, ob sie ein wirklicher Akt oder ein Komplex von Bewegungen ist, sich immer auf einen Akt bezieht, den sie zu zeichnen vorgibt. Anders gesagt, da die Gesten im Theater die Taten bezeichnen und das Theater ein Bild ist, sind die Gesten das Bild des Handelns. Und wovon man seit dem bürgerlichen Theater nicht spricht, wovon man aber trotzdem sprechen müßte, ist, daß die Dramenhandlung das Handeln der Figuren ist. Man glaubt immer, daß Dramenhandlung so viel wie große Bewegung, Verwirrung, Gegensatz von Leidenschaften usw. heißt. Nein, das ist keine Handlung, das ist Lärm, das ist Tumult. Die eigentliche Handlung ist das Handeln der Figur, das heißt Taten. Es gibt kein andres Bild im Theater als das Bild der Tat, und wenn man wissen will, was Theater ist, muß man sich fragen, was eine Tat ist, weil das Theater die Tat darstellt und nichts andres darstellen kann. Die Skulptur stellt die Form des Körpers dar, das Theater stellt das Handeln dieses Körpers dar. Und folglich ist das, was wir wiedergewinnen wollen, wenn wir ins Theater gehen, natürlich wir selbst, wir selbst, aber nicht insofern wir mehr oder weniger sentimental oder mehr oder weniger stolz auf unsre Jugend oder unsre Schönheit sind, sondern insofern wir handeln und arbeiten und auf Schwierigkeiten stoßen und Menschen sind, die Regeln haben, das heißt Regeln für diese Handlungen.

Leider sind wir, wie Sie sehen, in diesem Augenblick weit weg vom bürgerlichen Theater, und ehe wir zu dieser Frage der Handlung zurückkehren, muß ich Ihnen ein wenig erklären, warum das, was ich Ihnen hier sage, in nichts dem ähnelt, was man auf den Bühnen seit hundertfünfzig Jahren spielt, abgesehen natürlich von einigen Ausnahmen. Weil eben das bürgerliche Theater *keine* Dramenhandlung will; genauer, es will schon eine Dramenhandlung, aber es soll keine Handlung des Menschen sein, es soll keine Handlung der Menschen sein, die in dem Stück spielen. Es soll die Handlung der Ereignisse sein, die der Autor konstruiert. Das Bürgertum will sich zwar das Bild von sich selbst darstellen lassen, aber – und deshalb versteht man, warum Brecht ein episches Theater geschaffen hat, das heißt in die völlig entgegengesetzte Richtung gegangen ist – ein Bild, das reine Einfühlung ist. Es will sich absolut nicht zugleich als Bild und als Quasi-Objekt darstellen lassen, denn wenn es ganz und gar Objekt ist, ist das nicht immer ein angenehmes Objekt: es hält sich ganz genau für dieses Bild ohne Äußerlichkeit, das man ihm darbietet, das Bild eines Menschen, der ebenso nah ist, wie er sich im Spiegel sieht, und ebenso fern, wie ein andrer ihn sieht. Das bürgerliche Theater ist subjektiv, nicht weil man sieht, was sich im Kopf seiner Figur abspielt – oft sieht man es überhaupt nicht –, sondern weil das Bürgertum eine Darstellung von sich selbst will, die subjektiv ist, das heißt, sie will, daß man die Menschen bei ihm hervorbringt, das Bild des Menschen auf dem Theater, nach seiner eigenen Ideologie, und nicht, daß man diese ganze Welt von Individuen, die sich ansehen, oder von Gruppen, die sich beurteilen, durchforscht, weil es dann angefochten würde. So muß ganz eindeutig immer dasselbe Bild auf der Bühne sein.

Nun denkt das Bürgertum nach den Regeln dessen, was ich einen pessimistischen Naturalismus nenne, und um Ihnen genau zu sagen, was ich hier unter Bürgertum verstehe, so meine ich damit die Leute, die ins Theater gehen, die das Theater in Gang halten, das heißt die in der Lage sind, für einen Parkettplatz zum Beispiel 1200 Francs oder gar 1500 zu zahlen; diese Leute kontrollieren das Theater, ich würde nicht behaupten, daß es die zweihundert Familien sind, sondern es sind die dreihundert Parkettplätze. Und diese dreihundert Parkettplätze machen das Gesetz, ohne es zu wissen natürlich, und was ihnen gefällt ist jedenfalls ein pessimistischer Naturalismus. Warum Naturalismus? Weil es eine Menschennatur geben muß und diese Menschennatur schlecht sein muß, und was im Bürgertum menschlich ist, erkennt man an dem, was schlecht ist, weil man bei jeder Schweinerei oder Feigheit immer sagt: «Das ist menschlich.» Also muß diese Menschennatur schlecht sein und unveränderlich sein. Ich führe das nicht weiter aus, weil Sie ja ungefähr sehen, warum: wenn der Mensch schlecht ist, zählt nur die Ordnung, ganz gleich welche, diese ebenso gut wie eine andre. Andrerseits ist die Menschennatur schlecht aus einem viel tieferen Grund. Für einen Adligen, der sich jenen niedrigen Rassen, die man die Gemeinen nennt, für überlegen hält, ist die Menschennatur gut, weil das Blut ihn überlegen macht; aber seit der Bürger Revolution gemacht hat und sich für die allumfassende Klasse hält, kann man nicht erklären, daß die Menschennatur gut sei, weil sie ihn denen gleich gemacht hat, denen er sich überlegen fühlt. Also muß man ein Mittel finden, dem zu entkommen, sich zu distanzieren. Die Distinktion ist der mindere Puritanismus des 19. Jahrhunderts, der darin besteht, daß er eine Diktatur über die Bedürfnisse der andren ausübt, und zwar eine reale Diktatur über die Bedürfnisse der andren und zugleich in Bildern oder durch Askese über die eigenen Bedürfnisse. Man verdammt die Bedürfnisse, man erklärt sie für schlecht.

Erst kürzlich fragte ich einen Amerikaner, ob jenes Gesetz zur Humanisierung der Gefängnisse, ein Gesetz, das den Gefangenen erlauben soll, einmal pro Woche mit der Ehefrau zusammenzukommen, eines Tages in Amerika angewendet würde. Er hat mir geantwortet, daß sich viel ändern müsse, denn es würde die Sexualität als ein Bedürfnis anerkennen. *Wir* erkennen sie als solches an, und unsre Distinktion geht nicht so weit, aber was das Bedürfnis zu essen, zu schlafen usw. angeht, sind wir gar nicht so weit von den Amerikanern entfernt, nicht wahr? Es gibt eine Menge Bedürfnisse, die wir bei uns verdrängen, weil man sie gleichzeitig nicht bei den andren befriedigt. Dieser Abscheu vor dem Bedürfnis, diese Zurückweisung, die sich hier manifestiert, genau das ist der Pessimismus. Anders gesagt, das Bürgertum braucht die Menschennatur, um sie verneinen zu können. Und weiter, wenn die Menschennatur schlecht und ewig ist, so ist ganz offensichtlich, daß keinerlei Anstrengung notwendig ist, irgendeinen Fortschritt herbeizuführen; oder, seien wir genau, es wird ein sehr langsamer Fortschritt sein. Doch in jedem Fall ist es ganz offensichtlich, daß die Beschreibung einer solchen Menschennatur beweist, daß sie unter allen Umständen immer gleich sein wird.

Handeln – also genau der Gegenstand des Theaters – heißt die Welt verändern und dadurch zwangsläufig auch sich verändern. Das Bürgertum hat die Welt zutiefst verändert, und die Welt hat dadurch das Bürgertum verändert, es hat sich verändert – nicht zu seinem Vorteil –, und jetzt hat es keine Lust mehr, daß man es verändert, vor allem nicht von außen. Wenn es sich noch verändert, so eher, um sich anzupassen, um sich nicht zu verändern, um zu behalten, was es hat, und unter diesen Umständen verlangt es vom Theater, es nicht durch die Idee des Handelns zu beunruhigen: Handeln ist unmöglich. Es kann keine Handlung im Theater geben, die Bürgern gefällt, es kann keine geben, außer der von Artagnan, Porthos oder Aramis, weil in diesen Stücken das neue Element, wie übrigens in der Philosophie des Aristoteles, nur ein kurzer Wirbel zwischen zwei Augenblicken der Ruhe sein darf. Es gab Ruhe vor dem Aufgehen des Vorhangs, und die Ruhe kehrt, tragisch oder komisch, wieder, bevor der Vorhang im letzten Akt fällt. Dazwischen agiert etwas, aber es darf nicht *handeln*, es muß aufrühren, und Sie wissen ja, was einem ein Regisseur über ein Theaterstück ganz gutgläubig sagt, wenn auch etwas unsicher mit solchen Begriffen. Er sagt: «Es muß Handlung geben.» Gut, und fragt man: «Wie werden Sie Handlung machen?» antwortet er: «Nun, indem ich Leidenschaften entfeßle!» Handlung und Leidenschaft aber, so definiert, das geht nicht gut zusammen. Und tatsächlich hat das bürgerliche Theater in seinen Stücken Handlung durch Leidenschaft ersetzt. Handlung, wie man sie jetzt im Theater versteht, das heißt für einen Autor, geschickt eine Intrige konstruieren. Es muß eine Handlung geben, das heißt, die Konsequenzen müssen in sehr lebendiger und sehr klarer Art aus den Prämissen hervorgehen, man muß ein bißchen erraten, was sich ereignen wird, ohne es dennoch genau zu wissen, usw. usw., und es muß natürlich einen Anfang, eine Mitte und einen Schluß geben. Also wählt man Leidenschaften, konfrontiert sie miteinander, sie zerfallen zu Staub und bezeichnen so die Ewigkeit des menschlichen Charakters; und dann ist alles vorbei, der Vorhang fällt, weil niemand mehr übrigbleibt. Oder umgekehrt, die Leidenschaft entfesselt sich einen Augenblick, und dann kommt alles ins Lot.

In einem berühmten englischen Stück, *Zurück zur Natur*, wird ein Lord gezeigt, der mit seiner Familie nach einem Schiffbruch auf einer einsamen Insel an Land geht; und gleichzeitig gibt es da natürlich einen äußerst disziplinierten Kammerdiener.[1] Sie bleiben alle auf dieser Insel. Wer schafft Abhilfe? Der Kammerdiener. Wir glauben, daß wir ein bißchen Handlung erleben werden. Tatsächlich findet er Reisig zum Feuermachen, er angelt usw. usw. Das geht so sechs Monate; eine der Töchter des Lords hegt ein zartes Gefühl für ihn, dann kommt ein Schiff, das sie entdeckt hat, und natürlich wird der Kammerdiener mit dem großen Herzen wieder Kammerdiener und der Lord wieder Lord. Sie sehen also, man ist für einige Augenblicke erregt worden; anders ausgedrückt, es hat mit einer Lordfamilie angefangen, und es hat mit einer Lordfamilie aufgehört; zwischendurch hat es einen Sturm, einen Schiffbruch gegeben, der nichts verändert hat. Das Theater, das einem diese Leidenschaften vorführt und sie als Störungen ohne Folgen zeigt, stellt einem gleichzeitig Fälle von typischen Charakteren dar, wie beispielsweise das ewig Weibliche, von denen man einem ebenfalls sagt, daß man alle Umstände ändern könne, ohne daß der Charakter selbst davon berührt wird. Sie kennen *Die kleine Hütte* von André Roussin, wo wir tatsächlich das

---

[1] Das Stück *The Admirable Crichton* stammt von dem schottischen Dramatiker und Erzähler Sir James Matthew Barrie, dem Autor von *Peter Pan* und *The Boy David*. Die Uraufführung fand 1902 statt. Wurde in Deutschland unter dem Titel «Zurück zur Natur» gespielt. (Anm. d. Übers.)

berühmte Dreiecksverhältnis unsrer ganzen französischen bürgerlichen Tradition auf eine einsame Insel verpflanzt finden, und dort geschieht genau dasselbe wie anderswo; was zu beweisen war, wird bewiesen, die Menschennatur verändert sich nicht. Sie sehen, wie leicht das ist. Alle diese bürgerlichen Stücke schienen mir immer mit Philosophie vollgestopft zu sein; die Bürger merken es nur nicht, weil es ihre Philosophie ist. Sie sehen es nur, wenn es die Philosophie eines andren ist; wenn es ihre ist, dann halten sie das für die Wahrheit und sagen: «Wie gut das ist.» Folglich kommt man zu der Vorstellung, daß sich entweder nichts verändert oder daß die Unglücklichen, die aus Leidenschaft Feuer an irgendeine bürgerliche Institution gelegt haben, am Boden zerstört verschwinden oder daß die besseren von ihnen irgendeiner Sache nachgegeben hatten, die eine Verirrung war, und in den Schoß der Familie zurückkehren.

Es gibt eine altes Stück von Maurice Donnay, bei dem ich mich nicht mehr genau erinnere, ob es *Die Suffragetten* oder *Die Jakobinerinnen*[1] hieß – es wurde viel in dieser Art gegen die Feministinnen geschrieben: es führte ein Milieu von jungen Frauen vor, die alle lächerlich waren außer einer, und diese eine – sie hatte sich gerade scheiden lassen – stürzte sich Hals über Kopf in den Feminismus. Dann tauchte ein andrer Mann auf, der sich besser mit ihr verstand als ihr Gatte, sie gab natürlich alles auf, und man begreift sofort, daß sie Feministin geworden war, weil sie sich sehr allein gefühlt hatte, und man sieht, daß sie von dem Augenblick an, wo der andre sie geheiratet hat, eine gute Mutter und Hausfrau geworden ist. Diese Geschichte zeigt einem den absolut klaren Willen dieser Art von Theater, alles durch Ursachen zu erklären und nicht durch Zwecke. Wer aus der bürgerlichen Ordnung ausbrechen will, sei es durch Moral, sei es durch Politik, hat keine Chance: er ist entweder verbittert oder hat kein Examen gemacht oder gehört zum intellektuellen Proletariat, ist verliebt oder irre; also braucht man ihn nur zur Räson zu bringen, oder wenn der Fall hoffnungslos ist, schlägt man ihm den Kopf ab, oder wenn es sich um eine Frau handelt, die einen Mann braucht, dann gibt man ihr eben einen. Aber immer erklärt man die Dinge duch die Vergangenheit, durch den Determinismus.

Sie sehen also, daß es das Ziel dieses Theaters ist, dem Handeln seinen Zweck zu nehmen, also seine Bedeutung, die Kräfte der Aktion durch das Undurchlässigste und Falscheste, was man je vom Menschen gedacht hat, zu ersetzen, die Leidenschaft – und zwar wie jene sie sehen, das heißt als etwas, das nichts versteht, weder von den andren noch von sich

---

[1] Das betreffende Stück von Maurice Donnay hieß *Les Éclaireuses* und wurde 1913 geschrieben.

selbst, und das beim Versuch, sich zu retten, immer umkommt. Brecht hat einmal gesagt – und das ist einer der Gründe, weshalb er erklärt, eine andre Art von Theater zu machen –, daß er heute kein Theater betreten könne, ohne sich unter Irren zu fühlen, weil man auf der Bühne Menschen sich winden sähe, die sich die Fäuste zerbeißen, und weil es im dunklen Zuschauerraum ebenfalls Leute gäbe, die absolut gespannt sind und die sich auch die Fäuste zerbeißen und sich winden wie die Schauspieler. Das ist eine Beziehung zwischen Irren, die er der Einfühlung zuschrieb, das heißt, er meinte, daß die Distanz zwischen den einen und den andren nicht groß genug war, daß man viel zu sehr versuchte, die Zuschauer zu bewegen und zu rühren, und ihnen nicht genug zeigte; anders gesagt, zuviel Einfühlung, zu viele Bilder und nicht genug Objektivität. Meiner Meinung nach hat er recht: das bürgerliche Publikum ist irre, nicht weil es teilnimmt, sondern weil es an einem Bild teilnimmt, das ein Bild von Irren ist. Es ist evident, daß die meisten Komödien und Dramen, die Sie heute sehen können – ich meine in den großen Pariser Theatern, wo es Stücke aus Amerika oder auch von hier gibt –, Stücke sind, deren Figuren irre sind. Sie sind irre, weil man beschlossen hat, allen diesen Figuren den Kopf abzuschlagen, ihnen den Willen zu nehmen, ihnen das Handeln zu nehmen, ihnen den praktischen Sinn zu nehmen, ihnen die Pläne zu nehmen und sie immer zu Opfern ihrer eigenen Kindheit zu machen, und das Ergebnis ist, daß man jedes menschliche Handeln leugnet.

Sie haben es hier also mit einem ganz unmöglichen Theater zu tun; der Pessimismus nützt ihm jedesmal, und die Anmut, ja das Rührende bestimmter Stücke macht sie vielleicht noch pessimistischer, als wenn man uns gehässige Menschen mit dem Messer in der Hand zeigte. Ich denke zum Beispiel an *Patate* von Marcel Achard, das mir insofern bemerkenswert erscheint, als das Bürgertum sich darin wiedererkannte.[1] Wir sehen hier zwei Freunde. Was machen sie? Der eine schläft mit der Adoptivtochter des andern, und der andre sucht ihn zu erpressen, um sich für zwanzig Jahre Demütigung zu rächen. Das sind Freunde, das ist bürgerliche Freundschaft, die Bürger haben gesagt: «So ist es, nicht wahr?» Diese Freundschaften bestehen aus Groll, Rachsucht, Neid, Eifersucht, kleinen Schweinereien. Das alles zeigt man uns, man treibt die Dinge bis zu dem Punkt, wo das Geschwür platzen wird. Was werden sie tun, werden sie sich schlagen, werden sie wenigstens dazu den Mut aufbringen? Keine Rede davon: das Stück endet gut; sie sind zu feige dazu,

---

[1] *Patate* von Marcel Achard wurde 1957 uraufgeführt. Das besonders dumme Boulevardstück hieß in der deutschen Version *Mein Busenfreund*. (Anm. d. Übers.)

alles ist in Butter. Sie sind fähig, einander ein bißchen zu betrügen, jeder zu seiner eigenen Frau etwas Schlechtes über den Freund zu sagen, aber sie sind nicht fähig, einen Streit zu schlichten. Da man ein wenig gerührt werden muß, läßt man die zwei Frauen die schöne Rolle spielen, einige Tränen, und auf diese Weise ist das Spiel gewonnen: mit Rührung hat man das Menschengeschlecht verdammt. In der Tat, das ist die Freundschaft, das ist der Mensch der allumfassenden Klasse, das ist die Wahrheit. Es gibt keine andre Beziehung zweier Männer zwischen 35 und 40, die zusammen studiert haben, als diese Mischung aus Flegelei, Neid und Eifersucht, und das nennt man Freundschaft.

Dieses ganze bürgerliche Theater muß auch das intellektuelle Theater ganz allgemein erklären, dessen Situation jedoch schwierig war, das Theater, gegen das sich Brecht gewandt hat. Ich denke besonders an den sogenannten Expressionismus. Das epische Theater ist großenteils als eine Reaktion gegen den Expressionismus entstanden; es hatte schon vorher eine gegeben, die man «Neue Sachlichkeit» nannte, aber diese Reaktion war nicht sehr glücklich, und der Expressionismus hat zu seiner Zeit eine größere Bedeutung gehabt. Was war der Expressionismus? Expressionisten wollte man gerade nicht. Das waren kleinbürgerliche Randfiguren, durch alles mögliche ziemlich aufgebrachte Intellektuelle, die zwar das Drama durchaus als eine widersprüchliche Handlung, als einen Konflikt ansahen, aber nicht die Mittel, die ideologischen Instrumente hatten – die Zeit war noch nicht da –, zu verstehen, daß es sich um Einzelkonflikte handelte, in die die ganze Gesellschaft verwickelt ist. Sie verstanden nicht, was Gide gesagt hat: wenn man am individuellsten ist, ist man am allgemeinsten. Sie gingen sofort zum Allgemeinen, und wir hatten jenen Pessimismus, der Mensch gegenüber der Welt. Welcher Mensch? Das durfte man sie nicht fragen. Die Welt, welche? Das durfte man sie ebensowenig fragen. Drama, Kampf, Welt und Mensch stützen sich gegenseitig ab, und weil es ein Ende geben muß, ist es letztlich immer die Welt, die den Menschen verschlingt. Das ist doch, werden Sie mir sagen, etwas langweilig, aber täuschen Sie sich nicht, das expressionistische Theater existiert bei uns immer noch. *Goldhaupt* zum Beispiel – ich habe gelesen, daß Jean-Louis Barrault erklärt hat: «Das ist der Mensch in den Fängen der materialistischen Welt» –, das ist genau der Typus des expressionistischen Stücks, und viele gegenwärtige Stücke greifen ja ganz arglos expressionistische Themen wieder auf, ohne sich dessen bewußt zu sein.[1] Zum Beispiel Beckett in *Warten auf Godot*, das

---

1 *La tête d'or* ist eines der frühen Stücke von Paul Claudel. Die erste Fassung entstand 1890, die zweite 1893/94. Die erste deutsche Ausgabe erschien bei Jakob Hegner, Hellerau 1916. (Anm. d. Übers.)

ist ausgezeichnet; dieses Stück halte ich für das beste seit 1945, aber man muß zugeben, daß es sowohl expressionistisch wie pessimistisch ist. Da sind Männer, zwei Clochards auf der Straße, sie warten auf Godot. Godot ist alles, was sie wollen, ein bißchen Ruhe, eine Lohnerhöhung oder auch Gott. Einerlei, es ist Godot; sie warten auf ihn, und er kommt nicht. Am Ende des ersten Akts ist er nicht gekommen; der zweite Akt hat die außerordentliche Frechheit, den ersten von vorne bis hinten zu wiederholen, und er ist trotzdem ausgezeichnet, und am Ende ist Godot wieder nicht gekommen. Warum? Offensichtlich weiß darüber niemand etwas, aber man hat bei allem, was sie sagen, den Eindruck, daß er nicht gekommen ist, weil sie zu lasch, zu schwach waren. Oder vielleicht ist er gekommen, und sie waren zu dumm, ihn zu erkennen. Oder vielleicht existiert er auch in ihrem Kopf, weil sie schwach sind und weil es, wenn sie stark wären, keinen Godot geben würde. Trotzdem geht das unendlich so weiter: sie warten auf Godot jeden Tag ihres Lebens, und Godot wird nie kommen. Das Stück ist den ganzen expressionistischen Stücken weit überlegen, aber es ist ein expressionistisches Stück. Und es ist ein Stück, das in gewissem Sinn einen Inhalt hat, der den Bürgern gefällt.

Ebenso übrigens ist ein ganz neues Stück, *Die Nashörner* von Ionesco, ein expressionistisches Stück, denn hier haben Sie einen Mann, der zum Nashorn wird.[1] Meinetwegen, doch was ist das, dieser Mann, der zum Nashorn wird? Man muß feststellen, daß er für Ionesco oft oder jedenfalls in einer auffallenderen Weise Grundschullehrer ist. Ich sehe keinen besonderen Grund dafür, daß es nur Grundschullehrern vorbehalten sein soll, in die Kategorie der Nashörner einzutreten. Ebenfalls sehe ich, daß am Schluß die weibliche Feigheit gebrandmarkt wird, da ja die Frau den Mann, mit dem sie gelebt hat, verläßt, und sich dem Nashorn hingibt. Das alles verstehe ich sehr gut. Aber was heißt das, Nashorn werden? Heißt das, Faschist werden oder Kommunist werden? Oder beides? Es ist klar, daß es beides bedeutet, wenn das bürgerliche Publikum so zufrieden ist; es ist absolut unmöglich, etwas andres aus dem Stück von Ionesco herauszuhören, als daß ein großes Unglück, eine große Abstumpfungsgefahr die Welt bedroht, daß die Ansteckungsgefahr sehr groß ist und daß eben die Frauen alle von jenen großen gehörnten Schwachköpfen, den Nashörnern, fasziniert sind. Gleichviel welche Gefahr, es könnte übrigens auch die Auslöschung durch die Atombombe sein. Und warum gibt es da einen, der Widerstand leistet? Wenigstens das könnten wir erfahren, aber wir wissen darüber nichts. Er leistet Widerstand, weil er da ist, er verkörpert Ionesco, also sagt er: «Ich leiste Widerstand», und

---

[1] Ionescos *Die Nashörner* wurden 1959 im Odéon von Jean-Louis Barrault uraufgeführt.

er bleibt da, mitten unter den Nashörnern, und verteidigt den Menschen, ohne daß wir schließlich genau wüßten, ob es nicht besser wäre, Nashorn zu sein; das ist nicht gezeigt worden, nicht wahr? Also das eine oder das andre.

Ich will damit nicht sagen, daß diese Stücke schlecht gemacht sind – zumal ich das eine, wie ich Ihnen gesagt habe, erstklassig finde – oder unredlich, ich will nur sagen, daß man immer das Recht hat, Schlechtes über den Bürger als Menschen zu sagen, aber nie als Bürger. Darum geht es: der Pessimismus muß ein totaler Pessimismus sein, ein Pessimismus der Untätigkeit, der alle Möglichkeiten, alle Hoffnungen des Individuums verurteilt. Doch wenn es ein gemäßigter Pessimismus ist, der lediglich sagt: «Die Lage ist nicht gut», «Unsere herrschenden Klassen könnten mehr machen, als sie tun», usw. usw., dann ist das kein Theater, sondern Subversion. Ich will damit ausdrücken, daß Sie nicht denken müssen, ein pessimistisches Theater sei kein bürgerliches Theater; jedes Theater, über das ich gesprochen habe, jenes Theater des Laisseraller, Laisser-faire, des Scheiterns und des Bösen, das ist das bürgerliche Theater, das sieht der Bürger alle Tage, das rührt ihn. Wenn wir dagegen wissen wollen, was das Theater ist, muß man die Bedeutung umgekehrt suchen und zunächst einfach behaupten: wenn das Handeln wirklich Mittelpunkt des Theaters ist, dann ist die Dramenhandlung die Erzählung einer Aktion oder die Dramatisierung einer Aktion, einer oder mehrerer, der Aktion einiger Individuen oder einer ganzen Gruppe – ich will das jetzt nicht weiter erörtern –, aber in jedem Fall eine Aktion. Und eine Aktion heißt, daß die Leute dazu gebracht werden, etwas zu wollen, und daß sie versuchen, es zu verwirklichen. Gleichviel, ob sie Erfolg haben oder scheitern; das ist der Optimismus oder der Pessimismus. Sicher ist nur, daß sie auf der Bühne einen Versuch machen müssen, und eben das wollen wir sehen. Und wenn es um diese Art Aktion geht, ist im Innern alles Aktion. Das ist es, was man begreifen muß: innerhalb eines wahren Aktionstheaters kann nichts vorkommen, was nicht durch die Aktion gegeben ist.

Um Ihnen ein erstes Beispiel zu geben: die Objekte im Theater werden durch die Aktion geschaffen, die sich ihrer bedient. Es gibt keine Dialektik zwischen Objekt und Mensch, wie man mir einmal gesagt hat; es gibt keine im Theater, weil Dialektik Aktion des Menschen auf das Objekt und Reaktion des Objekts auf den Menschen heißt, und das gibt es nicht, das heißt auf der Ebene des Bildes nicht. Im Film ja. Ertrinkt im Film ein Mensch, sehen Sie, wie sein Mund sich mit Wasser füllt, sehen Sie, wie sein Kopf verschwindet, sehen Sie Wasserblasen, haben Sie den Eindruck, daß er vom Wasser ertränkt worden ist. Natürlich ist das alles ein Trick, aber Sie sind in ein System von Illusionen, Spiegelungen, was auch immer, eingetreten, und folglich haben Sie Wasser gesehen, das einen Menschen ertränkte. Ich glaube, daß es das Wesen des Films ist, einem den Menschen durch die Welt zu zeigen, während das Theater einem das Bild des aktiven Menschen zeigt. Also ist im Film Dialektik möglich, viel eher. Aber im Theater kann zum Beispiel ein Mime wie Barrault die Illusion eines Flusses durch den einfachen Akt des Schwimmens entstehen lassen, und wenn er ertrinken will, wird er gezwungen sein, es so zu machen, daß sein Ertrinken das Wasser schafft, das ihn ertränkt. Das heißt, es ist unerheblich, ob das Requisit da ist oder nicht, und das ist eine Erfahrung von alten Schauspielern, die wohlbekannt ist.

In einem Stück, das ich geschrieben habe, gibt es einen Moment, wo eine Frauenfigur mit einer Zeitung auftritt und sie ihrem Bruder gibt mit den Worten «Lies das!»; dann liest er es.[1] Es folgen eine Menge Komplikationen. Eine dritte Person, eine andre Frau, kommt herein und sagt: «Ach, Sie haben ihm die Zeitung gegeben, Sie gehen etwas schnell vor» usw. Vor einiger Zeit nun hatte die Person, die die Zeitung gibt, vergessen, sie mitzubringen, und die Szene hat ohne Zeitung stattgefunden. Die Schauspieler konnten nichts andres tun, sie haben gespielt. «Hier ist die Zeitung», hat sie gesagt; es gab keine, es gab irgendein Stück Papier, das sie von einem Dekorationsteil abgerissen hatte. Er hat geantwortet: «Oh, das ist sehr wichtig!», und er hat das winzige Stück Papier zerrissen und weggeworfen. Daraufhin ist die dritte Person hereingekommen und hat gesagt: «Ich sehe, daß Sie ihm die Zeitung gegeben haben.» Sie hat ja gesagt. Das Publikum hat nicht gestutzt, und es hat sehr gut verstanden; und zwar keineswegs, weil es abgestumpft war, hat es sich nicht gerührt, sondern im Gegenteil, weil es genau verstand. Es hat sich gesagt: Die Zeitung ist vergessen, und man brauchte keine: die Illusion wurde durch die Art und Weise vermittelt, wie man die Gesten benutzte. Im Grunde sind Requisiten nie zu etwas nütze. Nie kann man ein Stück durch irgendein Ding erhellen: das ist nicht die Aufgabe des Regisseurs. Das dient allenfalls kleinen Bravourstücken. Die einzige Art, wie die Objekte entstehen, ist die Geste; die Geste des Erdolchens läßt den Dolch entstehen. Es geht natürlich nicht darum, diese Requisiten wegzulassen; es lohnt sich nicht, vom Publikum ein bißchen zusätzliche Illusion zu fordern, damit eine bloße geschlossene Faust, die zustößt, ein Dolch ist. Dennoch stimmt, daß es genügt, das Requisit auf fast nichts zu reduzieren. Man hat das übrigens vor einigen Jahren aus-

---

[1] *Die Eingeschlossenen von Altona*. Sartre spielt auf die Szenen 8 und 9 des vierten Akts an, wo Leni ihrem Bruder Franz ein Exemplar der *Frankfurter Allgemeinen Zeitung* gibt. Die Zitate sind ungenau referiert.

reichend bei der Peking-Oper gesehen.¹ Mit fast nichts kann man einen Fluß und ein Schiff evozieren; wenn man die Kunst beherrscht wie der Chinese, der die Rolle des Fährmanns spielte, kann man sie außerordentlich gut und sogar faszinierend evozieren.

Ich habe noch etwas Besseres gesehen, ich habe gesehen – und vielleicht haben einige unter Ihnen es auch gesehen, obwohl Sie zum Teil noch sehr jung sind –, wie zwei Schauspieler der chinesischen Oper mit ihrer Pantomime bei vollem Rampenlicht die Nacht schufen. Das war ein Stück große Oper: eine Figur, ein Offizier, schlief nachts in einem Zimmer, und sein informierter Gastwirt kam ihn zu ermorden. Beide konnten mit dem Säbel umgehen. Der Offizier merkte, daß jemand anwesend war, er sprang aus seinem Bett, zog seinen Säbel, und sie begannen tastend zu kämpfen, das heißt mit dem Säbel überall hinzuschlagen, aber niemals dorthin, wo sie waren. Sie trafen sich nie, und von Zeit zu Zeit gab es überraschende Momente: sie stießen Rücken an Rücken aneinander, oder der eine saß plötzlich rittlings auf dem andern usw. Das war eine ganze Geschichte, aber natürlich hatte sie nur Sinn, weil sie eine Aktion war; ein Duell ist eine Aktion, jeder wollte den andern töten, das ist eine Aktion mit Konflikten und Widersprüchen, die nur Sinn hatte, wenn es dunkel war. Ergebnis: jedermann hat Dunkelheit gesehen. Und so können Sie sich auch erklären, daß ganz weiße Heiligenbilder hier für den Vaudoukult in Haiti gekauft werden, wo sie als schwarze Göttinnen dienen, ohne daß man sie anders anmalt. Obwohl weiß, werden sie als schwarz gesehen. Sie sehen also, die Aktion hat hier eine enorme Macht.

Das eigentliche Problem ist ein ganz andres, und man darf nicht versuchen, es von außen zu klären; es geht darum, wie man im Theater eindeutig genug reale Widersprüche und eine reale Dialektik zwischen Objekt, Handlung und Mensch schaffen kann. Das ist eins der schwierigsten und noch nicht bewältigten Dinge, eben weil das Objekt, das nach der Aktion kommt, so wenig Widerstand hat. Im Film bringt es die Aktion hervor; im Theater kommt es hinterher, wird es von ihr hervorgebracht. Das ganze Problem der Dialektik der Arbeit ist ein reales Problem. Im Film kann man, ohne jemanden zu langweilen, das Leben eines Mechanikers, eines Lokomotivführers, dokumentarisch erzählen. Können Sie sich das im Theater vorstellen, mit einer Papplokomotive, mit bengalischer Beleuchtung, die man anzündet, wenn sie abfährt? Im Châtelet sieht man solche Lokomotiven. Sie sehen, das ist unmöglich, und doch, wovon sollte das Theater sprechen, wenn nicht von der Arbeit.

---

1 Sartre hatte 1956 die Peking-Oper in Paris gesehen.

Denn schließlich ist Aktion und Arbeit dasselbe: das ist der eigentliche geheime Widerspruch des Theaters, und er ist noch nicht gelöst. Es genügt nicht, wie es das epische Theater tut, die Widersprüche zu zeigen, die Aktionen hervorbringen, die im Grunde nicht ganz welche sind, weil sie zu sehr von ihrer früheren Verfemung geprägt sind. Man müßte wissen, wie man die Arbeit im Theater anders wiedergeben kann, als daß man jemanden sagen läßt: «Du hast gut gearbeitet, mein Lieber.» Das ist nie gelöst worden: besonders die intellektuelle Arbeit im Theater ist immer schrecklich wiedergegeben worden, ob es sich nun um literarische Arbeit handelt, wo man Dichter Verse erfinden sah, oder um wissenschaftliche Arbeit, und sogar, ich gestehe es, die wissenschaftliche Arbeit im *Galileo Galilei* von Brecht. Diese äußerst schwierigen Probleme sind für das bürgerliche Theater offensichtlich kleine Fische, einfach weil es nicht davon handelt.

Kurz, ich will sagen: was Aktion ist, ist das Zentrum , die Sprache ist Aktion, es gibt eine besondere Sprache im Theater, und diese Sprache darf niemals deskriptiv sein. Ebensowenig darf sie einfach ein lokal gefärbtes Geräusch sein, das die Aktion begleitet; die Sprache ist ein Moment der Aktion wie im Leben, und sie ist einzig und allein dazu da, Anweisungen zu geben, Dinge zu verteidigen, Gefühle in Form von Plädoyers darzulegen, mit einem aktiven Ziel also, zu überzeugen oder zu verteidigen oder anzuklagen, Entschlüsse zu äußern, für Wortduelle, Verweigerungen, Geständnisse usw., kurz, sie ist immer aktiv. Sobald sie nicht mehr aktiv ist, langweilt sie. Und vor allem muß im Theater die ganze Welt Platz finden, das heißt die Sonne, der Mond, die Sterne, der Regen, der Wind, was Sie wollen, die ganze Natur, alle Städte, jedoch nie als Beschreibungen, fast nie als Worte. Sondern in der Aktion. Auf die eine oder andre Art in der Aktion. Und diese Auffassung von Sprache zwingt uns natürlich, eine Sprache zu erfinden, die unumkehrbar ist wie die Aktion selbst. Eine wirkliche Aktion ist unumkehrbar, sie radikalisiert sich ständig; man möchte etwas rückgängig machen, es geht nicht, man muß bis zum Ende gehen. Was das Theater schematisiert, ist die radikale Bewegung der Aktion. Man darf keinen einzigen der Sätze oder kein einziges der dramatischen Prosastücke, die von einem Schauspieler, von einer Figur ausgesprochen werden, beliebig vor ein andres oder hinter ein andres setzen. Wenn es wirklich Äquivalenzen gibt, dann muß man eben einen Ausdruck oder alle beide überspringen, aber auf jeden Fall ist es nicht möglich, daß es zu einem Stillstand kommt. Man muß herausfinden, was eine Aktion ist, den Sinn der Aktion verstehen, und der Sinn der Aktion ist, daß sie sich immer radikalisiert, es sei denn die Figur, die sie ausführt, stirbt, oder es kommt zu einer plötzlichen Überlagerung mit etwas ganz andrem von außen, das in den Bereich des Zufalls gehört. Aber die Aktion geht von selbst bis zum Ende, sie ist unumkehrbar, und wenn sie unumkehrbar ist, muß auch die Geschichte unumkehrbar sein.

Jetzt werden Sie mich fragen, aber gibt es denn nur die Aktion? Gibt es keine Leidenschaften? Werden die Menschen in diesem Theater nicht lieben und hassen? Ist ein solches Theater wirklich so streng und kalt, wie Sie sagen? Darauf antworte ich Ihnen, im Gegenteil, wir werden nur leidenschaftliche Figuren haben, allerdings im guten Sinn des Wortes Leidenschaft und nicht im schlechten. Im schlechten Sinn des Wortes heißt Leidenschaft, sich selbst und andern gegenüber vollkommen blind sein, so daß man nichts als Dummheiten macht und sich von seinen Interessen entfernt, wobei man alle Menschen um sich herum umbringt, ohne nur im geringsten zu verstehen, was einem passiert. Ein Schuß Leidenschaft, sagt man; das heißt ein Schuß Dummheit, nicht wahr? Ich bin nie Leuten begegnet, die so waren, ich bin Leuten begegnet, die dumm waren – Sie sind auch solchen begegnet –, aber Dummheit und Leidenschaft gingen nicht notwendig zusammen, und im allgemeinen waren sie übrigens weniger dumm, wenn sie leidenschaftlich waren. Denn was ist Leidenschaft? Tötet ein Eifersüchtiger zum Beispiel, der einen Revolver auf seinen Rivalen abzufeuern versucht, aus Leidenschaft? Nein, er tötet, weil er im Recht zu sein glaubt. Er ist in seinem Recht verletzt, weil er in einem gegebenen Augenblick, zum Beispiel wenn er verheiratet ist, Verpflichtungen übernommen hat, die er vor dem Bürgermeister, vor dem Pfarrer eingegangen ist; wenn er nicht verheiratet ist, wenn er in freier Liebe lebt, hat er für die Frau Opfer gebracht, und er glaubte, dafür entschädigt werden zu müssen. In einem Wort, die Eifersucht umfaßt das Recht; wenn Sie kein Recht auf Ihr Gegenüber haben, können Sie sehr unglücklich sein, daß ihm nicht mehr an Ihnen liegt, daß es Sie betrügt, aber es wird keine Leidenschaft geben.

Im allgemeinen ist es unmöglich, heute bei einem von uns den individuellen Menschen vom gesellschaftlichen Menschen zu unterscheiden, und der gesellschaftliche Mensch steckt in jeder unsrer Leidenschaften als Anspruch. Der Neid ist ein Anspruch und ein Rechtsgefühl, er ist eine äußerst unglückliche Leidenschaft, aber zugleich ein Rechtsgefühl. Der Neid, das bin ich, der ich wert bin, was ich wert bin; warum habe ich nicht, was jener hat, er, der nichts wert ist? Darin steckt immer diese Rechtsvorstellung, die gerade daher kommt, daß die Leidenschaft eine Art und Weise ist, sich recht zu geben, sich auf eine ganze soziale Welt von Ansprüchen und Werten zu berufen, um zu rechtfertigen, daß man irgend etwas behalten, nehmen, zerstören, aufbauen will. Leidenschaftliche machen nie etwas andres als räsonnieren; sie sind sogar oft sehr lästig, Pirandello hat das gesehen: jedesmal, wenn bei ihm ein Mensch von einer Leidenschaft ergriffen ist, spricht er ununterbrochen, weil sich die Leidenschaft durch Worte, durch Berechnungen, durch Ermittlungen ausdrückt. Deshalb sage ich Ihnen, daß der Leidenschaftliche viel weniger dumm ist, als man annimmt, er ist im Gegenteil ein Typ, der so weit wie möglich klarzusehen versucht. Was schränkt ihn ein? Sein Recht, er läßt nicht von seinem Recht: «Das ist mein Recht, davon lasse ich nicht ab», Sie kennen diese Formel. Er wird sich für sein Recht umbringen lassen. Anders gesagt, die Haltung des Leidenschaftlichen ist also, bis zum Ende zu gehen, immer radikaler werdend bis zum Ende zu gehen, alles zu tun, um nur sein Recht zu behalten. Vailland hat gesagt: «Die Italiener sind Juristen», nun, ich glaube, die Leidenschaftlichen sind ebenfalls Juristen, und unter diesen Bedingungen tritt die Leidenschaft in Wirklichkeit auf, wenn ein Recht verletzt ist. Folglich ist die Leidenschaft ein wechselseitiges Phänomen; sie ist ein Akt, insofern sie eine Rechtsforderung ist, die ein Individuum kundtut mit der Entschlossenheit, bis zum Ende gegen die Realität anzugehen; es muß sich also von einem andren für verletzt halten, und der andre muß sich von diesem Recht für verletzt halten. Und tatsächlich gibt es die Leidenschaft nur in Gestalt von einander widersprechenden Ansprüchen in einer komplexen Gesellschaft mit vielen Strukturen, wo die Menschen verschiedene Dinge repräsentieren.

Sie kennen *Antigone* so gut wie ich, und Sie haben sicher den Text von Hegel zur *Antigone* gelesen, der in dieser Frage absolut klar ist. Sie wissen, daß die Polis bestand und gefestigt war zu jener Zeit, als Sophokles *Antigone* schrieb.[1]

Das Oberhaupt der Polis sagt zu Antigone: «Nein, jetzt gibt es keine großen Familien mehr, es gibt Stadtbürger, und als Stadtbürgerin darfst du keinen Menschen begraben, der die Polis verraten hat und der gegen uns gekämpft hat.» Sie sehen also, daß es hier um einen Kampf geht, den es gegeben hat. War dieser Kampf noch wirklich lebendig, als Sophokles schrieb, oder war das eine etwas veraltete Sache für ihn, von der er jedoch annahm, daß sie jedem bekannt war. Ich weiß nichts darüber, aber sicher ist, daß Hegel recht gehabt hat, daß das für alle der tiefe und bewußte Sinn dieses Stücks ist. Wir haben hier zugleich die Leidenschaft und das Gesellschaftliche auf hervorragende Weise vertreten, denn was ist Antigone schließlich? Sie ist der Wille, um jeden Preis ihren Bruder zu bestatten, weil es ihr Recht und ihre Pflicht ist; genauer, hier kann

---

[1] Hegel behandelt die *Antigone* von Sophokles in seinen *Vorlesungen zur Ästhetik*, besonders in dem Abschnitt über «Die konkrete Entwicklung der dramatischen Poesie und ihrer Arten». *Antigone* erschien Hegel als «das vortrefflichste, befriedigendste Kunstwerk» überhaupt.

man den Ausdruck verwenden: «Sie beansprucht das Recht, eine absolute Pflicht zu erfüllen.» Antigone hat dieses Recht, und sie hat das Recht, diese Pflicht nicht zu verleugnen, weil sie diese Pflicht für gut hält; das ist gewissermaßen das Überleben der Sippe, die im Begriff steht, von der Polis aufgelöst zu werden, und unter diesen Umständen erleben Sie ihre Leidenschaft. Ihre Leidenschaft ist ihr Starrsinn. Man kann sich nichts Leidenschaftlicheres als Antigone vorstellen, zumal man ihr sogar einmal das Leben für den Preis einiger Zugeständnisse anbietet. Sie lehnt alles kategorisch ab und geht bis zum Ende; sie ist radikal, und damit – das ist das Interessante an dem Stück – radikalisiert sie, wenn ich so sagen darf, auch Kreon, denn dieser wollte anfangs keinen Skandal erregen und Antigone nicht töten; nach und nach hat sie ihn soweit gebracht, und am Ende ist er ebenso hart wie sie. Es wird hier also von zwei Leidenschaften berichtet, und eine Geschichte entwickelt sich, weil es eine Doppelhandlung zum Schlimmeren, das heißt, zum Radikaleren hin ist – wobei das Radikalste übrigens das Bessere sein kann, das ist hier keine Frage. Im antiken Theater ist interessant, daß jede Figur *ein* Glied des Widerspruchs darstellt, niemals zwei. Hier haben Sie auf der einen Seite die Familie, auf der andren die Polis, aber es gibt keine Figur wie heute, die zu einer großen Familie gehörte und von der Bildung der Polis angezogen würde oder umgekehrt, die Stadtbürger wäre und Verbindungen zu großen Familien hätte – und die folglich ihren Widerspruch in sich hätte. Das ist eine Theaterform, die man in der Epoche der klassischen Tragödie nicht kennt; dort verkörpern die Figuren jede *eine* Form, eine einzige, das heißt ein Glied des Widerspruchs, und sie sind Leidenschaft, insofern sie nur das sind. Sie sehen, das es in dem Stück keine Synthese gibt, keine Überschreitung des Widerspruchs. Der *deus ex machina* ist etwas völlig andres; er verkörpert hier Sophokles. Das Verschwinden von Antigone und die Folgen der Plagen, die Kreon treffen, beweisen für das Volk, daß sie beide unrecht haben. Das heißt – und das ist offenbar nicht das Interessanteste am Stück –, daß der Dichter für eine gemäßigte Lösung war: schränkt die Aristokraten ein bißchen ein – man verhehlt nicht, daß das mühsam ist, weil sie auf beiden Seiten der Mauern kämpfen –, schränkt sie ein, arrangiert euch, aber tastet ihre alten Bräuche nicht an, geht nicht zu weit und hindert ihre Töchter nicht daran, sie zu bestatten: das ist in etwa die Lösung, die vorgeschlagen wird. Diese Lösung wird glücklicherweise nicht im Stück gegeben, wo sie nur negativ erscheint, weil die beiden Rechte und die beiden Handlungen völlig aufgehoben werden. Welche Mißgeschicke auch immer über Kreon hereinbrechen und zu schönen Szenen Anlaß geben, ist doch das Stück zu Ende, als Antigone tot ist; die Handlung ist zu Ende, und den Rest besorgen die Götter, die Antigone rächen.

Aber gerade wenn das Recht die einfache Form einer Dramenhandlung in der griechischen Tragödie darstellt, muß man sich überlegen, was heute das Neue in dem Theater ist, das sich seit einiger Zeit abseits vom bürgerlichen Theater herausbildet: es ist die Tatsache, daß der Widerspruch jetzt der Figur individuell angehören kann. Es gibt keinen Widerspruch mehr, der die Handlung bildet, sondern es gibt zahlreiche innere Widersprüche der Figur, das heißt, es gibt in ihr jederzeit zum Beispiel eine Antigone und einen Kreon oder einen Don Quijote und einen Sancho Pansa oder, wie beim Richter im *Kaukasischen Kreidekreis* von Brecht, einen wahren Schuft, der nichts respektiert, und gleichzeitig einen, der eine Art gesunden Volksverstand hat und der zu Gericht sitzt, wenn es unter einer fast possenhaften Form abgehalten werden kann. Alle diese Widersprüche können wir jetzt in vielen Stücken sehen, wo sie in einer einzigen Figur vereinigt sind. Jetzt haben die Menschen im Theater *mehrere* Leidenschaften; Handeln ist für uns heute viel komplizierter als die Bestattung im Fall der Antigone. In ihrem Fall verlangt Handeln unerschütterlichen Mut, außerordentlichen Starrsinn, aber die Aktion ist einfach. Heute will man gerade zeigen, daß Aktionen: 1. aus Widersprüchen entstehen, 2. sie widerspiegeln, 3. neue schaffen. Sie sehen, daß man genug Dinge zu sagen hat, daß es etwas zu tun gibt im Theater. Eine Person oder eine Gruppe von Menschen handelt nur, insofern innere Widersprüche der Motor ihrer Aktion sind; sie reißt sich dadurch von ihnen los, und folglich ergeben diese ersten Widersprüche Sinn und Zweck des Handelns; und andrerseits klärt sie sie auf, indem sie sich von ihnen losreißt. Dieser doppelte Standpunkt – auf ein Ziel über sich hinausgehen, aber an sich fortdauern und dann zurückkehren, um aufzuklären – ist das erste Element. Aber zweitens muß auch diese Aktion, die aus Widersprüchen entsteht, selbst widersprüchlich sein; das bedeutet, daß es im Grunde mehrere zugleich gibt, gemeinsam vereint und unzertrennlich, weil mehrere Elemente auf einmal bestehen.

Nehmen Sie *Galileo Galilei* von Brecht, wo man zum Beispiel sieht, wie die Hauptfigur zugleich ein genialer Wissenschaftler ist, der die Wissenschaft voranbringt, und eine Figur, die den genauen Stand der Entwicklung ausdrückt, auf dem diese Wissenschaft zu jenem Zeitpunkt sein konnte, das heißt nicht nur der technischen und praktischen Entwicklung, sondern auch, wovon sie abhing. Nun, sie hing eindeutig von Aristokraten und Klerikern ab; also hingen Galileis Geld, seine Macht, seine Arbeitsmöglichkeiten von einer Klasse oder einem Milieu ab, die gleichzeitig zutiefst feindselig war gegenüber den Forschungen, die ein gewisses Niveau überschritten, anders gesagt, die die wissenschaftlichen Forschungen als vor allem praktische und technische Forschungen betrachteten, die aber ein gewisses Mißtrauen und vor allem eine gewisse Angst hatten gegenüber einer Erkenntnis, die weiterführte. So besteht Galileis Widerspruch darin, daß er zugleich der Mensch ist, der die Wissenschaft vorantreibt, und auf Grund dieser Situation auch der Mensch ist, der sie verrät, der Mensch, der sie verleugnet. In diesem Punkt ist Brecht sehr deutlich: es geht nicht um das Problem seiner Schuld, es geht um die Widersprüchlichkeit des Handelns, das heißt: erfinden, eine Interpretation der Gravitation finden und sie dann verwerfen, zurückweisen; zugleich die Wissenschaft durch eine Entdeckung auf dieses Niveau heben und sie dann zwei oder drei kleinen Potentaten und einem Papst vor die Füße werfen, der übrigens selbst Wissenschaftler war. Ist das ein gültiger Widerspruch, ein gültiges Handeln? Ja, das ist ein doppeltes Handeln, denn wir können in dem Stück auch Galileis Privatinteressen sehen, der stellenweise eine fast komische Figur ist, listig, durchtrieben, weil er nicht jene Würde des Wissenschaftlers hat, die die folgenden Jahrhunderte ihm geben werden, weil er ein bißchen ein Gaukler ist, ein Marktschreier, weil er selbst über seine kleinen Erfindungen verblüfft ist, weil er ein bißchen zu betrügen und Geld zu stehlen versucht – und er ist immer ein bißchen so in der Umgebung der Herren. Wir haben also auf der einen Seite diese ganze kleine Panurgenwelt und auf der andren Seite die ununterbrochene Folge von Forschungen und Entdeckungen, und wie beide sich vermischen und wie schließlich die Wissenschaft vom Menschen verraten wird, weil der Mensch das ist, was die Wissenschaft aus ihm macht; wenn die Wissenschaft nicht auf dieser Stufe gewesen wäre, auf dieser kleinen Entwicklungsstufe, wenn sie nicht unter dem praktischen Einfluß von gewissen Leuten gestanden hätte und wenn sie folglich eine abgetrennte Disziplin gewesen wäre, hätte Galilei nie an Verrat gedacht.

Ein Stück dieser Art kann Ihnen den inneren Widerspruch ein und desselben Individuums bieten, wie es Ihnen übrigens die Widersprüche andrer Figuren um es herum bietet. Der Widerspruch des Papstes, den ich gerade erwähnt habe, ist umgekehrt: er ist Papst, aber er verehrt die Wissenschaft, und diese Ängstlichkeit des Wissenschaftlers vor dem Papst, der er geworden ist, bewirkt, daß er andren Mächten weicht und daß er als Wissenschaftler einem andren Wissenschaftler mit der Folter droht. Also können alle diese Figuren, der ganze Kontrapunkt ihrer Widersprüche die Elemente eines Anfangs bilden, das heißt, wie man über sein Handeln Zeugnis ablegt, urteilt man durch sein Handeln über das, was einem angetan wurde. Ich füge hinzu: wie man sich verändert, indem man die Welt verändert. Das ist eine sehr wichtige Sache: man verändert sich, indem man die Welt verändert und weil sich die Welt verändert. Es gibt viele Stücke von Brecht, wo man eher die Welt den Menschen als den Menschen die Welt verändern sieht, weil es vielleicht eine Art von Vorrang gibt für die ebenfalls reale Tatsache, daß wir in einer sich verändernden Welt leben, die uns nicht nach unsrer Meinung fragt, um uns zu verändern. Aber es gibt auch das Gegenteil: man verändert die Welt – und das ist etwas, was man in den Stücken zeigen muß –, die Dinge sind nicht mehr das, was sie vor irgendeiner Aktion waren, gleichzeitig verändern wir uns auch. Zum Beispiel hat die Revolution Royalisten in Republikaner verwandelt, und letztlich sind es Royalisten gewesen, die den Tod von Ludwig XVI. verlangt haben; sie haben ihn verlangt, weil sie Republikaner geworden waren, aber alle waren am Anfang überzeugte Royalisten; alle hatten Schulen wie die Jesuitenkollegien besucht, alle waren für Ludwig XVI., alle gehörten einer royalistischen Bourgeoisie an, und die Revolution, die sie gemacht haben, hat sich verändert, hat den König genötigt, bestimmte Positionen einzunehmen, und sie dadurch dazu gebracht, Positionen zu radikalisieren und schließlich als ehemalige Royalisten zu Republikanern zu werden. Jeder beliebige Konventsangehörige ist also eine merkwürdige Figur: ein Royalist, der für den Tod des Königs gestimmt hat, ein Royalist, der sich in einem bestimmten Augenblick nicht mehr recht wiedererkennt und der danach seine Radikalisierung begreift und bis zum Ende geht.

Diese Handlungsart ist ebenfalls eine Dramenhandlung, und wenn Sie verstanden haben, daß der Kern eines Dramas diese Erkenntnis einer absolut realen und sicheren Tatsache ist, kann es keine Aktion ohne Radikalisierung geben. Wenn sie stillsteht, verschwindet sie; man muß bis zum Ende gehen, das ist der Kern des Dramas, das ist eine Dramenhandlung. Es geht nicht darum, Leidenschaften gegenüberzustellen, es geht darum, Menschen und Handlungen anzuordnen, und dann ergeben sich daraus Widersprüche, die gesellschaftliche Widersprüche spiegeln; und eine solche Aktion geht bis zum Ende, indem sie die Figuren, die angefangen haben, verändert, indem sie in der Radikalisierung selbst einen Erfolg verwirklicht, denn wir dürfen nicht durch unser bürgerliches Theater derart verdunsten lassen, daß wir alle unsre Aktionen für Niederlagen halten. Wenn Sie also das verstanden haben, verstehen Sie auch, was eine Figur ist, denn eine Figur definiert sich positiv durch ihre Situation und ihr Handeln und negativ durch ihre Widerstände gegen das Handeln, wobei diese Widerstände sie situieren, und ebenfalls nur in einer Art von Leidenschaft gelebt werden können.

Was weiß man schließlich im Vergleich zu Antigone von Ismene, einem Geschöpf, das die Kritiker zwar von Zeit zu Zeit rührend oder reizend oder anmutig usw. finden möchten? Man weiß nur das eine, daß sie nicht so weit wie Antigone gehen wollte, und das reicht aus, eine Figur darzustellen, uns Widerstände zu zeigen, die wir nicht wirklich kennenlernen müssen und die von viel weiter her stammen können. Bereits im Theater ist sie dadurch definiert; im Theater ist keine Psychologie nötig. Die Psychologie ist im Theater Zeitverschwendung, weil die Stücke lang sind; das Publikum hat ein Aufmerksamkeitsvermögen, das zwangsläufig nur eine bestimmte Zeit dauern kann, und Nuancen haben keinerlei Interesse, vor allem nicht in der Handlung – man beschäftigt sich auch bei sonst irgendeinem Unternehmen nicht viel mit Psychologie. Und ein Stück heißt ja, Menschen in ein Unternehmen stürzen; es ist dabei keine Psychologie nötig. Im Gegenteil, es ist nötig, sehr genau abzustecken, welche Haltung, welche Situation jede Figur einnehmen kann auf Grund der früheren Ursachen und Widersprüche, die sie gegenüber der Haupthandlung hervorgebracht haben. Deshalb haben wir auch eine bestimmte Zahl von Neben- oder Hauptfiguren, die sich alle durch die Handlung selbst definieren, die ein gemeinsames Unternehmen mit den Widersprüchen von jedem und allen sein muß.

Bis hierher hat es über diesen Punkt und über alle diese Punkte noch keinen Anlaß gegeben, dramatisches Theater – wenn wir darunter verstehen, daß es sich vom bürgerlichen Begriff der Menschennatur, vom Individualismus und Pessimismus befreien will – und episches Theater zu unterscheiden. In beiden Fällen geht es darum, den doppelten Aspekt aller individuellen Handlungen zu zeigen, das heißt vorzuführen, daß jeder nur ein Ausdruck dessen ist, was Brecht den sozialen Gestus nannte, das heißt die Totalität der Widersprüche, innerhalb derer das betrachtete Individuum lebt. Zum Beispiel sind, wie Sie wissen, die Widersprüche des Krieges ausgezeichnet durch die Widersprüche der *Mutter Courage* dargestellt, denn das ist eine Frau, die durch den Krieg stirbt und von ihm lebt. Der Krieg fügt ihr alles mögliche Übel zu, aber ohne Krieg kann sie nicht leben; sie ist glücklich, wenn der Krieg wieder beginnt, und sie ist unglücklich, wenn er weitergeht, und durch diesen Trick, den Krieg zu zeigen, die Widersprüche des Kriegs zu zeigen, ist ein ausgezeichneter Einfall. Und schließlich *ist sie* der Krieg, und zwar nicht als Symbol, keineswegs, sondern als lebender Widerspruch, der nur eins tun kann, nämlich uns alle Widersprüche des Kriegs vorzuführen.

Also bis hierher ist alles in Ordnung, sind wir alle einverstanden, aber das eigentliche Problem liegt woanders; es stellt sich von dem Augenblick an, wo wir uns fragen: muß das so geschaffene Objekt – das das Stück ist – als Objekt oder als Bild vor den Zuschauern dargestellt werden? Ich will sagen, muß man wirklich, unter dem Vorwand, daß das Bürgertum sich ihrer als einer Waffe bediente, die Teilnahme unterdrücken, die umgekehrt das eigentliche Wesen des Theaters ist, die das Movens ist, das sowohl das Psychodrama als auch die schwarzen Feste schafft, von denen ich Ihnen gesprochen habe? Muß man sie, wenn man sie nicht unterdrückt, wenigstens so reduzieren, daß umgekehrt der Erklärung und der Erkenntnis ein breiter Raum gegeben ist? Oder aber, muß man die Dinge anders sehen und gerade ablehnen, diese Teilnahme zu unterdrücken? Kurz, was passiert im epischen Theater? Dieses will uns das individuelle Geschick zeigen, insofern es den sozialen Gestus ausdrückt, und uns zugleich auf eine Weise, die ich nicht didaktisch nennen würde, obwohl Brecht didaktische Stücke geschrieben hat, aber doch auf eine sehr ostentative Weise die wechselseitigen Implikationen und Korrelationen zeigen, die bewirken, daß es ein System gibt und daß die Individuen in den Systemen gefangen sind, die natürlich von einem viel größeren System her interpretiert werden müssen, wie es zum Beispiel die moderne kapitalistische Gesellschaft ist. Nehmen wie zum Beispiel *Die Ausnahme und die Regel*: ein Kaufmann in den Kolonien nimmt einen Führer; er verirrt sich, er verdurstet; der Führer ist nicht viel besser dran, aber er steht auf, um eine Wasserflasche zu holen, und reicht sie aus Gewohnheit oder vielleicht aus Edelmut – jedenfalls wird das die Ausnahme sein – dem Kaufmann, der Angst bekommt und ihn erschießt; der Kaufmann kehrt nach Hause zurück, und die Frau des Führers klagt ihn der Ermordung ihres Mannes an. Das Urteil scheint ziemlich hart für den Kaufmann, als man endlich auf folgendes verfällt: schließlich fügen wir diesen Kulis derart viel Schlimmes zu, daß es natürlich ist, wenn sie nur daran denken, sich zu rächen, zumal die Menschen nicht gut sind; warum sollte dann ein Kuli, der mit einem so bösartigen Kaufmann allein ist, diesen nicht töten? Es liegt auf der Hand, daß er nicht umhin kann; folglich hat sich der Kaufmann in berechtigter Notwehr geglaubt und geschossen. Die Regel ist, sagt das Stück, daß ein Kuli Lust haben muß, seine Ausbeuter zu töten. Wenn dieser hier eine Ausnahme war, um so schlimmer für ihn, man konnte es nicht wissen. Das Stück ist sehr unterhaltsam, aber wenn Sie es ansehen, ist es nur aus einem Grund gültig, nämlich daß wir es mit einem System von Widersprüchen zu tun haben, die entstehen und aufeinandertreffen, mit einer Art von Sophismus, der durch die Kolonisation selbst entstanden ist, aber in einer Welt, wo die Menschen nicht dazu da sind, diese Sophismen zu erkennen und sie zu überschreiten, sei es, indem sie sie noch schlimmer machen, sei es, indem sie versuchen, sich ihnen zu widersetzen, sondern in der sie sich ihnen beugen, kurz, in einer Welt, wo die Menschen das bloße Produkt dieses zirkularen Sophismus darstellen, der selbst eine Struktur der heutigen kapitalistischen Kolonialwelt ist.

Wir haben den Eindruck, daß es in einem bestimmten Augenblick bei Brecht eine Wahl gibt: jene Menschen sind Insekten. Der Beweis ist, daß er im *Kaukasischen Kreidekreis* verschiedene Realitätsebenen der Figuren unterscheidet. Daß es politische oder moralische oder alle möglichen Urteile gibt, darüber kann man diskutieren, aber warum *a priori* erklären, daß bestimmte Leute, weil es die Schlechten sind – zum Beispiel die Palastwachen, die den ganzen Tag Karten spielen und die Menschen wie nichts umbringen –, Masken erhalten sollen, während zwei oder drei einfache Figuren aus dem Volk keine haben werden? Im Namen der Widersprüche selbst und der Art und Weise, in der die Klassen oder die nahe Verwandtschaft bestimmter Klassen die inneren Widersprüche erzeugen, führen wir Menschen ein, die wahrhaftig leere Schalen sind; sie sind von innen ausgehöhlt, und wir brauchen sie nur noch mit Masken darzustellen. Es gibt eine weitere Kategorie, die weniger maskenhaft sein wird, aber trotzdem nicht ganz menschlich, und schließlich gibt es die Magd und ihren Verlobten, eine echte Frau und ein echter Mann, die fast ungeschminkt sind und auf eine absolut natürliche Weise spielen, weil sie eine Art von Erfülltheit haben. Aber warum sind sie, unter dem Vorwand, daß sie Dinge tun, die im Sinn des gesellschaftlichen Nutzens, im Sinn ihrer Natur und ihrer Realität verlaufen, erfüllter als diese Wachen? Es sind Leute, die nicht mehr und nicht weniger erfüllt sind, es sind Menschen. Diese Art, die Dinge zu betrachten, ist zu simpel; damit sagt man, daß der Mensch sich in ein Abstraktum verwandelt. Das ist ein Verständnis des Marxismus, das nicht richtig ist, zum Beispiel zu glauben, daß auf einem Arbeitsmarkt der Arbeiter das Abstrakte und der Markt schließlich das absolut Konkrete wird. Meiner Meinung nach will Marx das überhaupt nicht sagen – das ist Hegel und nicht Marx –, und gerade der Arbeiter, ob total ausgebeutet und entfremdet oder nicht, bewahrt in jedem Fall seine menschliche Realität. Es ist also eine ideologisch äußerst zweifelhafte Haltung, solche Auswahlen zu treffen und solche Perspektivierung der Realität vorzunehmen. Das ist eine Sache, die man nicht akzeptieren darf: die Realität kann nicht auf solche Weise perspektiviert werden, weil sie es nicht ist; sie ist es auf andren Ebenen, aber ein Mensch ist ein Mensch, wie er auch sei und genau so, wie alle Menschen es sind, und es gibt keine, die mehr oder weniger gut dargestellt werden müßten. Wenn das ein ästhetisches Verfahren ist, muß es auf irgend etwas fußen, und hier fußt es auf nichts. Also konstruiert man, wie Sie sehen, geringere Realitäten, größere Realitäten, Hierarchien und Perspektivierungen, die nicht passend sind, und außerdem, wer beweist uns, daß diese Art, die Einfühlung zu unterdrükken, von einer echten Philosophie verbürgt ist.

Daß Marx der große Philosoph des 19. Jahrhunderts ist, steht außer Zweifel. Daß Brecht Marx gelesen hat und daß er ihn sehr gut gekannt hat, steht auch außer Zweifel. Aber daß es fünfhundert verschiedene Interpretationen von Marx gibt, von der jede eine Leidenschaft für die Person darstellt, die ihn gelesen hat und die sich dafür prügeln könnte, steht auch außer Zweifel. Warum also erklären, daß das Theater demonstrativ sein soll, wenn es sich dessen nicht sicher ist, was es demonstriert. Wenn das Theater sich auf einige Reflexionen beschränken soll, darauf, einige ganz rudimentäre, allersimpelste Gedanken ins Werk zu setzen, die man bei Marx findet, dann sehe ich nicht die Notwendigkeit der Verfremdung; wenn es weitergehen soll, dann muß man uns sagen, worum es sich handelt und was man uns zeigen will. Man möchte schließlich wissen, wovon die Rede ist; und vor allem möchte man wissen, von welchem Marxismus die Rede ist. Wer beweist, daß es nicht eine Menge von epischen Theatern geben wird, die verschiedene Bedeutungen haben werden? Denn der Unterschied zwischen dramatischem Theater und epischem Theater ist der, daß der Autor, der dramatisches Theater macht, in seinem eigenen Namen spricht und eine Geschichte mit seinen eigenen Interpretationen erzählt, während der andre demonstrativ ist und nicht in seinem eigenen Namen spricht. Vor dem Schauspiel, das er zeigt, tritt der Autor ebenso zurück wie der Zuschauer. Und um zu jenem Problem zurückzukehren, von dem ich eben sprach, zu der Beziehung Bild/Objekt: angenommen, wir hätten alle Maßnahmen getroffen, um an der Teilnahme alles zu unterdrücken, was an ihr leidenschaftlich ist, und die Beziehungen zwischen Zuschauern und Schauspielern wären folglich distanziert und förmlich, dann geht das sehr gut, wenn es sich um eine Gesellschaft handelt, die im Verschwinden begriffen ist, bei der man den Standpunkt einer der Klassen einnimmt, zum Beispiel der, die aufsteigt oder aufsteigen will oder aufsteigen wird; anders gesagt, das geht sehr gut in einer Epoche, wo Brecht sich für den Sprecher benachteiligter Klassen und für den Sachverständigen halten kann, der diesen Klassen erklärt, was die Bourgeoisie ist. Aber nehmen wir jetzt einmal an, daß Brecht in Ostdeutschland zum Beispiel die Möglichkeit gehabt hätte, auch von Ostdeutschland zu sprechen. Er war mit dem Regime völlig einverstanden. Es ist klar, daß es wie bei allen Regimen oder mehr als bei andren Regimen Dinge gab, die in Ostdeutschland nicht gingen. Es gab zum Beispiel – und es wird sie geben und es hat sie gegeben – Funktionäre, die ihre Funktionärspflichten nicht richtig begriffen. Nehmen wir an, Brecht hätte für sich und für die Öffentlichkeit, vielleicht nach einem Skandal, erklären wollen, inwiefern es auch in einer sozialistischen Gesellschaft Widersprüche gibt: hätte er dieselbe Methode angewandt? Hätte man Funktionäre gesehen, die sich etwas Nachlässigkeit oder einen totalen Phantasiemangel hätten zuschulden kommen lassen? Hätte man sie mit Masken gesehen? Hätte man ebenfalls den zentralen Vorfall und die Konflikte des Helden oder der Gruppe von Personen gesehen, die Richter, Ingenieure oder sonstwas sein können? Hätte man sie wirklich von außen gesehen und in der

Absurdität ihrer Widersprüche, oder hätte man sie umgekehrt nicht mit ihren Widersprüchen gesehen – denn Brecht war redlich –, aber von innen, das heißt mit Sympathie? Anders gesagt, wenn wir uns die Geschichte eines Funktionärs der DDR vorstellen, der Fehler, Irrtümer gemacht hat, oder einer Gruppe von Funktionären, deren Irrtümer die Widersprüche des Sozialismus manifestieren, so bin ich überzeugt, daß eine solche Figur in den Stücken Brechts unter Berücksichtigung ihrer Ziele – die dieselben wie die von Brecht sind – behandelt werden würde, das heißt der zu vollendenden Revolution; die Sympathie, die Brecht prinzipiell für sie hätte, würde bewirken, daß es ein verstandener Mensch wäre. Wenn man die Ziele einer gesellschaftlichen Gruppe nicht teilt, kann man immer eine Art von Verfremdung schaffen und folglich die Leute von außen zeigen und manchmal sogar durch einen Song wiedergeben, was sie denken; aber wenn man in einer Gesellschaft ist, deren Prinzipien man teilt, wird das viel schwieriger, und folglich muß man sagen: «Ja, der arme Kerl ist schuldig, aber Sie machen sich keine Vorstellung von den Schwierigkeiten, die es gibt; hier die Widersprüche, hier, wie er sie empfand; er wollte dies, er wollte das . . .» Wir haben es dann mit einem andren Theater zu tun, einem Theater, das zu verstehen versucht, und genau das ist meiner Meinung nach der Unterschied zwischen dem Epischen und dem Dramatischen; beim Dramatischen kann man zu verstehen versuchen, aber beim Epischen, so wie man es uns gegenwärtig vorführt, erklärt man, was man nicht versteht. Ich spreche nicht von Brecht selbst, sondern von einer allgemeineren Manier. Also sagen wir, wenn Sie so wollen, daß es beim Epischen einen ganz deutlichen Mangel gibt: Brecht – übrigens hatte er keinen Grund, es zu tun, und es war auch nicht seine Sache, es zu tun – hat im Rahmen des Marxismus das Problem von Subjektivität und Objektivität nicht gelöst, und folglich hat er bei sich nie der Subjektivität, so wie sie sein müßte, einen wirklichen Platz einzuräumen gewußt.

Ein schwerer Mangel des dramatischen Theaters ist, daß es trotzdem aus dem bürgerlichen Theater hervorgegangen ist, daß es von Mitteln herkommt, die durch den Individualismus, durch individualistische Fragestellungen geschaffen worden sind, und noch kaum in der Lage ist, von der Arbeit zu sprechen. Das andre übrigens auch nicht. Es wäre natürlich sehr schade, wenn man auf den einen oder andren dieser Zweige verzichten müßte, schade auch, wenn nicht jeder Autor wählen könnte, so wie man schließlich im 18. Jahrhundert wählen konnte, ein Epos oder Sonette zu schreiben, wenn jeder Autor nicht ausprobieren könnte, ob er Lust hat, ein episches Drama oder ein wahrhaft dramatisches Drama zu machen. Unter diesen Bedingungen müssen alle Kräfte, die das junge Theater den bürgerlichen Stücken, die wir augenblicklich haben, entgegensetzen kann, vereint werden, so daß es keinen echten Gegensatz zwischen der dramatischen und der epischen Form gibt, außer daß die eine auf die Quasi-Objektivität des Objekts, das heißt des Menschen hin zielt, und so scheitern wird, da man niemals einen objektiven Menschen haben wird, mit dem Irrtum zu glauben, man könne dem Zuschauer eine Objekt-Gesellschaft geben, während die andre, wenn man sie nicht durch ein wenig Objektivität korrigierte, zu sehr nach der Sympathieseite der Einfühlung ginge und damit riskierte, auf die Seite des bürgerlichen Theaters zu fallen. Folglich glaube ich, daß sich das Problem heute zwischen diesen beiden Formen von Theater stellen kann.

März 1960

Soledad von Colette Audry [1]

Soledad ist ein Frauenname und heißt Einsamkeit. Das heutige französische Theater lebt von der Einsamkeit, die Einsamkeit ist sein Broterwerb: man könnte fünf Stücke und zehn Filme nennen, deren Erfolg jeden Abend daher rührt, daß sie uns nach tausend andren wiederkäuen, das niemand jemanden kennen kann, daß die Seelen undurchdringlich, daß die Menschen Kiesel sind. Wenn Colette Audry uns das wiederholte, könnte ihr Stück noch so gut gemacht sein: es wäre ohne Interesse. Aber sie will uns gerade das Gegenteil erklären: sie faßt uns nicht als Kiesel auf. Die Vereinsamung, die so viele Autoren beschrieben haben, die dadurch zu Vermögen gekommen sind, glaubt sie in bestimmten Milieus, aus bestimmten Gründen vorhanden, die vielleicht mit unsrer Epoche zusammenhängen. Aber nicht das interessiert sie: sie weiß aus Erfahrung, daß man sich in ein gemeinsames Unternehmen stürzen, sich durch die Aktion vereinen, sich über die gemeinsame Aufgabe verstehen und lieben kann. Die Figuren, die sie uns vorführt, kennt man sofort: es sind klare, ganz durchsichtige Wesen, die weder durch ihre Interessen noch durch ihren Egoismus, noch durch die Pflege ihrer Perversionen, noch durch ihr Überlegenheitsgefühl von den anderen isoliert sind.

In einem Land, das unter einer Polizeidiktatur dahindämmert, leistet eine Gruppe junger Männer und junger Frauen Widerstand: das Regime ist fest etabliert; keine Hoffnung, es zu stürzen; es geht darum, *standzuhalten*, die Prinzipien zu behaupten, die es vergessen lassen will, kurz, zu *existieren* und zu warten; sich dem geknebelten Volk durch Flugblätter, durch vereinzelte Handstreiche bekannt zu machen. Stärkere Bande kann man sich nicht vorstellen: sie leben, die einen durch die andren, die einen für die andren, alle für ein gemeinsames Ziel; und eben gerade deshalb, mitten in der engsten Solidarität, mitten in der strengsten Einigkeit, mitten in der Arbeit, den gemeinsamen Risiken, der Disziplin und der Freundschaft, existiert die Einsamkeit, unbemerkt, immer geleugnet; sie trennt diese Menschen, die keine Geheimnisse voreinander haben, ohne daß sie es wissen. Ich glaube nicht, daß ich das Empfinden

[1] Text des Programmhefts von *Soledad*, Stück in drei Akten von Colette Audry, Théâtre de Poche (Comédie Caumartin), April 1960. Dieser Text wurde uns liebenswürdigerweise von Colette Audry zur Verfügung gestellt, die uns darauf hingewiesen hat, daß Sartres leider verlorengegangenes Originalmanuskript aus Platzgründen gekürzt worden ist.

von Colette Audry falsch wiedergebe oder etwas andres hineinlege, wenn ich es folgendermaßen ausdrücke: je enger die Bande, je totaler das Engagement, desto stärker die Einsamkeit. Für sie ist die Einsamkeit ein geheimes Scheitern, die Kehrseite der kollektiven Bindung, immer überschritten, immer heraufstehend.

Man wird sehen, wie in dieser geschlossenen Gruppe die privaten Beziehungen aus den sozialen Beziehungen entstehen, wie sie, kaum entstanden, schändlich, schuldig erscheinen, wie sie die gemeinsame Aktion, die sie hervorgebracht hat, stören und wie diese Aktion ihrerseits sie daran hindert, sich zu entfalten. Paco liebt Soledad, die ihn nicht liebt: er sagt es ihr; er hat unrecht: später, wenn die Umstände ihn zu ihrem Richter machen, wird ihn sein Ressentiment eines abgewiesenen Verliebten disqualifizieren. Sein Ressentiment? Oder bloß das Mißtrauen der andren, die ihm dieses Ressentiment *unterstellen*? Oder beides? Sebastian liebt Soledad, die ihn liebt, und sagt es ihr nicht; er schweigt, *eben gerade* um die Einheit der Gruppe zu bewahren: auch er hat unrecht; diese namenlose, verschwiegene Liebe verändert die Beziehung des Führers zu der Kämpferin; schafft eine Art Lücke und falsches Geheimnis zwischen ihnen, eine geheime Erregung auch, eine Unruhe. War es besser, sich zu erklären? Und Paco? Eifersucht und Groll hätten seine Beziehungen zur Gruppe verändert. So fühlt sich jeder für die bloße gemeinsame Existenz zu voluminös: jeder ist zuviel; und gleichzeitig genügt keiner seiner Aufgabe; jeder möchte alle sein und fühlt sich zugleich für die andren als *andrer*; jeder entdeckt sich in ihren Augen als ein andrer als er für sich ist, mitten in der engsten Vereinigung unüberwindlich verbannt. Das Schuldgefühl ist nicht weit: beim geringsten Verdacht ist man *draußen*, ein Verräter, *ganz und gar anders;* und kaum zählt, ob man schuldig ist oder nicht: man merkt, daß man immer schuldig war.

Die Einsamkeit, das ist genau das, jene reihumgehende Desintegration, jener immer gekittete Riß, der immer woanders wieder neu entsteht. Wird man sie je überwinden? Colette Audry glaubt es nicht, wünscht es nicht: eben dieser Widerspruch macht uns zu Menschen; immer drinnen und draußen, jenseits und diesseits, mit allen Ankläger, vor allen angeklagt. Man muß sich in die Welt werfen, mitten unter die Menschen, sie lieben, sich ständig mit ihnen vereinigen, nie an sich denken: dann taucht die Einsamkeit auf als eine geheime Distanz, die uns ständig quält und die uns vor der Gefahr bewahrt, zu Ameisen zu werden. Um ein Stück von einer so tief optimistischen Härte schreiben zu können, muß die Autorin persönlich das widersprüchliche Band der Freundschaft und der Trennung erlebt haben, muß Colette Audry die Anforderungen der gemeinsamen Aktion erfahren haben, die sich über die Unterschiede des Berufs, des Milieus oder des Geschlechts hinwegsetzt und nur die Fähigkeiten gelten läßt. Insofern ist es ein Männerstück, das Sie sehen werden.

Aber es gibt noch einen andren Aspekt der Einsamkeit: wenn man in den illegalen Widerstand eintreten will, muß man Vater und Mutter verlassen oder sie mit hineinziehen. Soledad hat eine Schwester, Tita, die das Bild ihrer selbst ist, das Band der beiden Schwestern ist das einfachste und engste: sie verstehen sich ohne Worte. Aber Tita macht keine Politik; sie gehört nicht der Gruppe an. In den Augen der Gruppe ist ihre bloße Existenz eine Art ständiger Flucht, ein latenter Verrat Soledads; in den Augen Titas ist die Gruppe das geheime Scheitern ihrer Beziehungen zu ihrer Schwester. Mehr noch: Soledad innerhalb der Gruppe stellt Tita, ihr lebendiges Spiegelbild, in Frage. Daraus entsteht das ganze Drama. Ein Mann hätte die so klare und doch so komplexe Beziehung dieser beiden Frauen niemals zeigen können, noch diese Liebe der beiden Schwestern, die die Einsamkeit in sich trägt, die sie zurückweist und sie schließlich überwinden wird. Um die Entwicklung dieser Liebe beschreiben zu können, mußte man Frau und Schwester sein. Das macht, glaube ich, den merkwürdigen Reiz dieses hermaphroditischen Stücks aus: die Männer sprechen in ihm wie Männer, und es ist das einzige, vielleicht, in dem *gleichzeitig* die Frauen untereinander wie Frauen sprechen.

April 1960

Gespräch mit Kenneth Tynan
The Observer, 18. und 25. Juni 1961

Sie haben einmal erklärt, daß Die Eingeschlossenen *nicht das Stück war, das Sie schreiben wollten. Sie wollten, daß es die Folter in Algerien zum Thema hätte, aber Sie haben es transponiert, denn Sie spürten, daß so ein Stück in Paris nicht hätte aufgeführt werden können. Genet hat nun ein Stück über Algerien geschrieben:* Die Wände. *Meinen Sie, daß es gespielt wird?*

Ich glaube nicht.[1] Es ist publiziert worden, und möglicherweise erhält es einen Literaturpreis, aber das ist etwas andres. Strenggenommen gibt es in Paris zwar keine Theaterzensur, aber es gibt eine Selbstzensur der Theaterdirektoren. Sie fürchten, daß die Polizei eingreift, um ein Stück zu verbieten unter dem Vorwand, es könne die öffentliche Ordnung stören. Es gibt da ein ökonomisches Risiko, das sie nicht eingehen wollen.

Haben Sie dieses neue Stück von Genet gelesen?

Ja, und ich finde es sehr interessant. Es ist nicht die ganze Wahrheit über Algerien: es ist eine Version der Wahrheit, gesehen durch das Prisma der Ideen und der Sensibilität von Genet, der glaubt, daß man das Böse umarmen muß, um zum Guten zu gelangen. Was mich anbelangt, so glaube ich nicht, daß man die Leute diese Art von Heroismus lehren sollte. Doch Sie werden sehen, daß das genau seiner Überzeugung entspricht, daß die Richter so streng wie möglich sein müssen. Laut Genet muß der Mensch erst auf seine tiefste Stufe gesunken sein – wenn er zum Tode verurteilt ist oder zu lebenslänglichem Zuchthaus oder von der Welt als Verräter verachtet wird usw. –, bevor er anfangen kann, die Menschlichkeit wiederherzustellen. Eine bestechende Theorie, die mir aber nicht eigentlich auf das Problem eines kolonisierten Volkes anwendbar zu sein scheint.

Würden Sie auch von Die Neger *behaupten, daß dieses Stück ein allgemeines Problem in höchst subjektiven Begriffen stellt?*

Ja. Obwohl viele Schwarze hier eine gewisse Resonanz gefunden haben, vor allem in der Art und Weise, in der es den Schwarzen zwischen zwei Kulturen zeigt, wobei er gegen seinen Willen und beinahe, als ob es

---

1 *Die Wände* wurden 1961 im Schloßparktheater in West-Berlin uraufgeführt (Regie: Hans Lietzau). Die erste Aufführung in Frankreich fand 1966 im Odéon Théâtre in Paris statt. Regie führte Roger Blin. Es kam zu heftigen Störungen durch rechtsextreme Gruppen.

ein Spiel wäre, an der Kultur des Weißen Teil hat und plötzlich seine eigene Kultur den Aspekt eines Spiels annehmen sieht.

In dem Vortrag, den Sie in der Sorbonne gehalten haben, haben Sie das bürgerliche Theater verurteilt.[1] Ist das Bürgertum für alle Mängel des zeitgenössischen Theaters verantwortlich?

Der wesentliche Mangel scheint mir zu sein, daß es bürgerlich ist. Schauen Sie sich doch die Stücke an, die man heute spielt: Sie werden sehen, daß die meisten abgenutzte psychologische Übungen sind, die sich alle alten bürgerlichen Themen nutzbar machen: der Gatte mit seiner Geliebten, die Gattin mit ihrem Liebhaber, die Familie, in der man sich nicht versteht. Aber es gibt ein weiteres Problem, das mit dem Theater zusammenhängt: der Film. Heute meinen viele Leute – nicht nur Regisseure, sondern auch einfache Zuschauer und vor allem junge Intellektuelle –, daß der Film ein besseres Ausdrucksmittel als das Theater ist. Und unter dem Einfluß des Films hat das Theater die Tendenz, sich von seinem eigentlichen Boden zu entfernen. Dem Feind nachgebend, hat es seine Ausstattung vervielfacht und hat, das visuelle Element betonend, versucht, Geschichten in einer mehr filmischen statt theatralischen Form zu erzählen. Auf diese Weise ist es angreifbar geworden. Das ist wie in der Politik: wenn eine Regierung sich gegenüber der Opposition nachgiebig zeigt, wird diese schließlich die Macht übernehmen.

Das Theater beschäftigt sich nicht mit der Realität, sondern nur mit der Wahrheit. Der Film dagegen sucht eine Realität, die Momente von Wahrheit enthält. Der wahre Kampfplatz des Theaters ist die Tragödie, ein Drama, das einen authentischen Mythos einschließt. Es gibt keinerlei Grund, weshalb das Theater nicht eine Liebes- oder Ehegeschichte erzählen sollte, wenn sie die Qualität des Mythos hat, wenn sie, mit andren Worten, darauf zielt, Ehestreitigkeiten oder Liebesgezänk zu überschreiten. Wenn das Theater wie die Tragödie die Wahrheit durch den Mythos sucht und nicht-realistische Formen benutzt, kann es gegen den Film kämpfen und vermeiden, aufgesogen zu werden.

Stimmt es nicht, daß es in Die Eingeschlossenen *eine Reihe persönlicher Symbole gibt, so das Gericht der Krabben, an das sich Franz wendet?*

Ja. Seit meiner Kindheit habe ich die größte Abneigung gegen Krabben und Schaltiere aller Art gehabt.[2]

Auch gegen Austern?

---

[1] Gemeint ist der Vortrag über «Episches Theater und dramatisches Theater» vom 29. März 1960, S. 74f.
[2] Siehe Simone de Beauvoir, *In den besten Jahren*. Rowohlt Verlag, Reinbek 1961, rororo Nr. 1112, S. 180.

Ich esse niemals welche. Für mich bedeutet die Tatsache, daß Franz Austern ißt, daß er sich auf äußerst unappetitliche Art ernährt. Mit ungefähr 32 Jahren habe ich in einem Moment der Erschöpfung sehr unangenehme Halluzinationen gehabt, bei denen Krabben eine Rolle spielten.[1] Seitdem habe ich sie immer als Symbole des Unmenschlichen betrachtet. Ich kann mir nicht vorstellen, daß diese Wesen denken oder fühlen können – dummes Zeug vermutlich! Ihre Welt scheint mir der menschlichen Welt völlig entgegengesetzt.

So ist dieser Gerichtshof der Krabben für Sie etwas Schreckliches?

Für Franz, nicht für mich. Weil Franz schuldig ist, macht er seine Richter so schrecklich wie möglich. Ich glaube, daß das Tribunal der Geschichte die Menschen immer nach Normen und Werten richtet, die sie sich selbst niemals vorstellen könnten. Wir wissen nicht, was die Zukunft von uns sagen wird. Es ist möglich, daß die Geschichte Hitler als einen großen Mann betrachtet – obwohl mich das sehr erstaunen würde –, und außerdem ist da immer noch Stalin: Das Wichtigste ist, zu wissen, daß wir gerichtet werden, und nach Kriterien, die nicht die unsren sind. Das ist das Schreckliche. Andrerseits hat man gesagt, daß der Fortschritt nach der Seite läuft, ungefähr wie der Gang der Krabben. Auch daran habe ich gedacht.

Jean Genet hat gesagt, daß er die Richter nicht ausstehen kann, die sich «liebevoll dem Angeklagten zuwenden».

Ich bin einverstanden, insofern Genet aus der Sicht des Verbrechers spricht. Das ist seine Rache an der Gesellschaft. Anstatt zu sagen: «Das ist die Schuld der Gesellschaft und nicht des Verbrechers! Bestraft ihn nicht zu schwer», sagt er vielmehr: «Wir sind die Feinde der Gesellschaft! Verhängt die Höchststrafe über uns. Andernfalls seid ihr verächtlich. Durch eure Strafe laßt ihr uns in einer rauhen Welt leben, und das macht uns noch heroischer.» In diesem Punkt bin ich nicht mehr ganz mit Genet einverstanden.

Andrerseits gibt es eine Welt, in der ich finde, daß sich die Richter nicht «liebevoll den Angeklagten zuwenden» sollten. Ich meine die Welt der Politik. Ich bin ein Gegner der Todesstrafe; aber ich finde, daß die rebellierenden Generale von Algerien hätten zum Tode verurteilt und dann begnadigt werden müssen.[2] In Fällen wie ihren ist das Verbrechen gegen die Gesellschaft als Ganzes gerichtet.

---

1 Siehe Jean-Paul Sartre, *Die Wörter*, Rowohlt Verlag, Reinbek 1965, rororo Nr. 1000, S. 86.

2 Sartre spielt hier auf die Prozesse gegen die Generale Challe und Zeller an, die im Mai 1961 zu 15 Jahren Haft wegen ihrer Teilnahme am April-Putsch verurteilt wurden. Die andren Teilnehmer der Verschwörung, die Generale Jouhaud

Ich erinnere mich, daß Sie in Ihrem Vortrag in der Sorbonne im letzten Jahr gesagt haben, das heutige Theater habe nichts mit Psychologie zu schaffen. Ist aber eine Figur wie Franz nicht auch voller psychologischer Subtilitäten?

Ich habe sagen wollen, daß keine Situation ausschließlich psychologisch analysiert werden sollte. Nehmen wir zum Beispiel einen Konflikt zwischen Mann und Frau. Wenn man nichts weiß über ihre Arbeit, ihr Milieu, die Gesellschaft, die sie geprägt hat, hat die Situation keine theatralische Realität. Das Problem von Franz ist das Ergebnis des Konflikts von zahlreichen gesellschaftlichen Umständen: die Arbeit und das Unternehmen seines Vaters, die Entwicklung des deutschen Kapitalismus, der Aufstieg des Nazismus, der Zusammenstoß seines Vaters mit den Nazis. Seine Probleme und seine inneren Widersprüche sind von historischen Ereignissen bedingt worden.

Um vom Vater von Franz zu reden, meinen Sie, daß sein Hängen an der Macht bloß ein bürgerlicher Trieb ist? Oder ist das ein allgemein menschlicher Trieb?

Das Verlangen, die Macht zu behalten, kommt, meiner Ansicht nach, daher, daß man sie schon besitzt. Sagen wir: die Autorität, von der der Chef eines Unternehmens in seinem Familienleben Gebrauch macht, kommt von seinem Unternehmen selbst, das heißt von der Macht, die die Struktur der kapitalistischen Gesellschaft ihren Führungskräften gibt. Der Kapitalist ist nicht an sich autoritär. Aber wenn man ihn in eine Situation stellt, wo er Autorität ausüben muß, wird er sie immer ausüben, denn er ist von seiner gesellschaftlichen Rolle bestimmt.

In Ländern wie Deutschland und mehr noch wie Amerika haben wir das Phänomen von kapitalistischen Unternehmen, wo Leitung und Besitz getrennt zu sein beginnen. Der alte Gerlach ist ein Mann, der fast sein ganzes Leben eine totale Autorität über sein Unternehmen ausgeübt hat und mit zunehmendem Alter diese Autorität schwinden sieht. Das ist seine Tragödie. Er hat seinen Sohn nach seinem Bild geschaffen: ein Mensch, geboren, um zu befehlen. Doch in Wirklichkeit, selbst wenn Franz nicht von der Welt abgeschnitten wäre, selbst wenn er das Unternehmen wieder übernähme, wäre er bloß der Besitzer und nicht der Leiter. Die Macht ist in die Hände der Technokraten übergegangen.

---

und Salan, wurden nacheinander verhaftet und im folgenden Jahr verurteilt, der erste zum Tode, der zweite zu lebenslänglicher Haft. Alle vier wurden von de Gaulle begnadigt und auf freien Fuß gesetzt: Zeller im Juli 1966, Challe im Dezember 1966, Jouhaud Ende 1967 und Salan im Juni 1968 (als Gegenleistung, munkelte man, für die Unterstützung de Gaulles durch die Armee während der Mai-Ereignisse 1968).

Aber kann es nicht sein, daß ein nicht kapitalistischer Bürokrat die Macht um der Macht willen sucht?

Alles hängt von der Situation ab. Niemand wird mit der Neigung oder Abneigung zur Macht geboren. Die Geschichte eines Menschen treibt ihn auf die eine oder die andre Seite. Und selbst dann ist man selten ganz sicher. Viele glaubten, die Macht zu wollen, und nachdem sie an die Spitze gelangt waren, haben sie gemerkt, daß ihnen der zweite oder dritte Platz lieber gewesen wäre. Es handelt sich nicht um Triebe oder angeborene Neigungen; was zählt, sind die Beziehungen eines Menschen zur Gesellschaft, zu seiner Familie, zu allem, was ihn umgibt.

Anmerkung von Kenneth Tynan: Meine folgende Frage führte zu einer interessanten Verwechslung. Ich wollte Sartre fragen, ob er glaube, daß heute eine Kunst der Rechten möglich sei. Ich machte einen Aussprachefehler: statt «die Rechte» (la droite) zu sagen, hörte ich mich «das Recht» (le droit) aussprechen. Ehe ich mich korrigieren konnte, hatte Sartre die Frage aufgegriffen und sich an seine Beantwortung gemacht. Ich gebe sie hier wieder aus Hochachtung vor seiner geistigen Beweglichkeit.

Aber sicher. Das Recht *ist* Theater. Denn am Anfang des Theaters stand nicht bloß eine religiöse Zeremonie, sondern auch die Rhetorik. Nehmen Sie die Figuren von Sophokles, von Euripides und selbst von Aischylos, sie alle halten Plädoyers: Und man muß daran denken, daß die Griechen Plädoyers liebten. Sie verteidigen eine Sache. Andre vertreten die Gegenpartei und plädieren gegen sie. Am Schluß kommt es zu einer Katastrophe, bei der jeder gerichtet wird, und die Dinge kehren wieder zum Normalen zurück. Die Bühne ist das Tribunal, wo der Fall verhandelt wird. Antigone zum Beispiel hat für die Sache der großen Familien zu plädieren, deren Traditionen und religiöse Werte vom Staat bedroht sind. Kreon dagegen verteidigt eine andre, viel jüngere Sache, die Sophokles eindeutig nicht gefällt, dessen Sympathien den Konservativen gehören. Kreon ist ein Urdemokrat, der sagt: «In einem Streit zwischen Staat und Familie fällt die Autorität dem Staat zu.» Das sind die beiden Positionen, und an Stelle von Antigone und Kreon hätte man genauso gut zwei Anwälte engagieren können, um die betreffenden Standpunkte zu vertreten.

Ein sozialistischer Dichter namens Christopher Logue hat kürzlich ein Stück über die Legende der Antigone geschrieben.[1] Er schien Kreon recht zu geben.

Natürlich. Das ist der demokratische Standpunkt.

---

[1] In Buchform ist dieses Stück nie erschienen.

Sind Sie der Meinung, daß es heute eine Kunst der Rechten gibt?
Ich glaube nicht, daß das Theater direkt von politischen Ereignissen herrühren kann. Zum Beispiel hätte ich niemals *Die Eingeschlossenen* geschrieben, wenn es bloß um die Frage eines Konflikts zwischen der Linken und der Rechten gegangen wäre. Für mich hängen *Die Eingeschlossenen* mit der ganzen Entwicklung Europas seit 1945 zusammen, ebensosehr mit den sowjetischen Straflagern wie mit dem Algerien-Krieg. Das Theater muß alle diese Probleme aufgreifen und sie in eine mythische Form transponieren. Meiner Meinung nach besteht das Engagement eines Dramatikers nicht nur in der Darstellung politischer Ideen. Das kann durch öffentliche Versammlungen, Zeitungen, Agitation und Propaganda geschehen. Der Dramatiker, der deren Funktion usurpiert, kann vielleicht das lesende Publikum interessieren, aber er wird kein Theaterstück geschrieben haben.

Aber kann es einem Autor mit rechtsextremen Meinungen jemals gelingen, ein Kunstwerk zu schaffen?
Meiner Meinung nach, nein. Weil die Rechte heute, obwohl sie immer noch die Ereignisse kontrolliert, insofern sie an der Macht ist, die Fähigkeit verloren hat, sie zu verstehen. Sie hat die meisten ihrer alten Ideale aufgegeben und durch nichts ersetzt; sie versteht die Natur ihrer Gegner nicht. Die Tatsache zum Beispiel, daß General Challe in seinem Prozeß erklären konnte, die algerische Armee wäre vom Kommunismus unterwandert, zeigt, zu welchem Grad von Unverständnis die Rechte durch ihre Realitätsblindheit gelangt ist.

Wie könnte die Rechte, angesichts so vieler angesammelter Mißverständnisse ein Kunstwerk schaffen? Denn es entsteht, selbst wenn es unpolitisch ist, aus einem Verständnis seiner Epoche und muß mit seiner Zeit im Einklang sein. Ein modernes Stück, das zugleich rechts und gut wäre, ist unvorstellbar.

Welche zeitgenössischen Dramatiker bewundern Sie am meisten?
Unbestreitbar Brecht, obwohl er tot ist und obwohl ich seine Techniken nicht benutze und seine künstlerischen Prinzipien nicht teile. Dann, auf einer ganz andren Ebene, bestimmte Stücke von Genet. Sein Werk ist ein sehr schönes Spiel von Spiegeln, und es drückt sehr gut seine Epoche aus.

Sie haben einmal gesagt, daß Sie Warten auf Godot *mehr als jedes andre Stück seit 1945 bewunderten.*
Das stimmt. Ich habe die andren Stücke von Beckett, besonders *Endspiel*, nicht gemocht, weil ich ihren Symbolismus viel zu bombastisch, viel zu deutlich fand. Und obwohl *Godot* gewiß kein Stück der Rechten ist, stellt es eine Art von allgemeinem Pessimismus dar, der die Rechten anzieht. Aus diesem Grunde habe ich, obwohl ich es bewundere, Vorbe-

halte. Doch gerade weil sein Inhalt mich etwas befremdet, kann ich nicht umhin, es zu bewundern.

Gibt es englische oder amerikanische Dramatiker, die Ihnen gefallen?

Arthur Miller. Und Tennessee Williams, obwohl sich seine Welt von meiner sehr unterscheidet und sein Werk von subjektiven Mythen durchtränkt ist. Einer der Nachteile des Theaters ist, daß ein Stück, wenn es von einem Land ins andre gelangt, oft einen völlig andren Sinn bekommt. Wenn sich das Publikum ändert, ändert sich das Stück.

Mich stört dieses Problem der Verpflanzung von Kunstwerken. Ich erinnere mich an einen ausgezeichneten mexikanischen Film, in dem ein einäugiges Kind von den andren Kindern verspottet wurde.[1] Nach diesem Film hält man in Mexiko Einäugige für komisch. Das Kind bittet den Himmel um ein Wunder; seine Mutter läßt es eine Wallfahrt machen, und sie beten zusammen. Inzwischen findet ein Feuerwerk zur Feier der Fiesta statt, und ein Funke springt in das gesunde Auge des Jungen, der erblindet. Selbst in Mexiko sind nach diesem Film Blinde nicht komisch.

Ist diese Geschichte ein grausamer Spaß auf Kosten der Religion? Oder will uns der Autor vielmehr weismachen, daß es trotz der Entsetzlichkeit des dargestellten Falles immer noch Wunder gibt? Die Antwort bleibt ein Geheimnis für die, die Mexiko nicht kennen.

Doch im allgemeinen sind Filme einfach genug, um frei umherreisen zu können. Besonders die amerikanischen Filme sind in Frankreich populärer als andre. Amerikanische Stücke dagegen können sich fast nie akklimatisieren und fallen immer durch.

Würden Sie gerne erneut Amerika besuchen?

Offen gestanden, nein. Ich hätte keine Lust, Leute in dem Geisteszustand zu sehen, der heute in Amerika herrscht. Es würde mich bedrükken, sie so beunruhigt, so unwohl in ihrer Haut zu sehen, und ich würde mich frustriert fühlen durch ihre Gewalt, ihre zu großen Vereinfachungen. Doch ich habe Amerika sehr geliebt. Wirklich sehr.[2]

Sie haben kürzlich für John Huston ein Drehbuch über das Leben Freuds geschrieben.[3] *Können Sie mir darüber etwas sagen?*

---

1 Sartre bezieht sich auf eine Episode des mexikanischen Sketch-Films *Raices* von Benito Alazraki, der 1955 herauskam.

2 Sartre war zweimal längere Zeit in den USA, 1945 und 1946. 1965 lehnte er es ab, wieder dorthin zu fahren.

3 Das 1959 für Huston verfaßte Drehbuch von Sartre umfaßt gute achthundert Seiten. Es wurde von Charles Kaufmann und Wolfgang Reinhardt, dem Autor einer Freud-Monographie, gekürzt und überarbeitet. Der Film mit dem Titel *Freud, the Secret Passion* kam 1962 heraus. Daß sein Drehbuch gekürzt werden mußte, war Sartre klar, über die Art der Kürzungen war er dann doch eher entsetzt, so daß er seinen Namen zurückzog.

Mit Ausnahme der Konstruktion hat der endgültige Text wenig mit dem zu tun, was ich geschrieben habe. Schuld daran haben Freud und ich. Mein Drehbuch hätte unmöglich verfilmt werden können, denn es hätte sieben oder acht Stunden gedauert. Wie Sie wissen, kann man zwar einen vierstündigen Film über Ben Hur drehen, aber das Publikum von Texas würde keine vier Stunden über Komplexe aushalten. Das Script mußte also auf annähernd neunzig Minuten gekürzt werden. Ich habe die definitive Fassung nicht gesehen, und ich weiß nicht, ob ich meinen Namen zurückziehen werde; das hängt vom Vertrag ab.

Wir hatten jedoch versucht – und das vor allem hat Huston interessiert –, nicht Freud zu zeigen, als ihn seine Theorien berühmt gemacht hatten, sondern mit dreißig Jahren, als er sich vollkommen irrte und seine Ideen ihn in eine ausweglose Sackgasse geführt hatten. Sie wissen, daß er eine Zeitlang ernsthaft glaubte, die Ursache der Hysterie sei die Vergewaltigung der Töchter durch die Väter. Von dieser Periode an verfolgten wir den Weg von Freud bis zur Entdeckung des Ödipuskomplexes.

Für mich ist der spannendste Moment im Leben eines großen Entdeckers, wenn er verwirrt und verloren scheint, aber das Genie hat sich wieder zu fangen und alles ins Lot zu bringen. Natürlich ist es schwierig, diese Entwicklung einem Publikum zu erklären, das Freud nicht kennt; um zu den richtigen Ideen zu gelangen, muß man mit der Erklärung der falschen Ideen anfangen, und das ist ein langer Prozeß: so kam es zum Drehbuch von sieben Stunden.

Das andre Problem war, daß Freud wie die meisten Wissenschaftler ein guter Gatte und Vater war, der seine Frau nie betrogen zu haben scheint und sogar bis zu seiner Hochzeit unschuldig geblieben ist. Es wird zwar gemunkelt, daß er vorher Abenteuer gehabt hat, aber ich führe diese Gerüchte auf die Ehrfurcht seiner Bewunderer zurück; die Psychoanalytiker wollen nicht, daß wir denken, dieser Mann, der so viel über Sexualität wußte, wäre ohne jede Erfahrung in die Ehe gekommen. Kurz, sein Privatleben gab fürs Kino nicht viel her.

Wir haben also versucht, die inneren und äußeren Elemente des Dramas von Freud zu verschmelzen und zu zeigen, wie er von seinen Patienten die Wahrheit über sich selbst erfahren hat. Zum Beispiel zeigten wir, wie die Erinnerung der hysterischen Töchter, die ihm gesagt hatten, ihre Väter hätten sie vergewaltigt, in ihm heftige Aggressionsgefühle gegen seinen eigenen Vater hervorgerufen hat. Und schließlich treffen diese beiden Annäherungen – von innen und von außen her – in der Entdeckung des Ödipuskomplexes zusammen.

Kann man das Leben Freuds von einem sozialen Gesichtspunkt aus behandeln?

Wir haben es versucht. Es gibt ein großes Problem, das die Analytiker gerne vernachlässigen: der Wiener Antisemitismus. Mir scheint, daß Freud zutiefst aggressiv war und daß seine Aggressionen vom Antisemitismus bestimmt waren, unter dem seine Familie zu leiden hatte. Als Kind empfand er diese Dinge sehr intensiv und zweifellos unmittelbar.

Denken Sie, daß die Entdeckungen Freuds von bleibender Wichtigkeit sein werden?

Unbestreitbar. Allerdings bin ich im Gegensatz zu einigen meiner Freunde nicht davon überzeugt, daß die Grundlage menschlicher Aktivität sexuell sei. Ob ja oder nein, ich glaube nicht, daß die Basis der sexuellen Bedürfnisse im Überbau der Persönlichkeit unversehrt wieder auftritt. Sie kann wieder auftreten, aber auf einer völlig neuen Ebene und in vollkommen veränderter Form, entsprechend dem dialektischen Prozeß. Sie kann sich nicht mehr auf sich selbst zurückführen lassen.

Man kann sagen, daß die Politik eines Menschen seine sexuellen Triebe wiedergibt, aber man kann ebenso behaupten, daß seine sexuellen Triebe eine unterschwellige Sympathie für die Menschheit wiedergeben, die sich später in politische Begriffe übertragen läßt. In jedem Fall ist Freud der erste gewesen, der etwas gesagt hat, das mir von entscheidender Wichtigkeit zu sein scheint: alles, was der Mensch tut, ist signifikant.

Es gibt keine Zufälle?

Es gibt keine Zufälle! Und Freuds zweite große Entdeckung ist gewesen, daß selbst in Sachen der Selbsterkenntnis der menschliche Fortschritt vom Bedürfnis herkommt. Ich halte Freud für einen hervorragenden Materialisten. Er hat das Schwergewicht nicht auf den Hunger gelegt, denn er kam aus einem Milieu, wo diese Art von Bedürfnis keine Rolle spielte; statt dessen hat er die Sexualität gewählt, die ganz genauso notwendig ist – nicht daß ein Mensch ohne sie zugrunde ginge, aber ihr Fehlen kann ihn irre werden lassen.

So glauben Sie, daß man zwischen Freud und Marx eine Brücke schlagen kann?

Gewiß. Ich denke, daß die Marxisten viel verloren haben, als sie sich so vollständig von der Psychoanalyse abschnitten, die zu akzeptieren sie sich weigern. Ganz sicher hat Freud seine analytischen Entdeckungen dazu benutzt, um eine große Zahl historischer Theorien zu stützen, die für einen Soziologen kaum und für einen Marxisten noch weniger interessant sind. Was zählt ist sein Beweis, daß das sexuelle Verlangen nicht bloß auf sich selbst begrenzt ist, sondern die ganze Persönlichkeit eines Menschen beeinflußt und selbst die Art bestimmt, wie er Klavier oder Geige spielt. Das, glaube ich, ist ein bleibender Beitrag.

Unter denen, die Ihr Werk in seiner Gesamtheit untersucht haben, gibt es viele, die gemerkt haben, daß Sie in einem Zeitalter der Gleichheit der einzige Dramatiker sind, der Helden außer der Reihe, riesenhafte Protagonisten erfindet wie Goetz in Der Teufel und der liebe Gott, *Edmund Kean in Ihrer Dumas-Bearbeitung und Franz in* Die Eingeschlossenen. *Ist das nicht ein Paradox?*

Es muß dafür irgendeinen persönlichen Grund geben, es gibt immer einen, wie für die Krabben in *Die Eingeschlossenen*. Im Grunde bin ich immer auf der Suche nach Mythen, das heißt, nach Stoffen, die sublimiert genug sind, damit sie für jeden kenntlich sind, ohne Rückgriff auf minuziöse psychologische Details.

Lassen Sie mich Ihnen ein Beispiel geben. Wenn ich ein weiteres Stück schreibe, wird es von den Beziehungen zwischen Mann und Frau handeln. An sich wäre das langweilig, deshalb werde ich den griechischen Mythos von Alkestis nehmen. Wenn Sie sich daran erinnern, kommt da der Tod zu König Admetos. Das gefällt diesem überhaupt nicht: «Ich habe zu tun», sagt er, «ich muß mein Königreich regieren, ich muß einen Krieg gewinnen.» Und seine Frau Alkestis, die sich für vollkommen überflüssig hält, bietet an, an seiner Stelle zu sterben. Der Tod akzeptiert den Handel; aber aus Mitleid mit ihr, gibt er sie dem Leben zurück. Das ist die Handlung. Doch meine Version würde die ganze Geschichte der Frauenemanzipation einschließen: die Frau wählt die Tragödie in einem Moment, wo ihr Gatte sich weigert, dem Tod ins Gesicht zu sehen. Und wenn sie zurückkommt, hat *sie* die Macht, denn der arme Admetos wird immer der Mann sein, von dem man sagen wird: «Er hat seine Frau für sich sterben lassen.»

Aber werden sich einfache Menschen in solchen Figuren wiedererkennen?

Ich glaube, ja. Ich erinnere mich nicht, jemals Schwierigkeiten dieser Art gehabt zu haben. *Die Eingeschlossenen* zum Beispiel wurden von den Kleinbürgern aufgenommen und nicht vom reichen Bürgertum, das gewöhnlich das Theater am Leben hält.

Und das Proletariat?

Das ist etwas andres. In Paris gehen die Arbeiter nie ins Theater, außer in eine komische Oper oder eine Operette. Nach und nach, im Laufe des 19. Jahrhunderts, wurden sie aus der Stadt verdrängt, und sie haben sich in den Vororten angesiedelt. Von dort kommen sie selten zurück; als Theaterpublikum existieren sie kaum.

Wenn Die Eingeschlossenen *in Moskau gespielt würden, glauben Sie, daß dort das Publikum das Stück aufnehmen würde?*

Ja. Weil in der Sowjetunion die Arbeiterklasse – und vielleicht sogar die Bauernklasse – viel weiter entwickelt ist als bei uns. Nicht dank der modernen sowjetischen Literatur, sondern dank der enormen Verbreitung der Literatur des 19. Jahrhunderts in Rußland. Die Leute diskutieren wirklich in ihren Fabriken; sie treffen ihre eigene Wahl, und sie haben ein Urteilsvermögen. Sie legen großen Wert auf Fortbildung. Ilja Ehrenburg sagte mir, daß er die gescheitesten Kritiken nicht von Berufskritikern, sondern von seinen Lesern erhielte. Das ist in Frankreich nicht der Fall.

Vor einigen Jahren habe ich in Moskau Die ehrbare Dirne *in einer viel längeren und vereinfachten Fassung gesehen. Wurden diese Änderungen mit Ihrer Zustimmung gemacht?*

Ich habe diese Aufführung nicht gesehen, aber ich habe zugestimmt, daß das Stück einen optimistischen Schluß erhält, wie in der Filmfassung, die in Frankreich gedreht wurde.[1] Ich kenne viele Jugendliche aus der Arbeiterklasse, die über das traurige Ende völlig deprimiert waren. Und ich habe mir gesagt, daß die, die bis zum Äußersten getrieben sind, die sich ans Leben klammern, so gut sie können, daß sie Hoffnung brauchen.

Stimmt es, daß Sie Ihren Roman über die Résistance[2] aufgegeben haben?

Ja. Die Situation war zu einfach. Damit will ich nicht sagen, daß es einfach ist, mutig zu sein und sein Leben zu riskieren, ich will sagen, daß die Wahl zu einfach war. Die Positionen von jedem waren evident. Seitdem sind die Dinge viel komplexer geworden, viel romantischer im literarischen Sinn des Wortes. Es gibt viel mehr Handlungen und Strömungen. Einen Roman schreiben, dessen Held in der Résistance stirbt, der Idee der Freiheit verpflichtet, wäre zu leicht. Heute ist das Engagement viel schwerer zu definieren.

Die Zeit der Einfachheit ist vorbei: glauben Sie, daß wir je zu einer neuen Einfachheit kommen werden?

1 Während seiner Reise in die Sowjetunion im Juni 1962 sah Sartre dagegen die 400. Vorstellung von *Lizzie McKay*, wie die russische Fassung seiner *Ehrbaren Dirne* heißt. Sartre erklärte sich mit der Bearbeitung einverstanden. *Nekrassow* und *Die ehrbare Dirne* sind die einzigen Stücke Sartres, die in der Sowjetunion gespielt worden sind, allerdings mit enormem Erfolg. 1967 erschien in Moskau eine Buchausgabe mit sechs seiner Dramen, in der *Bei geschlossenen Türen* und *Die schmutzigen Hände* fehlten. – Der Film *Die ehrbare Dirne* aus dem Jahre 1952 stammt von Marcel Pagliero und Charles Brabant. Drehbuch: Jacques-Laurent Bost und Alexandre Astruc. Dialoge: J.-P. Sartre und Jacques-Laurent Bost.

2 Den vierten Teil seines Romanwerks *Die Wege der Freiheit*, der «Die letzte Chance» heißen sollte, schrieb Sartre nicht mehr zu Ende. Zwei Kapitel des Fragments publizierte er 1949 in der Zeitschrift *Les Temps modernes* unter dem Titel *Seltsame Freundschaft*. Mathieu, der Held des Romans, sollte nach seiner geglückten Flucht aus einem Gefangenenlager sich der Résistance anschließen und unter der Folter sterben.

Wenn sich unsre Gesellschaft vom Kalten Krieg freimachen kann, wenn sie die Mittel finden kann, sich in Frieden von ihren Kolonien zu trennen, und wenn es eine Entwicklung des Westens unter dem Einfluß des Ostens gibt, sehe ich nicht ein, warum der sowjetische Kommunismus in den Westen exportiert werden müßte. Ich hoffe, daß so etwas Ähnliches wie die Gegenreformation kommt, die auf den Protestantismus gefolgt ist, eine Bewegung in die andre Richtung. Ebenso wie der Katholizismus seine eigene Art von Protestantismus hervorgebracht hat, warte ich auf den Tag, wo der Westen sozialistisch wird, ohne jemals durch den Kommunismus hindurch zu müssen. Dann, das glaube ich ernsthaft, wird die Einfachheit neu entstehen.

Juni 1961

Georges Michel, *La promenade du dimanche*[1]

Die Stücke von Georges Michel sind provozierend.

Sie entlarven unsre Widersprüche, ohne sie zu lösen, weil wir sie ja eh nicht lösen. Wenn wir mit Unbehagen aus dem Theater kommen, hat der Autor sein Ziel erreicht.

La promenade du dimanche, «Der Sonntagsspaziergang», wurde in den letzten Phasen des Algerien-Kriegs geschrieben, als gewaltige Sprengkörper die Pariser Häuser erzittern ließen. Michel wollte uns so vorführen, wie wir damals waren, mit unsrer vorgetäuschten Unwissenheit, unsrer halb erlittenen, halb komplicenhaften Gleichgültigkeit, in unser Verderben rennend, mit verstopften Ohren, verbundenen Augen. Der Algerien-Krieg ist vorbei, es wird nicht mehr gefoltert, die Pariser Häuser gehen nur noch selten in die Luft: das Stück hat seine Aktualität verloren, um so besser, die Umstände verdecken nicht mehr das Wesentliche; die Entlarvung bleibt: sie stellt unsre Gesellschaft in Frage. Das Theater von Georges Michel hat den Kampf der Wiederholung gegen die Geschichte zum Hauptthema. Gegen diese wehren wir uns durch jene: das gilt es zu zeigen.

Die Wiederholung, das sind unsre kleinen, jämmerlichen Riten und jenes Geschwätz, das uns betäubt: die Gemeinplätze. Diese werden Sie in *La promenade du dimanche* von außen sehen, universal und uralt, wie sie sich den Figuren aufdrängen; aber obwohl sie erlernt sind und bedingten Reflexen nahe kommen, werden sie in uns auch mit unsrer Komplicenschaft aufrechterhalten. Als einziges Kommunikationsmittel zwischen den Menschen in der gegenwärtigen Welt sind sie auch ein Agens der absoluten Trennung: in Michels Dialogen sagen sich die Leute gegenseitig Brocken einer Lektion auf, die sie nicht immer können, aber diese Passepartout-Wörter sind Schweigen; dieses geräuschvolle Schweigen tauscht man wie Waren aus: sein Vorteil ist, daß es betäubt; die Aufsagenden hören nicht mehr das Geräusch ihres wahren Lebens, des sich nahenden Todes, sie üben nur darin Solidarität, daß sie sich gegenseitig helfen, die Wahrheit *mit Schweigen zu übergehen*, die Gewalt, das Unglück, unser elendes Dasein außerhalb unser und in uns zu verbergen.

---

[1] Das Theaterstück *La promenade du dimanche* von Georges Michel wurde am 26. Februar 1966 im Studio des Champs-Élysées uraufgeführt. Der Text, den Sartre für das Programmheft schrieb, wurde ein Jahr später als Vorwort in die Buchausgabe übernommen.

Die einzige Figur, die noch die Beklommenheit kennt, geboren zu sein, die sich manchmal über die Bedeutung ihrer Existenz Fragen stellt, ist ein Kind: es hat keine Zeit gehabt, seine Lektion zu lernen; seine Eltern, völlig dressierte Tiere, tun, was sie können, um ihm zu helfen, daß es sich vergißt. Sie gewinnen an Boden: das ist nicht unser geringstes Unbehagen, zu sehen, wie dieser Knirps, der sich noch wehrt, Opfer der Gemeinplätze wird; wenn Gott ihn am Leben läßt, wird er wie die Erwachsenen der passive Träger jener unpersönlichen und negativen Beziehungen von jedermann zu jedermann. In jedem Augenblick wird er von dem Ereignis ergriffen und beunruhigt; in jedem Augenblick bringen ihm Vater oder Mutter bei, wie man es pariert: ein Sprichwort, eine gute Alltagsbanalität. Dieser Austausch geschieht auf verschiedenen Ebenen: Michel läßt uns ohne Übergang von den leicht über die Lippen kommenden Trivialitäten zu dem erhabenen Gerede springen, das man aus den Zeitungen oder aus dem Radio lernt. Denn dieser aufgeblasene Schwachsinn ist ja in uns eingesickert: es ist selten, daß wir uns wie ein Radiosprecher ausdrücken, aber der Radiosprecher ist tief in unser Gemüt eingedrungen, er spricht, und seine Worte dienen dem, was wir unsre Gedanken nennen, als geheimes Modell.

Michel sagt absichtlich alles, plaudert absichtlich jene geheimen Gefälligkeiten aus, da sie ja in Wahrheit ebenso öffentlich sind wie die andern, und – das ist der düstere Reiz seines Dialogs – versetzt absichtlich alles auf dieselbe Ebene.

Wir sind in der Falle: wenn wir den Gemeinplätzen der Alltagsbanalität entgehen wollen, stoßen wir nur auf andre, prätentiösere Gemeinplätze, die ebenfalls durch das Ohr in uns eingedrungen sind.

Das Theater stellt Mythen dar. Es galt, eine mythische Form zu finden, um uns jenes tägliche Drama zu zeigen: eine Kleinbürgerfamilie, die die Welt verbissen leugnet, während die Welt sie unerbittlich vernichtet, und deren Mitglieder, eines nach dem andern durch die Geschichte getötet, sich ihren eigenen Tod stehlen, indem sie ihn durch Gemeinplätze verdecken, und zerstreut in der allgemeinen Gleichgültigkeit sterben.

Michel hat das große Glück gehabt, diesen Mythos schon mehr als halb fertig auf seinem Wege anzutreffen. Denn das ist bereits ein Mythos, der Sonntagsspaziergang: er findet jede Woche in allen Städten der Erde statt: wir sind alle dieser auf einem Bein hüpfende Knirps gewesen – «die Kinder langweilen sich am Sonntag, am Sonntag langweilen sich die Kinder» –, der nicht weiß, was er mit seinem Körper anfangen soll, und der an diesem Tag bitterer als an allen andern Tagen seine völlige Nutzlosigkeit empfindet. Und wir haben seitdem fünfhundert- oder tausendmal jene grauen Sonntagsfamilien gesehen, der Vater brutal und verängstigt, aufgeblasen und grob, selbstzufrieden und sich schämend;

die Mutter zänkisch nörgelnd, streitsüchtig und immer nachgebend, wie sie unter einem Regenhimmel durch die Straßen schlichen.

Geliebt, verhaßt, erwartet, immer enttäuschend, ist der Sonntag eine kollektive Zeremonie. Michel macht einen Mythos daraus: das ist das Menschenleben. Nicht das *Symbol* des Lebens. Sondern dieses Leben selbst, zusammengeballt in einem seiner einzelnen Momente, so wie das Ganze in jedem seiner Teile vollständig anwesend ist.

Was muß man tun, um unser Leben an einer seiner Äußerungen erkennen zu können? Nichts andres als eine kleine Reinigung: Beschleunigungen und Abkürzungen.

Diese trübselige Familie, die «ihre» Straße bis zum nächsten Kino hinaufgeht und sie nach der Vorstellung wieder hinuntergehen wird, die ganze Welt – unsre Welt – wird sich in ihren kleinsten Gesten spiegeln, es sei denn, daß sie mit Höchstgeschwindigkeit, ein namenloses Aufblitzen, zwischen zwei Wiederholungen vorbeisaust.

Dieses Stück ist skandalös und stark, weil, da das Leben hier in einem Spaziergang zusammengefaßt ist, das Unwahrscheinliche zur Wahrheit wird. Der Großvater stirbt, getötet von einer verirrten Kugel, ein Sonderdienst der Müllabfuhr läßt den Körper eiligst verschwinden, und die Überlebenden setzen den Sonntagsspaziergang fort, als wenn nichts gewesen wäre.

Und wenn das Unwahrscheinliche zur Wahrheit wird, dann ist es plötzlich die Wahrheit, die uns unwahrscheinlich vorkommt: das ist unwahrscheinlich und wahr, diese Gleichgültigkeit gegenüber dem Tod der Alten, dieser Egoismus, diese schlaffen und tausendfach wiederholten Worte, die wie eine Schaufelvoll Erde auf die Leiche fallen: genauso gehen wir *im Leben* mit unsren Toten um. Wir wußten es natürlich; aber diese geschickte Vergrößerung läßt uns jenen unannehmbaren und skandalösen merkwürdigen Anderen mit schwarzem Humor sehen: uns selbst.

Februar 1966

Mythos und Realität des Theaters
Vortrag vom 4. Dezember 1966 in Bonn

Nach Ionesco, Beckett, Adamov, Jean Genet, Peter Weiss, nach dem Erfolg von Brecht – der weit über Deutschland hinausgedrungen ist –, kann man heute über das Theater nicht mehr so sprechen wie früher. Das eigentliche Problem ist im Grunde: «Hat seit dem Auftauchen dessen, was man *neues Theater* nennt, eine Revolution des Theaters stattgefunden?»[1] Genaugenommen, nein, es hat keine Revolution stattgefunden, weil diese Autoren, die von verschiedenen Horizonten kamen und unterschiedliche Anliegen haben, sich nicht in ein und dieselbe Rubrik einordnen lassen. Vor allem hat man sie Autoren des *absurden Theaters* genannt. Diese Bezeichnung ist selbst absurd, weil keiner von ihnen das menschliche Leben und die Welt als eine Absurdität betrachtet. Sicher nicht Genet, der das *Verhältnis* zwischen Bildern und Trugbildern untersucht; noch Adamov, der Marxist ist und geschrieben hat: «Kein Theater ohne Ideologie»; ja nicht einmal Beckett, von dem wir später noch sprechen werden. Was sie in Wahrheit darstellen, sei es durch innere Konflikte, sei es durch ihre wechselseitigen Gegensätze, ist die Erhitzung der Widersprüche, die in der Theaterkunst selbst stecken. Denn es gibt keine Kunst, die nicht eine «Qualitätseinheit» von Widersprüchen wäre. Selbst der Roman ist voll von Widersprüchen, voll von Voraussetzungen, die sich selbst zerstören. Und das Theater hat seine eigenen, die es bisher verschwiegen hat.

Jahrelang, jahrhundertelang hat es zugleich die Rolle des Theaters und des Kinos gespielt für Leute, die Kino brauchten, aber nicht einmal wußten, was das sein konnte, weil es noch nicht erfunden war. Das Kino hat das Theater nicht, wie gerne behauptet wird, in eine Krise gestürzt, hat der Theaterkunst nicht geschadet. Es hat bestimmten Theaterdirektoren geschadet, indem es ihnen Zuschauer nahm; es hat einem bestimmten Theater geschadet, eben jenem, das die Funktion des Kinos hatte, das heißt dem bürgerlich-realistischen Theater, dessen Ziel die genaue Darstellung der Realität war; und es hat ihm geschadet, weil von einem bestimmten Zeitpunkt an der Kinorealismus den Theaterrealismus für immer disqualifiziert zu haben schien: ein Baum ist für den Kinozuschauer ein echter Baum, und ein Theaterbaum wirkt immer falsch.

---

1 Sartre bezieht sich auf das 1966 bei Gallimard in Paris erschienene Buch *Histoire du «nouveau théâtre»* von Geneviève Serreau.

Kurz, das Kino hat den falschen Baum des Theaters als simple Dekoration entlarvt und die falsche Handlung als bloße Geste. Aber es hat dem eigentlichen Theater nicht geschadet, im Gegenteil. Denn von diesem Moment an hat das Theater über seine eigenen Grenzen nachgedacht, und wie jede Kunst hat es gerade aus den Grenzen die Bedingungen seiner Möglichkeit gemacht.

Bei uns hat es nach Nietzsches Gott-ist-tot und dem Tod der Inspiration, die ein Ins-Ohr-flüsternder-Gott war, den kritischen Roman eines Flaubert, die kritische Lyrik eines Mallarmé gegeben, das heißt eine Kunst, die die reflexive Haltung des Künstlers gegenüber sich selbst einschließt. Das Auftauchen des Kinos und verschiedener gesellschaftlicher Faktoren hat von 1950 an hervorgebracht, was man *kritisches Theater* nennen könnte.

Alle Autoren, die wir in ihren Unterschieden und ihren Gemeinsamkeiten untersuchen wollen, betrachte ich als Vertreter des *kritischen Theaters*: alle wollen gerade aus den Unzulänglichkeiten des Theaters die Werkzeuge einer Kommunikation machen. Zum Beispiel die Irrealität: die Geste als solche kann für manche als ein spezifisches Theatermittel erscheinen, es ist gut, daß im Theater die Geste und nicht die Handlung erscheint. Genau deshalb schlägt sich ihre Arbeit, die eine Reflexion über das Theater ist, im Werk nieder, bringt jeden mit jedem und mit sich selbst in Widerspruch, weil eben jeder einen Aspekt der Widersprüche des Theaters wählt. Auf diese Weise werden wir bei der Untersuchung dieser Autoren sehen, welche Widersprüche in der Dramenkunst selbst stecken und wie jeder sich ihnen gegenüber definiert. Wir werden deshalb von den inneren Gegensätzen sprechen, die in der Dramendarstellung existieren.

Der erste Gegensatz, der uns auffällt, ist der zwischen der Zeremonie und der einmaligen Unumkehrbarkeit der Aufführung. Soll das Theater, das in Europa aus der Masse, im Orient aus Gesängen und rituellen Tänzen hervorgegangen ist, nach seiner Verweltlichung seinen zeremoniellen Charakter behalten, wie Jean Genet will und wie die französischen Klassiker wollten, die in Versen schrieben? Von diesem Standpunkt aus muß man mit dem Publikum durch die Behexung kommunizieren, die gewisse Riten hervorrufen. Das Stück *Die Neger* von Jean Genet ist ganz einfach eine Schwarze Messe.[1] Die Wirkung auf den weißen Zuschauer ist sicherlich Unbehagen – das ist das erklärte Ziel Genets. Langsame Beschwörungen bereiten uns auf eine Opferhandlung vor, die aber nicht wirklich vollzogen wird, weil es der imaginäre Mord an einer jungen

---

1 *Die Neger* von Jean Genet wurden erstmals 1959 in Paris von der afrikanischen Truppe «Les Griots» gespielt. Regie führte Roger Blin.

Weißen ist. Das heißt, es passiert gar nichts. Eine der Figuren erklärt: «Wir werden die von Ihnen gelernte Höflichkeit haben, Kommunikation unmöglich zu machen. Die Entfernung, die uns von jeher trennt, werden wir durch unser Gepränge, unser Benehmen, unsre Frechheit vergrößern, denn wir sind auch Schauspieler.» Kurz, der Schwarze, von den Weißen ausgestoßen, durch die Kommunikationsverweigerung der Weißen unkommunizierbar, will die Komödie, die man ihm aufzwingt, bis zum Ende spielen. Er ist also durch sich selbst, im Leben, ein Theatersujet: er spielt die Komödie, und er spielt sie, weil die ihm laut Genet von den Weißen aufgezwungene Komödie zu seiner zweiten Natur geworden ist. So ist die Wahl des Themas reflexiv und kritisch: Genet hat nicht nach einem guten Sujet, nach einer guten Handlung gesucht, sondern das Theater in seiner Macht und in seinen Grenzen behaupten wollen durch die Wahl der Figur, die sich seiner Meinung nach selbst im Leben nur durch das Theater behaupten kann. Und da ihr Dramenspiel – das Spiel der Schwarzen – Wiederholung und Übertreibung von Rollen ist, die ihnen von andren, den Weißen, vorgeschrieben sind und die sich nicht ändern, sind Dramaturgie und Zeremonie eins. Eine Zeremonie ist ja durch Wiederholung gekennzeichnet. Was man also dem Zuschauer durch dieses starre Ritual suggerieren will, diese Komödie einer Opferung, die keine ist, das ist die schwindende Gegenwart des Schwarzen, die die schwarze Wahrheit ebenso verhüllt wie offenbart. Denn diese Figur, die auf der Bühne Komödie spielt, weil sie gezwungen ist, auch im Leben zu spielen, zeigt dadurch einerseits ihre Wahrheit, verhüllt sie aber andrerseits auch.

Wir wissen nicht, was dieser Schauspieler eigentlich ist, und gerade diese Verunsicherung, der Gedanke, daß dieser Darsteller etwas andres ist als ein Darsteller, schafft Unruhe und Unbehagen. Je mehr der Schwarze spielt, was er spielen soll, desto mehr denken wir eigentlich: dort rumoren die Revolte, der bewaffnete Aufstand, die Selbstbehauptung des Menschen durch die Beseitigung der Kolonialherren.

Es bleibt bestehen, daß durch die Gleichsetzung von Theater und Zeremonie in der Person schwarzer Schauspieler (richtiger Schauspieler – denn das ist ihr Beruf: es handelt sich um die schwarze Truppe «Les Griots» –, falscher Schauspieler – denn den Figuren, die sie darstellen, ist ein Rhythmus aufgezwungen –, fiktiver Aufständischer –, denn die Schwarzen stellen eine verborgene Revolte dar –, und wirklicher Aufständischer – denn diese Schwarzen bestanden gegenüber den Kolonisatoren auf der afrikanischen Persönlichkeit) Jean Genet ein Werk darbietet, dessen tiefer Sinn es ist, wie Georges Bataille gesagt hat, jene zu verneinen, die ihm Gehör schenken. Die Zeremonie behext die Zuhörer, die Zuschauer und lehrt sie Schritt für Schritt, sich zu verneinen.

Das war eines der Glieder des Widerspruchs, so wie ich ihn gegenwärtig zentriere, aber auf der andern Seite hat Antonin Artaud – der *Das Theater und sein Double* geschrieben und lange das Théâtre Alfred Jarry geleitet hat – noch nie so viele Schüler gehabt: Viele junge Autoren in Frankreich und anderswo berufen sich auf ihn und betrachten ihn als den Propheten des modernen Theaters.[1] Er jedoch legt gerade nicht das Schwergewicht auf die Zeremonie, insofern sie Wiederholung ist, sondern er sieht umgekehrt in der Theateraufführung sofort ihre Vergänglichkeit – eine Aufführung ist ein Ereignis: die Gedächtnislücke eines Schauspielers kann ganz unerwartet alles zum Stillstand bringen –, und ihre Einmaligkeit: jeden Abend ist sie unvorhersehbar, die Schauspieler werden gut oder schlecht spielen je nach ihrem Befinden sowie nach dem des Publikums, denn es gibt Tage, wo, wie Jean Cocteau sagt, das Publikum «genial» und andre, wo es schlecht ist. Je nachdem also, ob ein Schauspieler gut oder schlecht spielt oder eben einen Tag gut, einen Tag schlecht, und je nachdem, ob das Publikum sich mehr für eine bestimmte Handlung, eine bestimmte Figur, einen bestimmten Aspekt des Stücks oder einen andren interessiert, wechselt von Tag zu Tag das Gleichgewicht der Theateraufführung und ihr Sinn. Von diesem Gesichtspunkt ist nach Artaud das Kino Wiederholung und nicht das Theater. Im Kino läßt der Vorführer jeden Abend dieselbe Spule abrollen, die Darsteller spielen mit demselben Talent oder ohne Talent, und die einzigen Pannen, die die Vorführung verhindern können, sind technischer Art: es bestehen keine menschlichen Beziehungen zwischen den Darstellern und den Zuschauern. Schon 1928 ließ diese Einzigartigkeit und diese Vergänglichkeit der Aufführung Artaud folgendes schreiben: «(Das Theater) wird danach trachten, wirklich *ein Akt* zu sein, der allen Anforderungen und allen Deformationen der Umstände unterliegt und wo der Zufall zu seinem Recht kommt. Eine Inszenierung, ein Stück werden ständig der Bestätigung und der Korrektur unterworfen sein, so daß die Zuschauer, die an mehreren Abenden kommen, nie das gleiche Schauspiel vor Augen haben.»[2] Es geht also darum, die Theateraufführung als ein nicht wiederholbares Faktum zu betrachten. Die Zeremonie, die Wiederholung ist, macht dem tagtäglichen Abenteuer Platz. In der Musik entspräche das, wenn man so will, der Jam-Session im Gegensatz zur Jazzplattenaufnahme.

Der Hauptunterschied zwischen Genet und Artaud springt sofort in

---

1 Das Théâtre Alfred Jarry leitete Antonin Artaud zusammen mit Roger Vitrac von 1926 bis 1928.
2 Zitat aus *Théâtre Alfred Jarry (Saison 1928)*. In: Antonin Artaud, *Œuvres Complètes*, 2. Band, Gallimard, Paris 1973. S. 34.

die Augen, obwohl beide Brechtsche Gesichtspunkte übernehmen. Im selben Text schreibt Artaud nämlich: «Eine Inszenierung ... wird spannend sein ... wie ein Kartenspiel, an dem sich alle Zuschauer beteiligen.»[1] Genet dagegen wollte sie behexen und gleichzeitig auf Distanz halten. In diesem Sinn existiert bei Artaud die Distanz zwischen Zuschauer und Darsteller nicht mehr, die Brecht und Genet aus unterschiedlichen Gründen aufrechterhalten wollten. Der eigentliche Grund – die Wahl Artauds – ist, daß er dem Theater die Funktion verleiht, durch eine «magische Operation» – das sind seine eigenen Worte – die tiefen Kräfte zutage zu fördern, die in jedem Zuschauer schlummern: Libido, Sexbesessenheit, Todestrieb, Gewalt, all das soll unversehens aus uns hervorbrechen. Deshalb sollte Artaud später sein Theater – sein erträumtes, denn er hat es nie selbst verwirklichen können – «Theater der Grausamkeit» nennen.

Dieser Widerspruch zwischen Genet und Artaud entspricht genau jenen beiden widersprüchlichen Aspekten des Theaters, da es ja zugleich zeremonielle Wiederholung und das blitzartige, einmalige Drama jedes Abends ist: die Welt des Theaters hält uns auf Distanz, weit mehr als die des Kinos, und gleichzeitig nehmen wir an ihr teil, indem wir uns mit dieser oder jener Figur identifizieren. Doch der Gegensatz reicht viel weiter, und wir können, wenn wir weiter fragen, einen neuen Widerspruch auftauchen sehen.

Artaud sagt uns: «Ich betrachte das Theater als einen Akt.» Und tatsächlich ist ja vom Gesichtspunkt des Autors und des Regisseurs das Theater, die Theateraufführung ein Akt, ein realer Akt: ein Stück schreiben ist eine Arbeit, es aufführen ist eine Arbeit, und das Ziel dieser Arbeit ist, auf das Publikum eine reale Wirkung auszuüben. Wenn wir uns auf die niedrigste Ebene begeben und das kommerzielle Theater nehmen, besteht die Wirkung darin, möglichst viele Leute zu mobilisieren, also im realen ökonomischen Kreislauf eine Umverteilung von Geldsummen zugunsten des Theaters zu erreichen. Wenn wir uns auf die höchste Ebene begeben, trachtet man danach, beim Zuschauer, zumindest während der Dauer der Vorstellung, eine gewisse Bewußtseinsänderung zu bewirken, und sei es auch der Skandal. Aber es stimmt auch, daß das Stück vom Gesichtspunkt des Zuschauers etwas Imaginäres ist. Das heißt, selbst bei historischen Stücken verliert der Zuschauer niemals aus den Augen, daß das, was ihm dargeboten wird, etwas Nichtreales ist. Diese Frau existiert nicht, dieser Mann, ihr Gatte, ist nur scheinbar ihr Gatte, er tötet sie nicht wirklich. Das bedeutet, daß der Zuschauer nicht glaubt – im strengen Sinne des Wortes – nicht an die Er-

---

1 Ebd., S. 35.

mordung des Polonius glaubt. Sonst würde er fliehen oder auf die Bühne stürzen. Dennoch glaubt er trotzdem daran, da er sich erregt, weint und unruhig auf seinem Stuhl herumrutscht. Aber sein Glaube selbst ist imaginär. Das heißt, es ist keine tiefe und vitale Überzeugung, sondern eine Autosuggestion, die die unausgesprochene Gewißheit behält, Autosuggestion zu sein.

Daraus ergibt sich, daß die Gefühle, die aus der Beteiligung am Imaginären, an der Darstellung des Imaginären auf der Bühne herrühren, ihrerseits imaginäre Gefühle sind: sie werden zugleich als bestimmt, aber nicht-real empfunden – von daher rührt die Möglichkeit, sich an seiner Angst zu freuen, wenn man in ein sogenanntes Horrorstück geht –, und sie sind nicht notwendig repräsentativ für die reale Affektivität des Zuschauers. Es ist bekannt, daß die Bühnenaufführung von *Onkel Toms Hütte* in der Mitte des vorigen Jahrhunderts Sklavenhalter zum Weinen gebracht hat, die für die Dauer der Vorstellung gerührt waren und ihre Sitten und Gebräuche und ihre eigenen Ansichten über die Schwarzen nach der Aufführung behalten haben.

Dieser neue Widerspruch zwischen Handlung und Geste, zwischen realer Einwirkung und imaginärer Behexung bringt die modernen Autoren und die, die man unter dem Namen «Neues Theater» zusammenfaßt, zu unterschiedlichen Positionen. So betrachtet es Genet nicht als einen Mangel, sondern im Gegenteil als eine Qualität, daß sein Stück etwas Imaginäres ist. Was er über sein Stück *Der Balkon* schreibt, gilt für alle seine Stücke. Er schreibt: «Dieses Stück nicht so spielen, als ob es sich um eine Satire über dieses oder jenes handelt. Es ist die Verherrlichung des Bildes und der Spiegelung. Nur dann wird seine Bedeutung, ob satirisch oder nicht, zum Vorschein kommen.» Diese radikale Position entspricht dem Grundentwurf Genets – des Menschen. Für ihn, den verfemten Schriftsteller und Dieb, der von Anfang an von der Gesellschaft verurteilt war, sind das Irreale und das Böse eins. Als Feind der Gebildeten, die ihn von seiner Kindheit an dazu verurteilt haben, nur imaginär zu sein, rächt er sich in seinen Stücken, indem er ihnen Trugbilder vorsetzt, die sie kopfüber in die Hölle der Spiegelungen des Imaginären stürzen, die er für sie bereit hält. Kurz, seine eigentliche Absicht als Autor besteht darin, den Gerechten zu zwingen, für einige Stunden ein imaginärer Bösewicht zu werden, was ihn doppelt beglückt. Erstens, weil er den praktischen Menschen im Zuschauerraum zwingt, sich zu irrealisieren, ins Imaginäre zu sinken, so wie er selbst hineingefallen ist. Und zweitens zwingt er den Gerechten, sich durch Identifikation mit seinen Figuren Leute vorzustellen und sich am Schluß des Stücks sein Gefallen am Bösen vorzuwerfen. Denn darum geht es: das Imaginäre bei Genet, das ist das beim Publikum realisierte Gefallen am Bösen: den Gerechten durch das Böse behexen, ihm immer sein gutes Gewissen lassen, aber mit einer tiefen Unruhe, auf die er keine Antwort weiß.

Brecht begnügt sich ebenfalls mit dem Imaginären. Aber aus ganz entgegengesetzten Gründen. Er nämlich will die innere Dialektik eines Prozesses zeigen, das heißt demonstrieren, begreifbar machen. Jedes echte Gefühl beim Zuschauer, Schrecken zum Beispiel, Angst, würde der Information schaden. Der Zuschauer soll durch die Handlung nur so weit ergriffen werden, daß er deren treibende Kräfte erkennt. *Der gute Mensch von Sezuan* zum Beispiel ist sicher keine Demonstration, sondern eine hinreißende Fabel, die weder angst macht noch irgendein heftiges Gefühl hervorruft, weder die Sexualität noch die Libido anstachelt, noch sonst etwas, und die folglich durch das fortwährende Vergnügen die Vernunft des Zuschauers – denn an diese wendet er sich – begreifen läßt, daß es unmöglich ist, in einer auf Ausbeutung fußenden Gesellschaft Gutes zu tun. So ist die Imagination für Brecht nur die Vermittlung zwischen der Vernunft und ihrem Gegenstand. Deshalb zögert er auch nicht, sie auf der Bühne ständig als reine Irrealität zu entlarven. Es gibt szenische Kunstgriffe, es gibt Leichen, die Puppen sind und die man als Puppen erkennt, damit wir eben nicht zum Entsetzen, nicht zur Verwechslung eines lebenden, aber auf dem Boden ausgestreckten Schauspielers mit einer Leiche gebracht werden; es gibt Masken für bestimmte Figuren und für andre nicht, es gibt Lieder auf dem Proszenium, die die Subjektivität der Figur bezeichnen; es gibt die ständige Verweigerung von Emotion, einen Riß, einen Bruch eben in ihrer Unordnung. Der Unterschied zwischen Genet und Brecht ist, daß Genet das Imaginäre zum Selbstzweck macht.

Der Sinn des Theaters liegt in seinem Wesen, etwas darzustellen, was nicht existiert. Brecht macht daraus ein Mittel. Aber auf jeden Fall will man das irreale Gefühl auf beiden Seiten. Im einen Fall will man das irreale Gefühl, weil es einem allein darauf ankommt, das ist Genets Fall; im andren Fall, das gilt für Brecht, irrealisiert man die Gefühle, damit die Leidenschaft nicht über eine rationale Überzeugung die Oberhand gewinnt. Dagegen, und das ist die andre Seite des Widerspruchs, gibt sich Artaud (der ein Weggefährte der Surrealisten war), wie wir gesehen haben, mit diesen Resultaten nicht zufrieden: er betrachtet sie als dürftig. Er fordert, daß die Aufführung ein Akt sei. Und er meint Akt im vollen Sinn des Wortes: es handelt sich dabei nicht um die Arbeit, die darin besteht, einen irrealen Gegenstand herzustellen. Das Ziel des Theaters ist direkt, die Seele jedes Zuschauers aufzuwühlen. Von daher löst sich das Stück in allem auf, was es an Konventionellem und, wenn man so will, an Klassischem hat: keine Handlung im strengen Sinn mehr, keine Dekoration, und das Surreale, das man erzeugt, stützt sich auf das Prinzip, daß es keinen Unterschied zwischen dem Realen und dem Imaginären gibt. Ein anfechtbares Prinzip, das aber im Grunde dazu führt, das fiktive Element aufs Minimum zu beschränken und nach allen realen Mitteln zu suchen, um real auf den Zuschauer einzuwirken. Er schreibt beispielsweise in *Das Theater und sein Double*: «Die Musikinstrumente: Sie werden als Objekte verwendet und als ob sie zur Dekoration gehörten. Außerdem veranlaßt die Notwendigkeit, durch die Organe direkt und nachdrücklich auf die Sensibilität einzuwirken, vom klanglichen Gesichtspunkt aus nach völlig ungewohnten Tonqualitäten und -schwingungen zu suchen ... Das Licht – die Beleuchtung: Da die besondere Wirkung des Lichts auf den Geist mitspielt, müssen Lichtschwingungseffekte gesucht werden.»[1] Ich könnte zwanzig weitere Zitate anführen, sie unterstreichen alle, daß man hier nach Elementen einer direkten Konditionierung des Zuschauers durch Reizmittel oder reale Induktoren sucht. Unter diesen Umständen kann man sich fragen, warum noch, zumindest in der Generallinie, ein Anschein von Fiktion beibehalten wird. Artaud wollte die Eroberung Mexikos zum Thema eines seiner Schauspiele nehmen: warum sollte dieses vorgesehene Generalthema bestehen bleiben, was auch immer die Variationen von Tag zu Tag in seiner irrealen Abstraktion sein mochten, wo doch reale Töne und reale Lampen uns ausgezeichnet konditionieren können? Wenn das Theater, wie Artaud sagt, keine Kunst ist, wenn es wie ein Akt die schrecklichen Kräfte freisetzt, die in uns schlummern, wenn der Zuschauer nur ein potentieller Schauspieler ist, der gleich in den Tanz eintreten wird mit der ganzen Gewalt, die man in ihm entfesselt, dann ist Artaud auf halbem Wege stehengeblieben. Und tatsächlich muß man den Zuschauer, wenn man der Logik Artauds folgen will, ganz einfach mit einem *wahren* Ereignis konfrontieren: das heißt, daß diesmal der Glaube total ist. Insofern ist die zeitgenössische Vollendung des Theaters der Grausamkeit das, was man *Happening* nennt.

Das *Happening* gibt es in Frankreich, in England, in Amerika, ja sogar in Japan – es ist ganz genau ein reales Ereignis, das hervorgebracht wird. Es gibt keine Bühne, das geschieht in einem Saal, mitten im Saal, oder auf der Straße, am Strand: Zwischen den Zuschauern und denen, die wir nicht mehr Schauspieler, sondern Handelnde nennen, gibt es nur noch einen provisorischen, das heißt einen zeitlichen Abstand. Die Handelnden machen real etwas, egal was, jedenfalls etwas Provozierendes, was bewirkt, daß sich ein reales Ereignis abspielt, egal was! Es gibt Veranstaltungen, die mit dem Warten, der Langeweile spekulieren, um Kräfte

---

[1] *Le Théâtre et son double*. In: Antonin Artaud, *Œuvres Complètes*, 4. Band. Gallimard, Paris 1974. S. 113.

freizusetzen; zum Beispiel eine der klassischsten: ein Mann kommt rein, er ist der Handelnde, man sieht ihn an, man weiß nicht, was er tun wird, er setzt sich auf einen Stuhl, und er bleibt da mit verschränkten Armen sitzen, zwei Stunden lang. Das Ergebnis ist, daß die Langeweile bei den Zuschauern in diesem Moment heftige Reaktionen provoziert, die sogar bis zum Schluchzen reichen. Man kann auch direkt den Geschlechtstrieb provozieren; zum Beispiel hat man in Paris ein *Happening* verboten, weil auf der Bühne eine völlig nackte, mit Schlagsahne beschmierte Frau war, von der man die Sahne ablecken konnte. In andren Fällen appelliert man an den Todestrieb und an die Gewalt: ich habe ein *Happening* gesehen, bei dem man Hähne köpfte und das Blut ins Publikum spritzte – das Interesse liegt übrigens dabei nie in der Tatsache selbst, die teilweise vorgeplant ist, denn um Hähne köpfen zu können, muß man sie vorher eingekauft haben, was sich aber tatsächlich ereignet, ist die Reaktion des Zuschauers. Anfangs kommt es fast immer zum Skandal, dann kommt es zur Spaltung, zum Für und Wider, begleitet von Gewalttätigkeiten; schließlich regen sich in manchen Fällen tiefere Gefühle: die Sexualität oder die sexuelle Enthemmung, der Todestrieb oder was auch immer; und am Ende entsteht eine reale Gruppenbildung des Ensembles von Zuschauern und Schauspielern. In Paris hat sich zum Beispiel ein *Happening*, niemand weiß warum, in eine Demonstration gegen den Vietnam-Krieg verwandelt, obwohl die Leute überhaupt nicht gekommen waren, um zu demonstrieren.

Insofern ist das *Happening* eine Realität, es existiert, es provoziert tatsächlich eine bestimmte Enthemmung: wir könnten es also als ein Faktum betrachten. Das Problem ist eher: was wird aus der Aufführung als Appell an die freie Imagination des Zuschauers? Ist diese Konditionierung durch etwas mehr oder weniger Grausames nicht das Gegenteil von Theater, oder ist es nicht eher der Augenblick, wo das Theater explodiert? Die meiste Zeit ist das *Happening* tatsächlich eine geschickte Ausbeutung der Grausamkeit, von der Artaud sprach. In Frankreich behandelt Lebel[1] das Publikum mit einem gewissen Sadismus: dieses wird mit Lichtzuckungen und unerträglichen Geräuschen betäubt, mit verschiedenen Dingen bespritzt, die meistens beschmutzen; man muß zu diesen *Happenings* alte Kleider anziehen. Im großen und ganzen hat das *Happening*-Publikum auf die Folter reagiert. Können wir sagen, daß wir hier die Grenzen dessen, was die Idee, das Wesen des Theaters ausmacht, überschritten haben? In England hat Peter Brook versucht, eine Mischform zu finden, das heißt ein Mittelding, um das *Happening* in

---

1 1966 erschien im Verlag Denoël in Paris das Buch *Le Happening* von Jean-Jacques Lebel.

den Grenzen einer Aufführung zu halten. Es ist das Stück *US*, das er gerade spielt, dessen Titel bereits eine Provokation ist, weil er sagen will *us*, wir, wir Engländer, und «U. S.», die Amerikaner, und auch das Sujet des Stücks selbst, wenn es eins gibt, jedenfalls das beherrschende Thema, ist eine direkte Provokation, denn es ist der Vietnam-Krieg. Nur hat dieses Stück überhaupt keine Bedeutung: man kann es nicht als Stück bezeichnen. Diese Aufführung soll auf einer Bühne vor einem Publikum stattfinden, es handelt sich um eine lose Folge von Szenen, Wörtern und Gewaltakten oder jede andre als eine affektive Verbindung, die in ihrer Konfusion ganz einfach von zwei Themen zusammengehalten werden.

Der erste Teil zeigt den Schrecken des Vietnam-Kriegs, während der zweite Teil mehr der Ohnmacht der Linken gewidmet ist.

Was man sieht ist weder real, weil es trotz allem Schauspieler sind, die es aufführen, noch irreal, weil jede Bewegung nur auf die Realität des Vietnam-Kriegs verweist.

Und dennoch wirkt eben Reales auf den Zuschauer ein, weil die Geräusche, die Farben, die Bewegungen am Ende zu einer gewissen Trance oder Abstumpfung führen, das hängt ganz von den Leuten ab. Der Zuschauer wird nicht aufgefordert, sich in die Aufführung einzumischen: er wird zum Teil auf Distanz gehalten. Er erhält einen «Schlag» versetzt von diesem bewußten Durcheinander von Sketches, die in dem Moment abgebrochen werden, wo Illusion aufzukommen droht. Und schließlich findet er sich vor einem realen Ereignis, einem wahren Happening, wenn sich auch dieses *Happening* jeden Abend wiederholt.

Jemand auf der Bühne öffnet eine Schachtel mit Schmetterlingen. Sie flattern heraus, und eine mit Feuerzeug oder Streichholz bewaffnete Hand verbrennt sie. Sie verbrennen lebend. Das ist offenbar eine Anspielung auf die Bonzen, die sich in Saigon angezündet und lebend verbrannt haben. Dieses *Happening* ist *Happening*, weil sich real etwas ereignet: da sind Tiere, die sterben, und die unter Qualen sterben. Trotzdem ist es nicht ganz ein *Happening*, weil der Vorhang fällt und der Zuschauer, wieder in seine Einsamkeit zurückgeworfen, mit einer konfusen Verzweiflung aus Abstumpfung, Haß und Ohnmacht weggeht.[1] Man zieht keine Schlußfolgerungen, und übrigens: welche Schlußfolgerungen wären zu ziehen? Es ist wahr, daß der Vietnam-Krieg ein Verbrechen ist. Es ist wahr, daß die Linke vollkommen ohnmächtig ist. Handelt es sich um Theater? Das ist wirklich die Ebene, wo die Form ein Mittelding ist, wo man sich sagen kann, «das ist Theater» oder auch «das ist

---

1 Bei der Inszenierung Peter Brooks von *US* im Londoner Aldwych Theatre gab es keinen Vorhang. Die Schauspieler starrten am Schluß das Publikum an und blieben auf der Bühne, bis der letzte Zuschauer den Saal verlassen hatte.

keins». Auf jeden Fall können wir sagen, daß, wenn es Theater ist, diese Situation offenbart, was man heute die Krise des Imaginären im Theater nennen könnte.

Und tatsächlich hat es in derselben Richtung so ziemlich überall dieses seltsame, widersprüchliche Bestreben gegeben, dem Publikum eine Fiktion zu bieten, die Realität ist. Wer sich solche Schauspiele ansieht, weiß, was sich abspielen wird. Die Versuche des dokumentarischen Theaters, wie jener «Fall Oppenheimer», den man zuerst bei Ihnen aufgeführt und den bei uns Vilar gespielt hat, belegen das.[1] Hier handelt es sich nicht mehr wie in historischen Stücken darum, eine durch die Subjektivität des Autors umgesetzte und rekonstruierte Realität darzustellen. Es geht darum, den Prozeß selbst zu wiederholen und die Wörter, die jeder zu einem bestimmten Zeitpunkt real ausgesprochen hat.

Das Resultat war das Gegenteil von dem, was beim *Happening* passiert. Beim *Happening* absorbiert das Reale letztlich das Imaginäre. Im Fall des Dokuments verwandelt sich die Realität in Imaginäres: das Imaginäre verschlingt die Realität. Beweis: jedem ist klar, daß das hier in Deutschland gespielte und das von Vilar aufgeführte Stück zwei völlig verschiedene Stücke waren.

Warum waren sie verschieden? Weil sie trotz allem die Sensibilität der Autoren widerspiegelten. Der Oppenheimer-Prozeß hat sich ja über Tage hingezogen: man hat eine Auswahl der Aussagen treffen müssen. Die Auswahl ist eben die Arbeit des Autors: es ist eine Wahl, eine Option, das definiert einen Charakter. Also hat das, was wir gesehen haben und was Sie gesehen haben, nichts zu tun mit der Wiedergabe des Oppenheimer-Prozesses. Das war etwas andres, und Oppenheimer selbst wird fiktiv, weil *wir* niemals Vilar aus den Augen verlieren, unsren großen, bekannten Schauspieler, der Oppenheimer spielt. Mit einem Schlag war Oppenheimer keine reale Person mehr: er wurde fiktiv, er wurde Vilars Rolle. Er wurde nicht als ein reales Wesen gesehen, einfach weil Vilar Französisch sprach und der Prozeß auf englisch stattgefunden hatte. Wir wußten das alles. Derartige stillschweigende Voraussetzungen nehmen wir ohne weiteres hin, wenn es sich um wirkliches Theater handelt – wo man Engländer sieht, die sich unterhalten und dabei Französisch sprechen –, das geht sehr gut, das ist eben Theater. Aber sobald es darum geht, uns den Oppenheimer-Prozeß vorzuführen, machen diese Leute, die Französisch sprechen, obwohl sie eine reale, amerikanische Situation zu verkörpern haben, das Ganze völlig irreal: es kann sich nicht

---

[1] *In der Sache J. Robert Oppenheimer* von Heinar Kipphardt wurde 1964 uraufgeführt. Jean Vilar spielte eine eigene Fassung, *Le Dossier Oppenheimer*, die 1965 im Athénée Théâtre in Paris aufgeführt wurde.

mehr um Engländer oder Amerikaner handeln. So hatte man eine Art Zeitillusion: während man den Gegenstand sah, sagte man sich: «Das ist eine Prozeß-Zusammenfassung, ein Prozeß, der vorgibt, fünfzehn Tage zu dauern, aber nur eine Aufführungsdauer von zwei Stunden hat.» In Wirklichkeit war der Prozeß im Stück eher eine symbolische Anspielung auf den Prozeß: die «Chiffre» des Prozesses, seine Umsetzung, die seine abstrakte Wahrheit enthüllte, und nicht seine reale Wiederherstellung.

Zwischen der Theaterillusion, die von der realen, sadistischen Einwirkung auf den Zuschauer absorbiert oder aufgefressen wird – wie beim *Happening* –, und dem Realen, das man wie ein Dokument aufführt, das aber von der Illusion aufgefressen wird, sehen wir also die Krise des Bildes.

In Wirklichkeit steckt im Kern des *Happenings* eine Zuflucht zum Bild.

Denn im Grunde steht das Ereignis, was es auch sei, symbolisch für etwas andres: das Reale dient dem Irrealen. Ich habe nicht die Zeit, Ihnen das darzulegen, aber wenn dem so ist, läßt sich jedenfalls sagen, daß diese Krise, selbst wenn sie zu gewissen Auflösungen der Formen des Theaters führen sollte, den Fortschritt der Reflexion bezeichnet.

Man arbeitet nicht mehr nach dem unbestimmten und verworrenen Prinzip des Autors und Regisseurs von früher noch nach dem des Theaterphilosophen von einst, demzufolge die Theatralität ihrem Wesen nach in ihren großen Augenblicken eine Aufhebung des Unterschieds von Realem und Imaginärem implizierte. Man konnte damals glauben, daß ein dargebotenes Trugbild, als Trugbild aufgefaßt, beim Zuschauer notwendig reale Gefühle hervorrief.

Das ist die Idee der griechischen *Katharsis*. Das gute Gewissen, mit dem Gémier zu Anfang des Jahrhunderts seine Darsteller im Zuschauerraum auftauchen und sie von dort auf die Bühne gehen ließ, zeigt deutlich die Unschuld, die die Autoren damals besaßen. Sie dachten zugleich, daß der szenische Ort ein illusorischer Ort wäre, ein Trugbild, und daß die Person, die da durch die Gänge schritt, weil sie die Zuschauer streifte, sie von der Realität des Schauspiels überzeugen würde. Mit einem Schlag hört nun für alle Theaterleute unsrer Generation, wie wir noch sehen werden, das Theater auf, realistisch zu sein. Denn entweder will man die Realität, und dann muß man bis zu Ende gehen, eine andre Lösung gibt es nicht – man ruft durch reale Ereignisse reale Gefühle hervor –; oder man erkennt der dramatischen Darbietung ihren völlig illusorischen Charakter zu, aber dann muß man, wenn deren Struktur eine Irrealisierung ist, sie auch als solche ausbeuten: als Negation der Realität (wir werden auf die Bedeutung dieser Wörter noch zurückkommen) und nicht als deren Imitation.

Der letzte, sichtbarste und fundamentalste Widerspruch betrifft die Rolle der Sprache im Theater. Die Theaterfigur ist ja ein Mensch oder, wie in *Chantecler*, ein anthropomorph gedachtes Tier.[1] Da sie nun die Gesamtheit menschlichen Verhaltens aufweist, gleichgültig, ob mit oder ohne Handlung, muß sie auch sprechen, da der Mensch ein sprechendes Wesen ist. Die Sprache ist also eines der szenischen Ausdrucksmittel. Im klassischen Theater war sie sogar das wichtigste Mittel: der große tragische Darsteller unsrer Tragödien bewegt sich kaum; er kann sogar während ganzer Tiraden unbeweglich stehen bleiben; nur die verbale Beschwörung, die Modulation, der Rhythmus und das Tempo des Vortrags, die Art und Weise, wie er die Verse trennt, die Betonung eines Worts geben über die erlebte Situation, die Leidenschaften, die Entscheidungen Aufschluß. Allerdings gibt es bei unsren Klassikern nur die psychologische Welt: Racine drückt durch die Sprache nur die psychologische Welt aus. Mit der romantischen Tradition und den Dramatikern, die sich von ihr beeinflussen ließen, ändert sich alles.

Diese Autoren haben versucht, die gesamte Welt in die Sprache eingehen zu lassen, das heißt die gegenwärtige Natur, die uns umgebende Welt, die Sie «Umwelt» nennen, die Horizonte, die geheimen Kräfte, die in uns und außerhalb wirksam sind, sollten direkt oder indirekt im Dialog zu finden sein: als bewußte Bedeutung, als Verweis oder als nicht bewußte Überdetermination der Botschaft; sogar als Schweigen, obwohl diese Konzeption dennoch der Sprache den Vorrang einräumt. Wir haben in Frankreich zwischen den beiden Kriegen ein Theater gehabt, das sich «Theater des Schweigens» nannte und dessen Hauptautor Jean-Jacques Bernard war.[2] In Wirklichkeit war das ein sehr geschwätziges Theater, denn «Theater des Schweigens» sollte besagen, daß die Sprache das Schweigen vereinnahmt hatte. Einerseits drückte in diesen Stücken die Sprache tatsächlich etwas Belangloses und Alltägliches aus: zum Beispiel das Ehepaar in *Le feu qui reprend mal*: ein Soldat kehrt aus dem Krieg zurück, seine Frau findet ihn nicht ganz wieder, zwischen beiden wird nur leeres Gerede voller Mißtöne gewechselt. Aber dieses Gerede verweist ausdrücklich auf eine Subkonversation. Denn hinter den leeren Worten, in den Augenblicken des Schweigens, verbergen sich jene unhörbaren Sätze: «Ich weiß, daß du mich nicht mehr liebst, aber das ist nicht wahr. Ich brauche etwas Zeit, vielleicht liebe ich dich tatsächlich weniger, du übrigens auch» usw. Diese ganze Unterhaltung war, obwohl

---

1 *Chantecler* ist ein Stück von Édmond Rostand.
2 Jean-Jacques Bernard, ein Sohn von Tristan Bernard, gilt mit den Stücken *Le feu qui reprend mal* (1921) und *Martine* (1922) als Initiator und Hauptautor des «Theaters des Schweigens».

nicht gesprochen, vollkommen gegenwärtig als eine verbale Übersignifikation der gehörten Sätze, als ihr Schlüssel, als ihr wahrer Sinn.

So war das «Theater des Schweigens» Panverbalismus, die totale Eroberung der Theaterwelt durch das Wort. Schweigen war kein Zufall mehr: man hält inne, weil man nichts mehr zu sagen hat oder weil man hustet oder weil man auf die Antwort des andren wartet. Schweigen bestand darin, verbal einen Wortinhalt zu mimen. Schweigen hieß bis zum Höhepunkt der Unterhaltung gehen in dem Augenblick, wo der Konflikt voll realisiert wird. Kurz, man kann sagen, daß das Theater um 1950 verbal «voll» war. Das heißt, alles lag in der Sprache. In gewisser Weise war keinerlei Ausstattung mehr nötig, und tatsächlich verzichteten viele Autoren und Regisseure auf Ausstattung, weil sie ja nur die Illustration dessen ist, was gesagt wird. Shakespeares Sprache zum Beispiel gibt uns immer über die Außenwelt Auskunft. Deshalb ist es vollkommen überflüssig, die Sonne anzubringen oder es blitzen zu lassen, wenn «Blitz» und «Donner» angegeben sind: denn es wird ja gesagt, es wird dargestellt. Das visuelle Element wird überflüssig wegen der Kraft des verbalen Elements. Natürlich gibt es im Theater stumme Bedeutungen, Gesten – wenn im Theater getötet werden muß, muß getötet werden –, aber all das (Gesten, Aufmärsche, Farben, zuweilen Geräusche) ist im Theater des Wortes nur Beiwerk gewesen: an sich galt vom Theater, daß es alles sagte. Aus diesem Grunde tendierte die moderne Regie zum Verzicht auf Ausstattung. Barrault ersetzte den Gegenstand durch eine Pantomime, die ihn entstehen und verschwinden ließ, sobald die Pantomime verschwand. Er meinte, daß das ausreiche. In der Bearbeitung eines Romans für das Theater[1] mußte jemand in einer Szene heimkehren, an der Loge seiner Concierge vorbeigehen und in sein Zimmer im dritten Stock hinaufsteigen. Sobald er in seinem Zimmer ist, sind die Loge der Concierge und die Treppe natürlich vollkommen überflüssig und folglich inert, störend. Eine Wortpantomime mit der unsichtbaren Concierge, eine gespielte Pantomime für das Treppensteigen reichen völlig aus. Die Welt wird der Mimik überlassen und gleichzeitig durch das Theater ausgedrückt. Aber das «neue Theater» entsteht gerade auch aus einem Konflikt um das Wort. Die Vorherrschaft des Wortes im Theater akzentuiert ja das Imaginäre: gemimt und gesprochen existieren Baum, Regen oder der Mond nur noch als vollkommen irreale Ansichten. Sie verlieren jede Möglichkeit, physisch und real auf die Handlungsfähigkeiten des Zuschauers einzuwirken.

Artaud zum Beispiel, der nach Mitteln suchte, den Zuschauer durch reale Konditionierung (Ton, ausgesuchte Beleuchtungseffekte) im Tief-

[1] In der Bearbeitung von Knut Hamsuns Roman *Hunger*, die Barrault 1938 in Paris aufführte.

sten seiner selbst zu treffen, weist natürlich seit seinen ersten Schriften über das Theater der Sprache eine sekundäre Funktion zu. In seinem «Theater der Grausamkeit» erklärt er, daß er Wörter nicht so sehr ihres Bedeutungswertes als ihrer realen Belastung wegen verwendet. Wenn ich wie Corneille den Mord an Pompejus auf der Bühne schildere, vermindere ich die affektive Belastung der Wörter, da ich sie in einer imaginären Geschichte auflöse. Nach Artaud kann ein Wort, wenn es mit Belastung und Nachdruck gesagt wird, an der richtigen Stelle, bei einer bestimmten Beleuchtung, von einer bestimmten Stimme, hervorgebracht durch freie Assoziation eines nicht-signifikanten Wortensembles – etwa das Wort Mord, das Wort Mutter oder Blut, ein sexuelles Wort –, das alles kann den Zuschauer direkt treffen und seine unbewußte verbale Organisation, wie bei einer psychoanalytischen Behandlung, in vollem Licht auftauchen lassen. Diese Position gegenüber der Sprache ist extrem. Zwischen dem Theater von Claudel, das sich rühmt, letztlich die Organisation des, wie er sagt, «intelligiblen Staubs» zu sein, und der Haltung Artauds, der das Wort der realen Aktion unterordnet, besteht ein offener Widerspruch.

Das zeitgenössische Theater bietet auf Grund etwas andrer Anliegen Mischlösungen an. Das liegt sicher an der allmählich wachsenden Überzeugung, daß, wie Lacan sagt, «das Freudsche Unbewußte wie eine Sprache strukturiert ist». Im Grunde gehen sie mehr oder weniger explizit von der gleichen Idee wie Artaud aus, aber die Auffassung von der Sprache als «maskierte Gestalt unsres Schicksals» setzt sich immer mehr durch. Man könnte sagen, daß für viele zeitgenössische Autoren jener Satz von Heidegger, ob sie ihn kennen oder nicht, wahr zu sein scheint: «Der Mensch verhält sich so, als ob er der Schöpfer und Herr der Sprache sei, es ist aber ganz im Gegenteil die Sprache, die sein Gebieter ist und bleibt.» Ersetzen wir «Mensch» durch «Figur», und wir werden zahlreiche Versuche des aktuellen Theaters verstehen. Im Theater des Diskurses, selbst wenn die Figur nicht alles sagt, selbst wenn die Konversation auf eine Subkonversation verweist, verhält sich der Autor so, als ob seine Helden und er selbst Herr der Sprache wären. Sie sagen und geben zu verstehen, was sie bewußt ausdrücken wollen. Wenn aber, wie viele Leute denken, die Sprache Herr des Menschen ist, wenn sie seine Person und sein Schicksal konstituiert, wenn die Gesetze der Sprache, anstatt praktische Rezepte zur Verständigung und zum Ausdrücken von Ideen zu sein, nach Art der physikalischen Gesetze als vormenschliche und den Menschen konstituierende Notwendigkeiten erscheinen, dann betrachtet der Theatermann den Diskurs nicht mehr als königliches Instrument, dessen sich der Held in voller Freiheit bedient, sondern will sie vielmehr als Herr des Menschen zeigen. Das genügt, um die Bedeutung und den Wert der Theaterprosa zu verändern. Für Ionesco und seine Anhänger ist die Sprache Hauptsache, und sie ist ganz und gar nicht mehr das Mittel, das der Held wählt, um sich auszudrücken. Es geht im Gegenteil darum, zu zeigen, wie sie sich, unmenschlich, vermittels des Menschen entwickelt, ihm ihre Gesetze aufzwingt, trotz der Anstrengungen des Sprechers, etwas zu bedeuten, wie sie ihm seine Bedeutungen nimmt und ihn, durch die bloße Macht des Wortes, zu Taten treibt, die er nie begehen wollte und die sich einfach in dem Maß konstituieren, wie das Wort sich konstituiert, um ihn im voraus zu bezeichnen. In *Die Unterrichtsstunde* ermordet der Lehrer am Ende seiner Rede seine Schülerin, was sicher anfangs nicht in seiner Absicht lag. So ist in den frühen Stücken Ionescos die Sprache der Held: sie ist die Hauptfigur. Sie ist König genau in dem Maße, wie dieses Theater den Menschen entthront. Es handelt sich also um Sprachstücke, aber Sie sehen selbst, wie sehr sie sich von den Stücken Claudels unterscheiden. Es gibt noch Figuren, imaginäre Figuren, aber sie sind absichtlich hohl, denn sie sind nichts weiter als das, was durch sie und von ihnen gesagt wird.

Das Theater verliert seinen Anthropomorphismus, es verwirklicht, was man heute in einer bestimmten Literatur in Frankreich eine Dezentrierung des Subjekts nennt. Wir haben nur noch ein einziges und ganz lebendiges Objekt vor uns: die Sprache, der Diskurs. Ist dieses Objekt real oder imaginär? Befinden wir uns auf der Seite von Artauds Akt oder von Genets verbalem Trugbild? In Wirklichkeit stellt sich bei Ionesco alles als eine Zwischenlösung dar. Er will die Sprache entlarven, indem er sie allein sprechen läßt. Aber er treibt sie in dem Moment in die Absurdität, in dem sich diese Absurdität als logisch erweist. Also entlarvt er die Sprache als unmenschlich. Zum Beispiel die erste Tirade in *Die kahle Sängerin*: eine Frau zählt auf, was sie gegessen hat, spricht von englischen Gerichten, die sie gegessen hat – denn sie ist Engländerin und befindet sich in England; sie sagt, daß sie englische Sauce gegessen hat und schließt mit dem Satz: wir haben englisches Wasser getrunken. Es liegt auf der Hand, daß das vollkommen logisch ist, denn in der Aufzählung sind alle Gerichte englisch bezeichnet worden – fügen wir also englisches Wasser hinzu –, und zugleich vollkommen absurd ist, denn dieses Wasser wird, obwohl wir in England sind, als ein universales Element angesehen. Diese Art, in der sich die Sprache durch ihre Logik vermittels der Frau zum Absurden hin fortsetzt, trägt dazu bei, die Sprache zu irrealisieren, das heißt uns durch Übertreibung und durch eine irreale Sprache zu zeigen, daß die wahre Sprache, das heißt dieselbe, aber nicht übertriebene, ganz und gar zur Versklavung des Menschen beiträgt.

Das Theater des Unmittelbaren, das in das Theater des Bürgertums verwandelte klassische Theater, enthielt Widersprüche, deren es sich nicht bewußt war. Deshalb unterschieden sich die Stücke vom Inhalt her, hielten sich aber alle an dieselbe Theaterform: die Komödie, die Tragödie, das Drama, das Melodram usw. Das «neue Theater», das kritische Theater hat die Widersprüche der Gattung selbst entdeckt: wiederholbare Zeremonien / einzigartige Ereignisse / Verhexung durch immer dieselben Trugbilder / reale Konditionierung durch einen Akt / Verherrlichung des Imaginären / Sadismus der Realität / Beherrschung der Sprache durch den Menschen und Panverbalismus / Sprache als Schicksal des Menschen oder immer versagendes bloßes Mittel einer konditionierten Subjektivität. Die Autoren, die ihm angehören, unterscheiden sich nicht allein durch den Inhalt, sondern vor allem durch die Glieder des Widerspruchs, für die sie optiert haben. Heißt das, daß sich das Theater auflöst? Nein, aber es prüft und vertieft sich.

Der Zerfall einer neuen Formel drückt keineswegs einen Zerfall und chaotische Zersplitterung aus, sondern stellt die dialektische Einheit der realen Widersprüche einer Kunst dar. Wenn man die Widersprüche alle zusammen im Auge hat, wenn man die Summe der zeitgenössischen Stücke nimmt, die sie darstellen, haben wir in der Tat das ganze Theater, nicht das ganze Theater mit der geheimen Widersprüchlichkeit, die es in sich birgt, sondern das ganze Theater als dialektischen Prozeß, der durch seine Widersprüche vereint und fortschreitet und der zu irgendeinem Zeitpunkt die integrierte Einheit wiederherstellen kann durch das Auftauchen eines Werks, das aus seinen Widersprüchen entstanden ist und sie überschreitet. Im übrigen können wir feststellen, wenn wir die Gesamtheit der Stücke des «neuen Theaters» betrachten, daß sie mehrere gemeinsame Merkmale haben: diese Merkmale sind negativ, es sind zweifellos Verweigerungen, Verweigerungen aber, aus denen wir, denke ich, die Ahnung einer zukünftigen Einheit gewinnen können. Es gibt drei wesentliche Verweigerungen im zeitgenössischen Theater: Ablehnung der Psychologie, Ablehnung der Handlung, Ablehnung jedes Realismus.

Alle diese Autoren haben die gleichen Gründe für die Ablehnung dieser drei Merkmale. Durch die Ablehnung der Psychologie lehnen sie die Herrschaft des Bürgertums ab, weil das psychologische Theater im Grunde ein ideologisches Theater ist, das bedeutet, daß nicht die historischen und gesellschaftlichen Bedingungen den Menschen machen, sondern daß es einen psychologischen Determinismus und eine Menschennatur gibt, die überall gleich ist. Das lehnen alle diese Autoren ab, ob politisch oder apolitisch, weil sie der Ansicht sind, daß das Fundamentale zählt: sei es die Sprache, sei es das In-der-Welt-Sein, sei es das Gesellschaftliche im tiefsten Sinne, und eben nicht die Wortspielerei der Psychologie. Ablehnung der Psychologie und folglich der Wunsch, sei es durch das Imaginäre oder sei es durch reale Brutalität, sich an unsre wahren tiefen Kräfte zu wenden.

Alle Autoren, die ich erwähnt habe, sind weit davon entfernt, den Skandal zu fürchten, sondern wollen ihn bewußt provozieren, denn der Skandal soll eine bestimmte Enthemmung herbeiführen. Ich glaube, Beckett hat für alle gesprochen, als er nach der Premiere von *Warten auf Godot* angesichts des begeisterten Beifalls sagte: «Mein Gott, man muß sich getäuscht haben, das ist doch nicht möglich, sie klatschen!» Denn tatsächlich erklären alle diese Autoren, ob sie nun an das Imaginäre oder an die Realität glauben, daß die Zustimmung erst nach dem Skandal kommen kann.

Eben aus diesem Grund lehnen sie die Bequemlichkeiten einer Handlung ab. Es gibt keine Handlung mehr in dem Sinn: kleine anekdotische, gut konstruierte Geschichte mit Entwicklung, Mitte und Schluß; es gibt sie nicht mehr, weil sie der Ansicht sind, das hieße nur zerstreuen, die Aufmerksamkeit des Zuschauers vom Wesentlichen ablenken. Die Handlung sollte gefallen. Sie wollen nicht gefallen, sie wollen ein Thema, das heißt ein Ganzes, das sich entwickelt, keine Rezepte innerhalb einer Geschichte, mit denen sich eine Anekdote konstruieren läßt. Sie wollen nicht auf jede Konstruktion verzichten, aber sie wollen das Thema rigoros konstruieren: ihre Konstruktion bezieht sich wesentlich auf die Zeitlichkeit, die der Stoff des Theaters ist. Es ist nicht ihr Ziel, ein Histörchen zu erzählen, sondern einen zeitlichen Gegenstand zu konstruieren, in dem die Zeit durch ihre Widersprüche ihre Strukturierungen in spannender Weise hervortreten läßt, was das eigentliche Thema ist. Und schließlich lehnen sie den Realismus ab, einfach weil der Realismus im Grunde eine ganze Philosophie ist, mit der sie nichts im Sinn haben. Erstens ist er eine Philosophie, die ihnen bürgerlich erscheint, zweitens steckt darin die Vorstellung, daß die Realität realistisch ist. Doch in Wahrheit ist die Realität realistisch nur auf der Ebene der Unterhaltungen. Anders gesagt, wir sind nur dann dem Realen angepaßt, wenn wir von unbedeutenden Dingen reden. Auf der Ebene, auf die sie sich stellen wollen, die für alle (ob komisch, tragisch oder makaber) die Ebene der unterirdischen Kräfte ist oder, wenn Sie so wollen, die Ebene des menschlichen Abenteuers, auf dieser Ebene sind die wesentlichen Elemente des menschlichen Abenteuers nicht mehr realistisch, weil wir sie nicht mehr real fassen können. Wir können einen Tod nicht fassen, wir sind immer unfähig, den Tod zu denken, selbst wenn wir wie ich vollkommen davon überzeugt sind, daß es sich um einen Prozeß rein biologischer Art handelt, denn auch dann ist die plötzliche Abwesenheit, der abgebrochene Dialog etwas, das nicht realisierbar ist. Folglich, wenn man vom Leben sprechen will, kann man nicht als Realist davon sprechen. Und wenn man von der Geburt sprechen will, von unsrer Geburt, etwas, was wir nie erlebt haben, das uns aber zu dem gemacht hat, was wir sind, dann bedeutet auch hier der Realismus nichts, denn wir können unsre Geburt nicht realisieren.

Diese drei Verweigerungen gegenüber der Welt machen deutlich, daß das «neue Theater» nichts Absurdes hat, sondern daß es durch die Kritik zum großen Grundthema der Theatralität zurückkehrt, das im Grunde der Mensch als Ereignis, der Mensch als Geschichte im Ereignis ist.

Dezember 1966

Film

Die kinematographische Kunst[1]

Blättern Sie in den Erinnerungen irgendeines zeitgenössischen oder vor kurzem gestorbenen Schriftstellers, und Sie werden sicher einen langen, rührseligen Bericht über seinen ersten Kontakt mit dem Theater finden. «Vierundzwanzig Stunden lang bebte ich vor Angst und Hoffnung, zitterte ich wie im Fieber in Erwartung jener unerhörten Glückseligkeit, die ein plötzlicher Schlag zunichte machen könnte . . . Ich glaubte, am Tage der Vorstellung würde die Sonne niemals untergehen. Das Abendessen, von dem ich keinen Bissen herunterbrachte, schien nicht enden zu wollen, und ich stand Todesängste aus, daß wir zu spät kommen könnten . . . Endlich waren wir da, die Platzanweiserin führte uns in eine rot ausgeschlagene Loge . . . Die Feierlichkeit der drei Schläge auf der Bühne, auf die eine tiefe Stille folgte, bewegte mich. Das Aufgehen des Vorhangs war für mich wahrlich der Übergang von einer Welt in eine andere.»

Nun, wer von ihnen in vierzig Jahren seine Memoiren schreibt, wird Mühe haben, in seiner Jugend ähnliche Erwartungen und so große Gemütsbewegungen zu entdecken. Er ist ja schon in frühester Kindheit in Vorstellungssäle gegangen: viele waren noch nicht fünf Jahre alt, als sie schon das Kino kennenlernten, denn es ist das Kino, nicht das Theater, mit dem man heute anfängt. Vielleicht erinnern sich einige noch an den ersten Film, den sie gesehen haben, aber diese Anfänge verlieren sich meistens in einem Nebel der Erinnerungen.

Jene feierliche Einführung in die Riten des Theaters, jener Pomp, jene drei Schläge, die weniger das Aufgehen des Vorhangs als vielmehr den Übergang von der Kindheit in die Adoleszenz ankündigten, all das gibt es nicht mehr. Man zieht sich nicht festlich an, um ins Kino zu gehen; man überlegt nicht lange vorher; man kann jederzeit eintreten, nachmittags, abends, die Pariser sogar seit einigen Monaten vormittags. Sie erleben nicht mehr das lange Warten in einem erst halbgefüllten Theater, das sich allmählich füllt, und jenen «Übergang von einer Welt in eine andere», von dem Anatole France sprach. Sondern sie dringen jäh in einen dunklen Saal ein, noch unsicher in der Finsternis, das Auge auf die Taschenlampe fixiert, die sich in der Hand der Platzanweiserin im

1 Rede zur feierlichen Preisverleihung im Gymnasium von Le Havre am 12. Juli 1931, die Sartre traditionsgemäß als der jüngste Lehrer zu halten hatte. (Anm. d. Übers.)

Zickzack hin und her bewegt. Das Orchester spielt und unterbricht sein Spiel natürlich nicht Ihretwegen. Der Film hat seit langem begonnen, die Helden sind da, Arme oder Beine in der Luft, mitten in voller Aktion. Man zeigt Ihnen Ihren Platz, Sie zwängen sich durch die Sitzreihen und stoßen gegen Knie, Sie lassen sich auf Ihren Sitz fallen, ohne daß Sie Zeit hätten, Ihren Mantel auszuziehen. Sie sehen das Ende des Films, dann, nach einer Viertelstunde Pause, den Anfang. Sie sind nicht aufgeregt, Sie wissen ja, daß der Verräter bestraft wird, daß die Liebenden sich heiraten. Dann, genau in dem Moment, in dem die Helden die Stellung wieder einnehmen, in der Sie sie vorgefunden haben, stehen Sie auf, stoßen an andre Knie und gehen, ohne sich noch einmal umzudrehen, die Arme oder Beine in der Luft zurücklassend, vielleicht für die Ewigkeit.

Das ist eine ganz vertraute, ganz eng mit unsrem Alltag verbundene Kunst. Man kommt hereingeschneit, man spricht, man lacht, man ißt in den Vorführungssälen: kein Respekt für diese Volkskunst. Sie schmückt sich nicht mit jener Würde, die bereits die Hälfte des Vergnügens war, das die Theaterkunst den Älteren verschaffte. Sie ist leutselig und steht uns viel näher.

Haben wir dabei etwas verloren? Müssen wir den verschwundenen Feierlichkeiten nachtrauern?

Wenn man beweisen könnte, daß das Kino wirklich eine Kunst ist, könnten wir uns vielmehr zur Veränderung der Sitten nur beglückwünschen. Mir scheint, als ob Ihr völlig fehlender Respekt vor der kinematographischen Kunst, ihre burschikose Art, sie zu benutzen, Ihnen viel mehr einbringt als eine Mischung aus starrer Bewunderung, Aufwühlung der Sinne und heiligem Schrecken. Von unsren Klassikern hat man Ihnen leider nur zu oft gesagt, daß sie Künstler seien: Sie mißtrauen ihren schönen Sätzen, einem Vorwand für tausend hinterhältige Fragen. Aber ohne Zweifel ziehen Sie nach und nach aus dem Umgang mit ihnen einen Gewinn, den Sie erst später zu schätzen wissen werden. Aber es ist gut, daß Sie in bestimmten dunklen Sälen, unbemerkt von Lehrern und Eltern, eine versteckte Kunst finden können, mit der man Ihnen nicht ständig in den Ohren gelegen hat, von der niemand auf die Idee gekommen wäre, Ihnen zu sagen, daß es eine Kunst ist, kurz, der gegenüber man Sie im Zustand völliger Unschuld gelassen hat. Denn diese Kunst wird mehr in Sie eindringen als die andren Künste, und sie wird Sie allmählich dahin bringen, die Schönheit in all ihren Formen zu lieben.

Bleibt zu beweisen, daß das Kino durchaus eine Kunst ist: derselbe Anatole France, den wir so zart bewegt sahen bei seinem ersten Theaterbesuch, war sicher anders berührt, als er später mit dem Kino Bekanntschaft machte. Und tatsächlich hat er gesagt: «Das Kino materialisiert das schlimmste Volksideal . . . Es ist zwar noch nicht das Ende der Welt, aber das Ende der Zivilisation.»

Das sind große Worte: Wir werden sehen, ob sie gerechtfertigt sind. Man wird sagen, daß eine solche Untersuchung unangebracht sei: Wenn ich Sie zufällig davon überzeugen könnte, daß es schöne Filme gibt, genau wie es schöne Epistel von Boileau und schöne Grabreden von Bossuet gibt, würden Sie nie mehr ins Kino gehen. Aber ich bin ganz ruhig, ich wende mich nur fiktiv an Sie, denn es ist noch nie vorgekommen, daß Sie eine Gewohnheitsrede bis zum Ende angehört haben. Vielleicht wird es Ihnen als Ironie erscheinen, in dem Moment über die Schönheit der stummen Kunst zu diskutieren, wo wir vom Tonfilm überflutet werden. Aber diesen braucht man nicht allzusehr zu berücksichtigen. Pirandello sagte, nicht ohne Melancholie, daß der Film dem Pfau der Fabel ähnelt. Dieser entfaltete schweigend sein prächtiges Gefieder, und jeder bewunderte es. Der neidische Fuchs überredete ihn zu singen. Der Pfau öffnete den Schnabel und stieß den Schrei aus, den Sie kennen. Aber was weder Aisopos noch Pirandello sagt, ist, daß der Pfau sicher nach dieser Erfahrung, ohne daß er darum gebeten wurde, in sein Schweigen zurückfiel. Ich glaube, daß der Film sich gerade das Recht erkauft, zu verstummen.

Ich komme auf die Frage zurück: Ich behaupte, daß der Film eine neue Kunst ist, die ihre eigenen Gesetze, ihre besonderen Mittel hat, daß man sie nicht auf das Theater zurückführen kann und daß sie ebenso Ihrer Bildung dienen muß wie Griechisch oder Philosophie.

Mit einem Wort, was bringt sie Neues?

Sie wissen, daß jeder Augenblick eng von jenen abhängt, die ihm vorangegangen sind, daß ein beliebiger Zustand der Welt sich vollkommen durch ihre vorhergehenden Zustände erklärt, daß nichts verlorengeht, nichts vergeblich ist, daß die Gegenwart sich unabweichlich auf die Zukunft hin bewegt. Sie wissen es, weil man es Sie gelehrt hat. Aber wenn Sie sich selbst oder die Menschen um sich herum ansehen, haben Sie durchaus nicht dieses Gefühl: Sie sehen Bewegungen entstehen, die spontan erscheinen, wie etwa die plötzliche Bewegung eines Baumwipfels. Andre sehen Sie ersterben, wie etwa die Wellen auf dem Strand, und die lebendige Kraft scheint mit ihnen zu vergehen. Sie haben den Eindruck, daß ein sehr lasches Band die Vergangenheit mit der Gegenwart verknüpft, daß alles zufällig altert, ohne Ordnung, blind tastend.

Nun, jene Unumkehrbarkeit der Zeit, die uns die Wissenschaft lehrt und deren Gefühl unerträglich wäre, wenn es alle unsre Handlungen begleitete, gerade sie ist es, die die Künste der Bewegung uns außerhalb unsrer selbst darstellen sollen, in die Dinge gemalt, noch bedrohlich, aber schön. In der Melodie steckt etwas Unabwendbares. Die Töne, aus denen sie sich zusammensetzt, drängen gegeneinander und gehen ineinander über. Ebenso bietet sich unsre Tragödie als ein Eilmarsch in die Katastrophe dar. Nichts kann rückgängig gemacht werden: jede Verszeile, jedes Wort treibt uns ein Stück weiter auf dem Weg in den Abgrund. Kein Zögern, kein Innehalten: kein unnützer Satz, der einen Augenblick der Ruhe gestattet, alle Figuren, was sie auch sagen, was sie auch tun, steuern auf ihr Ende zu. So können Reisende, die sich verirrt haben und in einen Sumpf geraten sind, noch so sehr strampeln, jede Bewegung läßt sie ein Stück tiefer sinken, bis sie völlig verschwunden sind.

Aber die Musik ist sehr abstrakt. Paul Valéry hat recht, nichts als «wechselnde Formen und Bewegungen» darin zu sehen. Die Tragödie bleibt, obwohl weniger abstrakt, auch sehr intellektuell: mit ihren fünf Akten, ihren so strengen Versen bleibt sie ein Produkt des Verstandes, wie die Zahl und alles Diskontinuierliche.

Im Film bleibt der Fortschritt der Handlung zwar unabwendbar, aber er ist kontinuierlich. Kein Anhalten, der Film ist aus einem Stück. Es geht nicht mehr um die abstrakte und unterbrochene Zeit der Tragödie, sondern man könnte sagen, die Dauer des Alltags, jene banale Dauer unsres Lebens hat plötzlich ihren Schleier fallengelassen und erscheint in ihrer unmenschlichen Notwendigkeit. Zugleich ist der Film von allen Künsten der wirklichen Welt am nächsten: wirkliche Menschen leben in wirklichen Landschaften. *Der heilige Berg* ist ein wirklicher Berg, das Meer in *Finis terrae* ein wirkliches Meer.[1] Alles erscheint natürlich, außer jenes Aufs-Ende-Hinmarschieren, das man nicht aufhalten kann.

Wenn es im Film nur diese Darstellung der Unabwendbarkeit gäbe, müßte man ihm einen Platz im System der Schönen Künste einräumen. Aber das ist nicht alles.

Sie erinnern sich an jene Zwangsregel, die das Theater noch beherrscht. Die Romantiker haben sie gelockert, aber sich auch nicht ganz von ihr lösen können: sie ist einfach konstitutiv für die Dramenkunst. Ich spreche von der dritten Einheit, der Einheit der Handlung. Sicher, wenn Sie sie in ihrer allgemeinsten Bedeutung nehmen, ist sie allen Künsten gemeinsam: man muß seinen Gegenstand behandeln, darf sich nicht durch äußere Reize davon abbringen lassen, muß der Versuchung widerstehen, eine Entwicklung durch unnötige Pinselstriche herauszustellen, darf niemals das Ausgangsschema aus den Augen verlieren.

Aber diese Regel besitzt auch einen eingeschränkteren Sinn, der nur

---

1 *Der heilige Berg* wurde 1926 von Arnold Farck gedreht und bot als einer der ersten Filme Natur- statt Atelieraufnahmen. *Finis terrae* wurde 1929 von Jean Epstein auf den Bretagne-Inseln Quessant und Banne mit den Fischern gedreht. (Anm. d. Übers.)

für das Theater gilt: in diesem Sinn muß die Handlung einzig, trocken, geläutert sein von allem, was der Verwicklung nur Pittoreskes hinzufügen würde, kurz, eine strenge Folge von so festverbundenen Momenten, daß jeder von ihnen für sich allein den Moment erklärt, der ihm folgt, besser noch: eine logische Ableitung von einigen Grundsätzen, die von Anfang an gesetzt sind.

Aber es gibt eine andre Einheit, die man schon in der Musik finden kann: der Komponist erfindet mehrere Themen. Er stellt sie zuerst getrennt vor und schiebt unmerklich Passagen zwischen sie ein, nimmt sie dann wieder auf, entwickelt und erweitert sie und verschlingt sie ganz fein miteinander; schließlich, in einer Schlußphase, verschmilzt er alle diese Motive aufs engste, wobei er die einen nur als bloße Anklänge darstellt, die andren bis zu ihrer vollkommensten Entfaltung treibt.

Diese Einheit, die man «thematisch» nennen könnte, ist im Theater undenkbar: vergeblich hat ein deutscher Romantiker versucht, sie einzuführen. Die Vielheit der Themen würde nämlich, wie bei *Donogoo-Tonka* von Jules Romains, zu schnellem und unterbrochenem Szenenwechsel zwingen. Ein solches Verfahren ermüdet, wie die Erfahrung gezeigt hat. So kurz außerdem die aufeinanderfolgenden Szenen auch sein könnten, so wären es immer noch nicht genug: die Wirkung der Kontraste und Symmetrien ginge oft verloren, man könnte nicht von der einen zur andern springen, nicht eine Ähnlichkeit zeigen und dann zur ersten zurückkehren, irgendein Merkmal hervorheben usw., um die feinsten Korrelationen aufzudecken.

Genauso aber verfährt der Film: die Welt des Films ist thematisch: ein geschickter Schnitt kann immer die verschiedensten Szenen nebeneinander stellen, ineinander verzahnen: eben waren wir auf dem Feld, jetzt sind wir in der Stadt; wir glaubten dort zu bleiben, aber im nächsten Moment führt man uns aufs Feld zurück. Sie kennen alle den Vorteil, den man aus dieser äußersten Mobilität ziehen kann: erinnern Sie sich an *Napoléon* von Abel Gance[1] und an jenen Sturm im Konvent, der von einem Sturm auf dem Mittelmeer begleitet und untermalt wird. Eine Welle rollt an und türmt sich auf, aber sie hat sich noch nicht gesenkt und schon sind wir wieder weit weg, auf dem Festland, unter den brüllenden Deputierten. Robespierre erhebt sich, er wird sprechen: aber wir haben ihn schon wieder verlassen, wir sind auf dem offenen Meer, vom Boot Bonapartes hin und her geworfen. Eine geschüttelte Faust. Eine

---

1 Der Film *Napoléon vu par Abel Gance* wurde 1927 nach seiner Uraufführung in der Pariser Oper verstümmelt herausgebracht. Enttäuscht über die matte Reaktion der Öffentlichkeit hatte Gance vieles von dem Originalmaterial zerstört. (Anm. d. Übers.)

heranrollende Welle. Ein drohendes Gesicht. Eine Wasserhose. Die beiden Themen treten hervor, weiten sich aus, verschmelzen schließlich.

Von einem Motiv zum andern wird der Übergang entweder sicher, langsam, unmerklich vor sich gehen – dann spricht man von «Überblendung» –, oder aber je nach den Notwendigkeiten schnell und brutal. Es kann auch vorkommen, dank der «Doppelbelichtung», daß mehrere Themen gleichzeitig entwickelt werden. Aber für eine solche kinematographische Polyphonie gibt es noch ein andres, viel eleganteres Verfahren; nämlich zwei Motive zu vereinen: man braucht nur eine bestimmte Situation daraus hervorgehen zu lassen, die, ohne auf das eine oder das andre Motiv beschränkt zu sein, beide gleichzeitig symbolisiert. Denken wir an *Die freudlose Gasse*[1], an jenen klassischen Film. Pabst zeigt hier das Elend der Wiener Bevölkerung gleich nach dem Krieg und die wüsten Ausschweifungen einiger Kriegsgewinnler. Diese beiden Themen laufen lange nebeneinander her, ohne sich zu vermischen. Endlich begegnen sich die beiden Handlungsstränge; einer der Kriegsgewinnler fährt bei Tagesanbruch im Auto durch die «freudlose Gasse», um die Nacht in einer benachbarten Spelunke zu beenden: in eben dieser Gasse steht eine elende Menge vor der Schlachterei Schlange. Der Wagen streift diese armen Leute und verschwindet: die beiden für einen Augenblick vereinten Themen finden wieder zu ihrer Unabhängigkeit zurück. Es scheint, als sei das nur natürlich und notwendig: eine einfache Begegnung. Dann haben Sie den Film nicht gesehen: die Scheinwerfer des Autos glitten langsam über diese dumpfe und schlotternde Menge und ließen, eins nach dem andern, haßerfüllte Gesichter aus dem Schatten treten. Dieses blendende Licht, diese blinzelnden Augen, diese zusammengedrängten, verbrauchten Körper, dieses gewaltige, luxuriöse Auto, diese durchlöcherte Finsternis, all das ist ohne Zweifel unabwendbar; aber alles ist unter einem bestimmten Aspekt bezeichnet: das Ereignis wirft, bevor es sich wieder verflüchtigt, ein grelles, kurzes Licht auf den ganzen Film.

Solche Situationen, die durch eine notwendige und doch vieldeutige, sinnbeladene Verkettung hervorgerufen werden, glauben Sie nicht, daß sie im Film selten sind; es ist im Gegenteil sein natürliches Milieu; sie werden in ihm viele «zeichentragende» Gegenstände finden, einfache Dinge, denen ein zusammengefaßtes, in sich zusammengerolltes Thema wie ein Kürzel aufgeprägt ist.

1 *Die freudlose Gasse* von Georg Wilhelm Pabst mit Asta Nielsen, Greta Garbo und Werner Krauß kam 1925 heraus. In England wurde der Film verboten, in Frankreich, Italien, Österreich und anderswo war er nur stark geschnitten zu sehen. (Anm. d. Übers.)

Bewundern Sie also diese unauflösbare und doch geschmeidige Verkettung, diese Verflechtungen von Ereignissen voller Sinn, die zugleich durch die Natur und durch den Geist bestimmt sind, diese Handlungsstreuung, die plötzlich blitzartigen und gleich wieder zerbrochenen Vereinigungen Raum gibt, diese kurzen und flüchtigen Anklänge, diese tiefen und geheimen Entsprechungen aller Gegenstände untereinander: das ist die Welt des Films. Gewiß, Filme, die sich unfehlbar auf einem solchen Niveau halten, sind selten: aber sie werden keine sehen, die gänzlich ohne jede Schönheit sind.

Und in dieser neuen Welt werden Sie sich sehr gut zurechtfinden: Sie haben eine gewisse Fähigkeit erworben, sich in dem Irrgarten jener Intrigen, Symbole und Rhythmen zu orientieren. Ich habe gebildete Menschen gesehen, die sich darin verloren, weil sie nie ins Kino gingen. Aber Sie, die Sie darin zu Hause sind, obwohl Sie vielleicht Ihre Eindrücke und Ihre Gedanken noch nicht formulieren können, fühlen sich dort ganz wohl: nichts entgeht Ihnen, nichts enttäuscht Sie.

Ihre Eltern können sich beruhigen: der Film ist keine schlechte Schule. Es ist eine scheinbar leichte, im Grunde äußerst schwierige und sehr gewinnbringende Kunst, wenn sie richtig aufgenommen wird: sie reflektiert ihrem Wesen nach die Zivilisation unsrer Zeit. Wer sollte Sie die Schönheit der Welt, in der Sie leben, die Poesie der Geschwindigkeit, der Maschinen, das unmenschliche und strahlende Verhängnis der Industrie lehren? Wer, wenn nicht Ihre Kunst, der Film.

Juli 1931

Ein Film für die Zeit nach dem Krieg

Wir werden einen besonderen Fall nehmen, der uns erlauben wird, Ihnen zu zeigen, wie gegenwärtig der Film den Weg, zu dem er «gezwungen» ist, nicht verlassen kann. Was an dem besonderen Problem wahr ist, das wir behandeln wollen, gilt auch für alle andern Bereiche, die der Film berühren kann.

Auf der Leinwand – nur auf der Leinwand – gibt es Platz für eine erschrockene, aufgebrachte oder andächtige Menge. Der Romancier kann die Massen erozieren; wenn das Theater sie auf der Bühne darstellen will, muß es sie durch ein halbes Dutzend Personen symbolisieren, die Namen und Funktion des *Chors* übernehmen; allein der Film läßt sie sehen. Und er zeigt sie wiederum *den Massen selbst*: fünfzehn, zwanzig Millionen Zuschauern. So kann der Film über die Masse zu den Massen sprechen. Die großen Pioniere des Films, ein Griffith, ein Cecil B. DeMille, ein King Vidor haben das genau gesehen. Das bedeutet nicht, daß der Film sich Liebestragödien oder Konflikte zwischen Individuen versagen soll. Keineswegs. Nur muß er sie in ihr soziales Milieu versetzen. Die Schnelligkeit, mit der die Kamera von einem Ort zum andern fliegen kann, erlaubt außerdem, unsre Geschichte in der ganzen Welt zu situieren. Die berühmte Regel von den Einheiten im Theater ist für den Film in keiner Weise zwingend, und man kann sich mehrere Handlungen ausdenken, die simultan in verschiedenen Milieus spielen und gerade durch ihre Verschiedenheit dazu beitragen, eine gesellschaftliche Situation in ihrer Gesamtheit zu schildern. Die Einheit des Films käme dann von seiner umfassenden Bedeutung, von der Epoche, die er rekonstruiert, und nicht von der Verkettung der Umstände in einer winzigen Einzelanekdote.

Dennoch sind es solche *faits divers*, die heute den Gegenstand aller Filmproduktionen ausmachen. Die Milieus werden nicht geschildert, die Massen sind rigoros von der Leinwand verbannt. Wurzellose, in einer abstrakten Welt isolierte Personen lieben sich, begehren sich, hassen sich, als ob sie die einzigen Überlebenden einer großen Katastrophe wären. Anstatt die Allgegenwart des Films dazu zu verwenden, uns von einem Milieu ins andre springen zu lassen, hat man keine andre Sorge, als die Kamera an denselben Orten auf dieselben Personen gerichtet zu fixieren; wenn sie den Salon verlassen, um in die Küche zu gehen, zerbricht sich der Drehbuchautor den Kopf, wie er diesen Übergang durch gute Gründe rechtfertigen kann. So hat man die Macht des Films unendlich eingeschränkt: man hat ihn gefesselt, man hat diesen Riesen gezwungen, Miniaturen zu malen. Denn man hat Angst vor ihm. Schuld haben nicht die Regisseure: zu keiner Zeit hat Frankreich größere gehabt. Schuld haben bestimmte Produzenten, die Zensurvorschriften von Vichy und all jene, die das Suggestions-, das Überredungsvermögen des Films fürchten und die noch zittern bei der Erinnerung an die Begeisterung, die vor dem Krieg die französischen Zuschauer von *Hallelujah* und *Panzerkreuzer Potemkin* ergriff. Diesem Publikum, das der besten Filme würdig ist, werfen sie wie einen abgenagten Knochen die einschläfernden Obszönitäten gewisser sogenannter «pariserischer» Komödien vor.

Das Übel, an dem der Film leidet, ist also nicht konstitutionell. Der Krieg und die Ideologie der Besatzer und ihrer Lakaien versuchen ihn zu ersticken. Wir können heute nur im stillen seine Befreiung vorbereiten, indem wir auf die Suche nach großen Themen gehen, die ihm seinen außerordentlichen Platz einer *Massenkunst* wiedergeben werden. Und welches andre Thema sollte uns zuerst auf den Plan rufen, wenn nicht eben dieses besetzte Frankreich, wo wir leben, seine Größe und seine Not? Man wird es den Amerikanern und den Russen überlassen, uns vom Krieg, von den Schlachten um Libyen, Stalingrad und Charkow zu sprechen. Aber unser Schmerz gehört uns. Niemand wird an unsrer Stelle von den Deportationen, den Erschießungen, den Kämpfen der Soldaten ohne Uniform, von jenen heldenhaften Maquis und von jener Million Gefangener sprechen können, die Frankreich seit vier Jahren fehlen. Es wird nicht darum gehen, einen Propagandafilm zu drehen, und es wäre geschmacklos mit dem, was für so viele Familien ein Leidensweg war, *unterhalten* zu wollen. Der Regisseur, der den Mut hätte, sich an einen solchen Film heranzumachen, müßte schon jetzt daran denken und schon jetzt Dokumente sammeln: er muß einfach versuchen, zu *bezeugen*. Aber dieses Zeugnis wird dem Film zugleich seine Weite und seine Macht zurückgeben, denn er wird ein großes Gesellschaftsfresko zu malen haben. So wird die Befreiung des Films die Befreiung des Landes begleiten.

April 1944

Hollywood 1945*

Los Angeles: Keine Verdunklung. Die Stadt strahlt abends über vierzig Meilen in ihrem ganzen Licht wie eine einzige große Milchstraße. Der Flugplatz ist jedoch getarnt: Über die Flugzeughallen hat man Netze gespannt, die große schwarze, halb in die Maschen verflochtene Haarbüschel tragen, Laub, abgehackte Äste; von Zeit zu Zeit erhebt sich ein künstlicher Baum zwischen den Flugzeugen. Hier und in San Francisco haben wir am meisten gespürt, daß Amerika im Krieg ist. Diese beiden Städte leben mit dem Krieg: seit mehr als drei Jahren tobt eine gewaltige Seeschlacht auf dem Ozean, an dem sie liegen.

Nach Pearl Harbor waren die Einwohner von San Francisco überzeugt, daß die japanische Luftwaffe eines schönen Abends Tonnen von Bomben über ihrer Stadt abwerfen würde. Mit ihren Holzhäusern im kalifornischen Stil wäre sie restlos abgebrannt. Die Erinnerung an das Erdbeben von 1906 und an die Brandkatastrophe, die vier Fünftel der Häuser zerstörte, machte ihre Angst noch konkreter und präziser: sie hatten Katastrophen erlebt, denen an einem Tag eine ganze Bevölkerung zum Opfer fällt. Keine Luftschutzbunker, keine Flak. An der Küste die Kanonen aus dem Krieg mit Spanien. Dennoch hat niemand die Stadt verlassen.

Das Leben ist weitergegangen, die riesigen Fabriken von Kaiser, die in vier Tagen ein Schiff bauen, sind plötzlich auf einer Ecke der Halbinsel emporgeschossen. Doch die Bevölkerung hat unter ihrem lebhaften und ungezwungenen Äußeren einen etwas angstvollen Ernst behalten. Noch heute wird einem gesagt, daß Kalifornien durch ein wahres Wunder verschont geblieben ist.

Es versteht sich von selbst, daß Los Angeles diesen Ernst und diese Angst teilt. Wir haben uns drei Tage in Hollywood aufgehalten, wir haben Beverly Hills besucht, den Hügel der Stars, die Studios von Fox, MGM und Walt Disney. Doch man erwarte hier nicht die Schilderung eines strahlenden und leichten Lebens.

Hollywood hat sich verändert. Zunächst einmal ist es nur ein Viertel dieser riesigen Stadt, die ihren Reichtum vor allem dem Erdöl verdankt.

* Die Reportage über Hollywood schrieb Sartre anläßlich seines Amerika-Aufenthalts im Frühjahr 1945 als Sonderkorrespondent von *Combat*. Sie erschien in den Ausgaben vom 27. 3., 30. 3., 1./2. 4., 5. 4. und 7. 4. 1945. (Anm. d. Übers.)

Und die Ölmagnaten, die hier die Rolle einer alten Aristokratie einnehmen, verkehren kaum mit den Neureichen vom Film. Und dann sind die Riesengagen der Stars nur noch eine Erinnerung. Zweifellos stellen sie auf dem Papier immer noch astronomische Summen dar, aber vier Fünftel gehen für die Kriegssteuer ab.

Die ehemaligen Stars, deren Namen das französische Publikum kennt, haben kaum noch Lust, Filme zu drehen: die enormen Vermögen, die sie vor dem Krieg erworben haben, genügen ihnen, es widerstrebt ihnen, für etwas zu arbeiten, was sie als ein Elendshonorar ansehen. Greta Garbo ist seit vier Jahren in keinem Film aufgetreten; die Marx Brothers sind feindliche Brüder geworden, die Ritz Brothers sind vergessen. Nur Edward G. Robinson hat nach längerer Pause gerade sein Comeback in *Double Indemnity* gehabt.[1]

Andere sind eingezogen: Robert Montgomery, James Stewart und weitere hundert kämpfen in Frankreich oder auf dem Pazifik. Nach einem oder zwei Jahren kehren sie zurück, drehen einen Film und rücken wieder ein. Capra ist bei der Armee in Washington, er gehört zum Signal Corps, Sektion Film, er hat das Landekorps nach Europa begleitet. Wir werden sehen, daß die Firma Walt Disney auf ihre Weise mobilisiert ist. Die neuen Stars, Jennifer Jones, Ingrid Bergman, Greer Garson, Betty Field, verdienen weniger gut, sind noch ganz am Anfang ihrer Karriere und haben nicht den Glanz der alten.

Für den ausländischen Besucher scheint der amerikanische Film, jener Film, von dem er vier Jahre geträumt hat, etwas von seiner Vitalität verloren zu haben. Dieser Eindruck hat sich mir bestätigt, als ich in einer Sondervorführung einige der besten Filme und größten Erfolge der letzten Jahre zu sehen bekam. Ich habe nichts gesehen, was an *Hallelujah*, *The Crowd* oder *Stagecoach* heranreicht.[2] Irgend etwas scheint mit dem Frieden verschwunden zu sein. Dennoch ist auch etwas gewonnen. Das möchte ich meinen Lesern klarzumachen versuchen.

Gewiß ist der Film eine Industrie geblieben. Daß sie die fünfte von Amerika ist, sagt schon genug über das Ausmaß der investierten Kapitalien. Die großen Filmindustrie-Bosse sind Bankiers aus dem Nordosten, jener Region, die ganz Amerika zu ihrer Kolonie machen möchte. Man

---

[1] *Double Indemnity* (1943) mit Edward G. Robinson ist ein Film von Billy Wilder. Er lief in Deutschland unter dem Titel *Frau ohne Gewissen*. (Anm. d. Übers.)

[2] *Hallelujah* von King Vidor, 1929 gedreht, war einer der ersten Tonfilme Hollywoods. *The Crowd*, ebenfalls von King Vidor, 1928 gedreht. *Stagecoah* (1939) von John Ford ist einer der klassischen Westernfilme mit John Wayne. Der deutsche Verleihtitel ist *Höllenfahrt nach Santa Fé* oder *Ringo*. (Anm. d. Übers.)

sieht sie nie, aber sie üben einen geheimen Einfluß auf die Produktion aus. Die sogenannten Producers sind nur höhere Angestellte, die vielleicht am Gewinn beteiligt sind.

Die acht großen Gesellschaften (MGM, Fox, Warner, RKO, Paramount, Universal, Republic, Columbia) haben zwar nicht das Monopol über die Produktion, aber praktisch über den Verleih. Das System des «Paketverkaufs», das sie eingeführt haben, ist kommerziell ausgezeichnet, aber es schadet der Qualität: die Verleiher, die das Recht für einen erstklassigen Film erwerben wollen, müssen das «Paket» kaufen, das heißt, einen ganzen Posten minderwertiger oder ausgesprochen mittelmäßiger Filme abnehmen. Das heißt, die großen Gesellschaften haben praktisch überhaupt kein Interesse, viele gute Filme zu produzieren. Was sie auch tun, der Markt ist abgesichert.

Zu Beginn des Krieges, nach den deutschen «Blitzsiegen», hatte die Produzenten eine gewisse Unruhe erfaßt: der europäische Markt, der ihnen nun verschlossen war, hatte 33 Prozent ihrer Einnahmen erbracht. Für eine Weile konnte man glauben, daß dieser plötzliche Rückgang der Nachfrage zur Steigerung der Qualität beitragen würde. Aber beinahe sofort hatte die Wende der Ereignisse und der Kriegseintritt Amerikas die Produzenten wieder beruhigt. Das Geld begann in Strömen zu fließen, und als es immer schwieriger wurde, es auszugeben, nahm die Zahl der Kinogänger in beträchtlichem Ausmaß zu. Der amerikanische Markt gleicht heute bei weitem den Verlust des europäischen Markts aus. Der Filmindustrie ist es nie so gut gegangen.

Aber das Vorhandensein einer europäischen Kundschaft übte vor 1939 einen glücklichen Einfluß auf die Produktion aus: sie zwang dazu, eine Auswahl zu treffen, und da man nur die besseren Filme ins Ausland schickte, zu erhalten, was man eine Qualitätsindustrie nennen könnte. Seit dem Krieg schluckt das amerikanische Publikum alles. Es gibt also so etwas wie eine Versuchung der Gefälligkeit.

Die eigentlichen Kunden der amerikanischen Filmindustrie sind heute die *bobby soxers*, das heißt die Jugendlichen in Socken, die in den Kinos das Geld ausgeben, das sie in der Fabrik oder im Kaufhaus verdient haben. Sie schlucken alles, und unter ihrem Einfluß gewinnt der Film zwar eine gewisse Frische, aber auch eine gewisse Naivität. Vielleicht ist er in einem bestimmten Maß amerikanischer geworden, vielleicht beziehen sich seine Themen häufiger auf das Leben und die Gebräuche in den Vereinigten Staaten. Muß man heute nicht dem Bürger von Texas oder Arizona mehr als jedem andern gefallen? Das wenigstens hat man mir gesagt, und ich habe wirklich einige gute Filme gesehen, die man fast als regionalistisch bezeichnen könnte.

Doch die Sorgen des Krieges – den der Amerikaner an allen Ecken der Welt führt, nur nicht bei sich – erweitern und internationalisieren zugleich auch die Themen: Titel wie *Casablanca, Sahara, A Bell for Adano, Mission to Moscow, Passage to Marseille* sind dafür bezeichnend.[1]

Vielleicht sollte man hier einfach von zwei entgegengesetzten Richtungen sprechen, von denen die eine zum Rückzug auf sich selbst und die andre zum Internationalismus tendiert, und daran erinnern, daß der Gegensatz dieser beiden Richtungen nicht nur für den Film charakteristisch ist, sondern für den augenblicklichen Geisteszustand der Amerikaner überhaupt.

Im allgemeinen ist die Machart der Filme auf dem Stand von 1939 geblieben: eine Fließbandproduktion. Am Anfang steht die Suche nach einem Stoff. Automatisch werden alle Theaterstücke bearbeitet, die am Broadway mehr als hundert Aufführungen erlebt haben, alle Erfolgsromane, alle Erzählungen und Novellen, die in einem auflagestarken Magazin erschienen sind. Die direkt für den Film verfaßten Szenarios sind so selten, daß man sie geflissentlich als «Origine» bezeichnet.

Auf diese Weise macht man aus dem Film entschieden eine Imita-

---

1 Die meisten dieser hier erwähnten antifaschistischen Filme Hollywoods sind in Deutschland nicht gezeigt worden. In Amerika wurden sie in der McCarthy-Zeit als kommunistische Propagandafilme verketzert, in Deutschland waren sie politisch inopportun, sie versprachen kein Geschäft. *Casablanca*, 1942 von Michael Curtiz gedreht, kam wegen der Starbesetzung mit Humphrey Bogart, Ingrid Bergman, Paul Henreid, Peter Lorre in den deutschen Verleih, allerdings in einer verstümmelten (um 20 Minuten gekürzten) und entpolitisierten Fassung. Erst 1975 zeigte das Fernsehen die neusynchronisierte Originalfassung. (Auch Alfred Hitchcocks *Notorious* mit Ingrid Bergman und Cary Grant, wurde uns nach dem Krieg in zensurierter, unpolitischer Version als *Weißes Gift* angeboten.) Bisher nur im III. Fernsehen des NDR lief Zoltan Kordas *Sahara* mit Humphrey Bogart, der den Kommandanten einer versprengten amerikanischen Panzerbesatzung spielt, die sich nach dem Fall von Tobruk zu den Stellungen der Alliierten durchschlagen muß. Gemeinsam mit sechs Engländern, einem sudanesischen Unteroffizier und mit deutschen und italienischen Gefangenen verteidigen sie eine Wasserstelle in der Wüste gegen angreifende deutsche Truppen und zwingen sie zum Rückzug. *Passage to Marseille*, 1943 von Michael Curtiz gedreht, wiederum mit Humphrey Bogart, der einen politischen Gefangenen spielt, dem mit vier weiteren Kameraden die Flucht von der Teufelsinsel gelingt. Sie verhindern die Übergabe des Schiffs, das sie gerettet hat, an die Vichy-Regierung und treten dann in ein Bombengeschwader des Freien Frankreich ein. Ebenfalls von Michael Curtiz stammt *Mission to Moscow*, 1943 gedreht, zu einer Zeit, als die USA die Annäherung an die Sowjetunion suchten. Später griff man den Film als prostalinistisches Machwerk an. (Anm. d. Übers.)

tions- und Reproduktionskunst, fast eine parasitäre Kunst. Das Publikum geht sich in den Lichtspielhäusern ansehen, was ihm im Theater gefallen und was es im Wochenendmagazin gelesen hat.

Die Adaptation wird einem Writer anvertraut, im allgemeinen einem unter Vertrag genommenen Drehbuchautor. Dieser verfügt über eine variable Frist, die desto länger ist, je wichtiger die Firma ist. Wenn seine Arbeit abgeschlossen ist, legt er sie dem Produzenten vor, der in der Regel nicht damit zufrieden ist und einen zweiten Drehbuchautor damit beauftragt, sie völlig umzuschreiben.

Nicht selten erlebt man so, daß drei oder vier Writer nacheinander ein Szenario umarbeiten. Wenn es schließlich fertig ist, wird es noch einmal aufgebügelt: der Spezialist für das Aufbügeln schneidet und feilt daran herum, fügt hier einen Gag, dort ein Bonmot ein oder schreibt eine Szene dazu, die manchmal den ganzen Film verderben kann. Dann engagiert man den Regisseur, der in den meisten Fällen neue Änderungen für nötig hält und einen weiteren Writer damit beauftragt. Schließlich wird gedreht.

Oft hat man, um Zeit zu gewinnen, einen zweiten Regisseur, der die Außenaufnahmen dreht, während der erste im Studio arbeitet.

Den Schnitt übernimmt ein Spezialist, meistens ein Mann mit Erfahrung und Begabung, der aber in der Regel weder das Drehbuch noch die Absichten des Regisseurs kennt. Selten sind die Regisseure, die den Schnitt selbst machen oder ihn wenigstens überwachen.

Man führt den Film schließlich dem Musiker vor, der ihn nachträglich vertont. Nun ist der Film endlich fertig, werden Sie sagen. Sie täuschen sich; es fehlt noch ein Mitarbeiter: das Publikum.

Eine der traditionellen Zeremonien Hollywoods ist die *sheak preview*: ehe der Film herauskommt, läßt man ihn in einem Vorstadtkino als Sonderveranstaltung laufen – vor dem Krieg brachte ihn ein Flugzeug manchmal in eine kleine Stadt in Texas oder Oklahoma. Das Publikum ist sehr gierig auf solche Veranstaltungen. Man teilt Zettel aus, damit es seine Kritik aufschreibt. Es stimmt im Grunde ab. Auch hier übt es seine Souveränitätsrechte aus.

Wenn es sich um einen komischen Film handelt, zählt ein Vertreter der Gesellschaft irgendwo in einer Ecke des Saals die Lacher. Diese Mitarbeit hat reale Folgen: es geschieht häufig, daß nach den bei der *preview* gesammelten Hinweisen eine oder mehrere Szenen abgewandelt werden, daß der Schluß ausgetauscht wird.

Kürzlich hat das Publikum einer dieser Vorpremieren zum Beispiel protestiert, weil es den Schluß von Fritz Langs *The Woman in the Window* zu grausam fand. Edward G. Robinson fand sich als sympathische Figur in eine Mordaffäre verwickelt, und die Indizien sprachen derart gegen ihn, fügten sich mit einer so unumstößlichen Logik aneinander, daß er am Ende, obwohl unschuldig, zum Tode verurteilt wurde. Nach der *preview* war der Produzent ganz ratlos, weil alles darauf angelegt war, daß Robinson verurteilt wurde. Es war unmöglich, ein Detail zu ändern, ohne den ganzen Film zu zerstören. Irgend jemand hatte eine geniale Idee: alles war ein Traum; kurz bevor Robinson hingerichtet wird, fährt er aus dem Schlaf.

Und die Producer finden diese Mitarbeit des Publikums so normal, sie richten sich so widerstandslos danach, daß heute die ganze Reklame für *The Woman in the Window* auf diesen letzten Szenen beruht.[1]

Doch diese *previews*, die prinzipiell eine gute Sache sind, sind seit einiger Zeit etwas heruntergekommen. Der Geschmack des Publikums, seine Sympathien und Antipathien sind kaum noch lebendig: seit Jahren diktiert Hollywood ihm seine Meinung. So sind seine Reaktionen manipuliert, und durch das Publikum befragt sich Hollywood selbst.

Wir haben gesagt, was vom alten Hollywood geblieben ist: die Fließbandproduktion, die Industrialisierung und eine allzu simple Auffassung des Publikums. Doch der Geist des amerikanischen Films hat sich radikal geändert. Vor allem, die aus der Epoche des New Deal hervorgegangene Gewerkschaftsbewegung ist bis hierher vorgedrungen. Seit 1936 gibt es eine Drehbuchautorgewerkschaft.

Sie wurde Guild genannt – nicht Vereinigung oder Verband – aus jenem Rest von Stolz, der allzuoft die intellektuellen «Eliten» charakterisiert: die Guild ist die Gewerkschaft der Aristokraten.

Abgesehen davon sind sie es, die die linkeste Politik machen. Sie haben es anfangs sehr schwer gehabt. Louis B. Mayer und Walt Disney, die stockkonservativ sind, haben sich mit andren Produzenten zusammengetan und einen reaktionären Abwehrverband gegründet: die Hollywood Motion Picture Alliance. Trotz ihrem heftigen Widerstand sind heute alle Drehbuchautoren Hollywoods in der Guild organisiert, und sie hat echte Siege errungen.

Der typische Vertrag zwischen Produzent und Drehbuchautor war auf sieben Jahre befristet. Aber er war einseitig: alle sechs Monate konnte der Produzent den Autor fristlos entlassen. Die Guild hat eine Kündigungsfrist durchgesetzt. Außerdem entschied allein der Produzent über die Namensnennung, das heißt, er allein bestimmte die Writer, die im Vorspann und auf dem Plakat als Drehbuchautoren des Films genannt

---

1 *The Woman in the Window* von Fritz Lang wurde 1944 gedreht. Der deutsche Verleihtitel ist *Gefährliche Begegnung*. (Anm. d. Übers.)

wurden. Dank der Guild schlägt er heute den Schriftstellern, die bei der Produktion mitgearbeitet haben, die Namensnennung vor. Wenn sie seine Vorschläge nicht akzeptieren, ernennt die Guild eine Schiedskommission, die ohne weitere Einspruchsmöglichkeit entscheidet. Sie hat schließlich erreicht, daß es verboten ist, nicht organisierte Schriftsteller zu beschäftigen.

Diese substantiellen Errungenschaften haben nicht einfach nur eine gewerkschaftliche Bedeutung: Sie haben einen beträchtlichen Einfluß auf die Qualität der Filme gehabt und werden ihn behalten. Vor 1936 war der Writer wenig angesehen: es war ein Mitarbeiter zweiten Ranges. Heute gilt er etwas, weil er stark und weil er selbstbewußt geworden ist; sein neues Ansehen nützt dem Film.

Er hat zwar noch keine Unabhängigkeit erreicht; man ignoriert hier völlig das künstlerische Eigentum, er verkauft seine Arbeit dem Produzenten, der daraus machen kann, was er will. Doch schließlich wird in den Vereinigten Staaten der Journalist oder der Dramatiker kaum besser behandelt. Wichtig ist für den Film das Erwachen eines literarischen Bewußtseins bei den Drehbuchautoren, aber auch das Erwachen der beruflichen Solidarität in verschiedenen Berufsgruppen, die bei der Produktion eines Films mitarbeiten: nach dem Beispiel der Writer haben sich die Künstler organisiert ebenso wie die Techniker und die Arbeiter, die Musiker. Das Ganze setzt sich aus etwa siebzig Guilds oder Vereinigungen zusammen.

Aus alldem ist ein neuer Geist entstanden: 1944 verurteilte die reaktionäre Hollywood Motion Picture Alliance, die vorgab, im Namen der gesamten Filmindustrie zu sprechen, alle fortschrittlichen Neuerungen und erklärte sie für «rot» und «antiamerikanisch». Am 28. Juni 1944 erklärten tausend Delegierte als Vertreter der siebzig Guilds und Vereinigungen auf einer Versammlung, daß sie die Existenz faschistischer Organisationen in Hollywood nicht tolerieren würden, und riefen alle Filmschaffenden auf, sich gegen die Feinde der Demokratie zusammenzuschließen. Im Anschluß an diese Zusammenkunft bildeten die Protestierenden einen Rat der Guilds und Gewerkschaften von Hollywood, dem heute die große Mehrheit der Filmschaffenden (22000 von 30000) angehören.

Die Guild der Autoren steht außerdem am Anfang einer sehr wichtigen intellektuellen und politischen Bewegung, bekannt unter dem Namen Hollywood Writer's Mobilization. Dieser Verband hat zum Ziel, die Drehbuchautoren Hollywoods für die nationale Verteidigung und den Antifaschismus zu mobilisieren. Er hat die Texte für 180 Kurz- und Dokumentarfilme zur Kriegspropaganda geliefert; er hat Hunderte von Rundfunkaufrufen, Sketches usw. geschrieben. Daraus ist zwangsläufig bei seinen Mitgliedern ein neuer Ernst entstanden, der sich in den bei ihnen bestellten Drehbüchern niederschlägt. Aber außerdem versuchen sie auch, die Produzenten für ihre Gesichtspunkte zu gewinnen. Sie haben gemeinsam mit der Universität von Kalifornien in Hollywood einen Kongreß veranstaltet, zu dem mehr als 1300 Leute kamen und der Produzenten mit Universitätsprofessoren zusammenbrachte.

Dieser Kongreß stellte die grundsätzliche Forderung auf, daß die Filmindustrie sich ihrer Verantwortung bewußt werden und aufhören müßte, die aktuellen politischen und gesellschaftlichen Probleme zu ignorieren. Die Wirkungen dieses tiefgreifenden Wandels zeigen sich bereits bis zu den Produktionsverfahren.

Bisher waren die Produzenten New Yorker Geschäftsleute oder alte Rückfällige, die mit dem Kino groß geworden waren, wie die Warner Brothers, die vor dem Ersten Weltkrieg im Lunapark einen ganz kleinen Vorführraum unterhielten, wo sie selbst die Funktion des Vorführers, Kassierers und Platzanweisers erfüllten. Heute beobachtet man bei den Autoren und Schauspielern eine gewisse Neigung, sich ihrerseits als Producer zu betätigen, sofern sie Kapital haben oder auftreiben können: auf diese Weise «produzieren» sie den Film, in dem sie spielen oder dessen Buch sie geschrieben haben, und vermeiden so weit wie möglich die Splitterung und Fließbandproduktion, von der wir gesprochen haben.

Das Ergebnis war bald spürbar: in Hollywood änderte sich sogar die Auffassung vom Film. Vor noch nicht allzu langer Zeit, 1938, hieß der Slogan der Filmleute: «Filme sind Ihre beste Unterhaltung». Es ging vor allem darum, den von der täglichen Arbeit erschöpften Massen Erholung zu bieten. Nichts, was zum Denken anregt: leicht verständliche und gefällige Bilder, ein bißchen Charme, ein bißchen Gefühl, Lachen. Film war zum «Opium des Volkes» geworden. Heute beginnt er unter dem doppelten Einfluß des Krieges und der Guild der Autoren sich seiner enormen Verantwortung bewußt zu werden.

Es wurden großartige Kriegsfilme hergestellt. Sie sind in Frankreich noch nicht gezeigt worden oder zumindest noch nicht, als ich in die Vereinigten Staaten fuhr. Für die Amerikaner ist der Krieg im Pazifik der eigentliche Krieg, ihn verfolgen sie mit Leidenschaft; sie haben ihre Kameraleute auf Kriegsschiffen nach den Philippinen geschickt. Dabei sind einige Dokumentarfilme von unglaublicher Kraft und Gewalt entstanden.

Die Fox zum Beispiel hat *The Fighting Lady*[1] gedreht, einen Farbfilm über die Odyssee eines Flugzeugträgers, der bestimmt ebenso ergreifend

---

1 Ein dokumentarischer Kriegsfilm, von William Wyler 1944 gedreht. (Anm. d. Übers.).

ist wie die großen sowjetischen Kriegsfilme. Eine an Bord des Flugzeugträgers angebrachte automatische Kamera beginnt durch einen einfachen Mechanismus zu drehen, sobald die Maschinengewehre in Aktion treten: zum erstenmal sehen wir Luftkämpfe, Sturzkampfflieger aus der Sicht des Maschinengewehrschützen oder des Piloten. Wir sitzen im Flugzeug; dann später sind wir auf dem Flugzeugträger, wenn die zerschossenen Flugzeuge ohne Fahrgestell auf dem Deck halb zu Bruch gehen und die sterbenden Piloten aus der Kanzel herausgeholt werden.

Die Amerikaner haben einen Fehler begangen: sie haben lange diskutiert, ob sie uns solche Filme schicken sollen, aber sie haben geglaubt, daß den Franzosen der Krieg im Pazifik völlig gleichgültig wäre – was wahr ist – und daß man ihnen folglich nur Filme zeigen könnte, die von nahem oder von weitem den Krieg in Europa berühren. Deshalb haben wir die platte und ärgerliche *Human Comedy*[1] gesehen, während uns im Gegenteil diese großartigen Dokumentarstreifen über den philippinischen Kriegsschauplatz interessiert hätten. Es ist noch nicht zu spät, diesen Fehler zu korrigieren.

Aber auch abgesehen von den bei der Armee gedrehten Filmen haben die großen Firmen eine Menge ernster Filme produziert, ich würde fast sagen «strenger» Filme, deren Ziel die moralische und politische Erziehung ist. Vladimir Pozner, der in Hollywood als Drehbuchautor arbeitet, bis er nach Frankreich zurückkehren kann, sagte mir: «Wir haben den Stummfilm gehabt, dann den Tonfilm; wir erleben jetzt die Geburt des Problemfilms.»[2]

Man darf allerdings nicht glauben, daß der amerikanische Film dabei sofort gewinnt. Diese Problemfilme, die durch ihren guten Willen berühren, sind oft ungeschickt, plump und etwas langweilig.

Zum Beispiel *Tomorrow the World*, ein Film, den die Hollywood Writer's Mobilization gerade preisgekrönt und Künstlern, Produzenten, Regisseuren und Universitätsleuten von Los Angeles in Privatvorstellungen gezeigt hat, an die sich leidenschaftliche zweistündige Diskussionen

1 Ein 1943 von Clarence Brown gedrehter MGM-Film nach dem Roman von William Saroyan. (Anm. d. Übers.)
2 Vladimir Pozner, französischer Schriftsteller russischer Abstammung, der während des Zweiten Weltkriegs in Hollywood lebte. Er arbeitete dort auch mit Brecht zusammen. Später schrieb er für Alberto Cavalcanti das Drehbuch zu dem Film *Herr Puntila und sein Knecht Matti* nach dem Stück von Brecht. Seine Erinnerungen erschienen 1972 unter dem Titel *Vladimir Pozner se souvient* bei Gulliard. (Anm. d. Übers.)

über Faschismus und Demokratie anschlossen.[1]

Er erzählt die Geschichte einer amerikanischen Familie, die einen kleinen Nazi aufnimmt. Das verschlagene und dickköpfige Kind ruft eine Katastrophe nach der andern hervor, bis es schließlich die Vorzüge der Demokratie begreift. Die didaktische Tendenz ist zu deutlich in diesem mit guten Absichten überladenen Werk; der Junge redet wie ein Buch. Die Figuren sind blaß und konventionell. Aber schließlich ist das ein Film, der denkt und der zum Denken anregen will.

Der Film über Präsident Wilson, von der Fox produziert, ist um eine Klasse besser.[2] Es ist ein riesiges Farbfresko, das zweiundeinhalb Stunden dauert und die Kämpfe Wilsons von seinem Eintritt ins politische Leben bis ans Ende seiner zweiten Präsidentschaft nachzeichnet.

Vor fünf Jahren hätte man sich in Hollywood einen solchen Film nicht vorstellen können, denn außer seiner rein politischen Aktivität ist das Leben Wilsons ohne Geschichte. Er war Professor, er wurde Gouverneur, er hatte Frau und Töchter, seine Frau starb, er weinte um sie und heiratete eine andre. Das ist alles.

Der Produzent hat nichts dazuerfunden, es ist ihm gelungen, beinahe den ganzen Film über Interesse zu wecken; besser, es ist ihm gelungen zu überzeugen. Der Film, der kurz vor dem Präsidentschaftswahlkampf lief, hat Roosevelt sicher Stimmen gebracht, besonders die des Produzenten selbst.

Darryl F. Zanuck, der Produzent der Fox, war Republikaner. Er hat den Film ohne politische Hintergedanken gemacht, einfach nur weil er dachte, daß die Probleme, die Wilson beschäftigten, wieder aktuell geworden wären. Der Film hat ihn überzeugt. Von seinem enormen Erfolg beeindruckt, hat er für Roosevelt gestimmt.

Es gibt in *Wilson* überraschende Sequenzen, zum Beispiel der Konvent während der ersten Präsidentschaftswahl. Aber die Figuren sind nur flüchtig skizziert.

Und dann scheint vor allem der Sinn der eigentlich filmischen Realität mit ihren Suggestionen, ihren Anspielungen, ihren verlorenen Profilen etwas gelitten zu haben. Man sagt uns die Dinge bieder und naiv. Es geht weniger darum, zu gefallen, als zum Denken anzuregen.

Die gleiche Kritik trifft auch für *Searching Wind* nach dem Stück von Lillian Hellman, für *A Bell for Adano*, für *Sahara*, für *Casablanca* usw. zu. Die ganze Kraft des Films fand ich erst wieder, als ich in einer Privatvorführung den Film eines französischen Regisseurs sah, den herrlichen

---

1 *Tomorrow the World* wurde 1944 von Leslie Fenton nach einem erfolgreichen Bühnenstück gedreht, mit Fredric March und Betty Field. (Anm. d. Übers.)
2 *Wilson* wurde 1944 von Henry King gedreht. (Anm. d. Übers.)

Hold Autumn in Your Hand, den Renoir nach einem Bauernroman über die kleinen Farmer in Texas gedreht hat und der noch nicht in New York gelaufen ist.[1]

Aber das alles ist ganz natürlich. Als der amerikanische Film erwachsen wurde, hat er seine Anmut, seinen kindlichen Charme, seine Ausdruckskraft verloren. Er hat dafür andre Qualitäten gewonnen: zum Beispiel beginnt man in den Studios von Hollywood Gefallen an historischer Genauigkeit zu finden. Gewiß, bei *Wilson* hat man eine Szene über den Friedensvertrag gedreht, wo man Poincaré in Versailles mit erhobenem Glas zu Wilson sagen hörte: «Auf Ihr Wohl.» Der französische Regisseur Daven, der in Hollywood sehr guten Erfolg hat, hat inständig darum bitten müssen, den Dialog zu ändern. Man hat lieber die Szene herausgeschnitten, anstatt die kleinen Änderungen anzubringen, die er vorschlug.

Aber insgesamt verzichtet man auf die konventionellen Typen. Die Hollywood Writer's Mobilization besteht darauf, daß man Neger, Chinesen, Russen, Franzosen so zeigt, wie sie sind, nicht als Marionetten. Sie hat bereits Ergebnisse erzielt.

Bei *Bataan* zum Beispiel hat Dore Schary, der eine Negerrolle haben wollte, die Rollen schreiben lassen, ohne im voraus zu entscheiden, welche von einem Neger gespielt werden sollte. So daß der Negerdarsteller aufgefordert wurde, eine Rolle zu spielen, die für einen Mann und nicht zuerst für einen Neger konzipiert war, das heißt, für jenes Schablonengemisch, das die Amerikaner lange für den Negercharakter gehalten haben.[2]

Zur selben Zeit gründete Charles Boyer sein French Research Institute, wo Produzenten und Regisseure alle möglichen Frankreich betreffenden Memoiren, Dokumente und historische Werke einsehen können. Es scheint sehr stark besucht zu werden.

Diese Ernsthaftigkeit hat sich beim Publikum durchgesetzt. Es schätzt schwere Filme. Die drei großen Erfolge der letzten Zeit sind drei katholische Filme gewesen: *The Song of Bernadette*[3], die Geschichte von Lourdes, ein Film von Bing Crosby über das Leben eines jungen Priesters und *The Keys of the Kingdom*, nach einem Roman von Cronin über die Missionare.

---

1 Dieser 1945 von Jean Renoir gedrehte Film bekam dann auf Wunsch des Verleihs den Titel *The Southener*. (Anm. d. Übers.)
2 Ein MGM-Film, 1943 von Tay Garnett mit Lloyd Nolan und Robert Taylor gedreht. (Anm. d. Übers.)
3 Nach dem Roman von Franz Werfel, mit Jennifer Jones, 1944 gedreht. (Anm. d. Übers.)

Krimis sind in den Rang von B-Filmen verwiesen worden (Filme zweiter Klasse), oder es handelt sich um Verbrechen auf psychologischer Basis wie in *Double Indemnity* (mit Fred MacMurray, Barbara Stanwyck, Edward G. Robinson), wo es eigentlich kein Rätsel gibt außer dem der Beweggründe, Absichten und Charaktere. Selbst die Schauspieler sind von dem neuen Geist berührt. Viele würden sich wie Fredric March weigern, einen Film zu drehen, der keine gesellschaftliche oder psychologische Bedeutung hat.

Ich habe darauf hingewiesen, wie stark das amerikanische Publikum gegenwärtig von den letzten Hollywoodproduktionen, den Problemfilmen angezogen wird. Allerdings darf man das nicht zu schnell verallgemeinern: wie gesagt, die Produktionsverfahren sind spürbar dieselben geblieben, es werden weiterhin Fließbandproduktionen gemacht. Und außerdem bleiben die meisten Produktionen Kitschfilme, Western, Horrorfilme oder Krimis. Und vor allem gehen in den Problemfilmen die Probleme nicht sehr weit. Es handelt sich meist um einige aktuelle politische und gesellschaftliche Betrachtungen. Und schließlich hat es schon zur Zeit von King Vidor Filme von gesellschaftlicher Bedeutung gegeben. Aber wie dem auch sei, es ist ein Anfang.

Wenig an seine Verantwortung und seine Größe gewöhnt, ist der amerikanische Film noch unsicher. Er macht eine Wachstumskrise durch; aber die größten Hoffnungen sind erlaubt. Ob er seinen Ernst behalten und seinen Charme wiederfinden könnte?

Diese beiden Qualitäten sind nicht unvereinbar. Die Autoren der Hollywood Writer's Mobilization haben das schon begriffen. Der Preis, den sie jedes Jahr verleihen, geht an den Film, der ein ernstes Thema mit künstlerischem Wert verbindet.

Wie wird die Nachkriegszeit für Hollywood aussehen? Wird sich die «Bekehrung», von der wir hier sprachen, als eine Rückkehr zu früheren Produktionsformen auswirken? Das hängt sehr von der allgemeinen ökonomischen Lage der Vereinigten Staaten ab. Wenn es ihnen auf die eine oder andre Weise gelingt, ihren großen Wohlstand zu erhalten, wird der Binnenmarkt dem amerikanischen Film genügen: dann wird er nur die Nachfrage des amerikanischen Publikums berücksichtigen müssen. Wenn er keinen Bedarf an ausländischen Märkten hat, kann er uns, wenn er will, seine Filme fast umsonst liefern und eine Art Dumping praktizieren.

In diesem Fall und wenn wir in eine jener Perioden eintreten, die Thibaudet «Dekompression» nannte und die auf Kriege folgen, ist es möglich, daß der Film in seine gefälligen Gewohnheiten zurückfällt. Dennoch muß er selbst unter dieser Voraussetzung anders werden: die leichten Komödien in der Art *It Happened One Night* hat man satt, die Gangsterfilme haben sich verbraucht, mit den Krimis ist es vorbei. Welche neuen Lösungen wird er finden?

Schon ist eine bestimmte Kopflosigkeit der Produzenten bei der Suche nach Stoffen festzustellen. Orientieren sie sich nicht ganz einfach nach dieser neuen Goldgrube: ernste Stoffe? Und was wird aus der Hollywood Writer's Mobilization? Wird sie sich auch «bekehren»? Wird sie in Friedenszeiten ihre Schrittmacherrolle behalten wollen?

Wenn andrerseits die Nachkriegswirtschaft den Vereinigten Staaten nicht ganz günstig ist, wenn sie Schwierigkeiten und Krisen erleben, dann wird der Binnenmarkt der Filmindustrie nicht mehr ausreichen. Sie wird sich dem Ausland zuwenden müssen. Aber hier wird sie ernsthaften Konkurrenten begegnen: Rußland, England, das einige ausgezeichnete Filme produziert hat, Frankreich.

Bisher haben die Vereinigten Staaten ganz Lateinamerika mit Filmen beliefert. Doch da ist Mexiko, das seinerseits Filme macht. Seine ersten Produktionen sind noch unbeholfen, aber vielversprechend. Schon besitzt es einen erstklassigen Komiker, den einige einen zweiten Chaplin nennen: Cantinflas.

Hollywood wird langsam unruhig: noch kürzlich lieferte es dem mexikanischen Publikum seine Filme mit einer Art von Nachlässigkeit. Da es sicher war, daß sie ohne ernsthafte Konkurrenz genommen würden, wurden die Filme allenfalls untertitelt. Jetzt bemüht sich Hollywood, sie in Spanisch zu synchronisieren: es hat die Gefahr erkannt.

Diese bloße Tatsache zeigt zur Genüge, daß der amerikanische Film, wenn er ausländische Absatzmärkte braucht, gezwungen sein wird, sich immer stärker den Ansprüchen zu beugen. Und diese Ansprüche werden sich zwangsläufig auf die Qualität auswirken. Wird er deswegen nicht versucht sein, den Weg weiterzuverfolgen, den er eingeschlagen hat, und eine Lösung suchen, die erlaubt, jene unerhörte Ausdruckskraft, die er früher hatte, mit dem tiefen Ernst der Stoffe zu verbinden?

Zumal der amerikanische Binnenmarkt, wenn er ärmer ist, anspruchsvoller wird. Und er darf die Konkurrenz der Kühlschränke und Autos für die Filmindustrie nicht unterschätzen. Aus diesen verschiedenen Gründen kann man hoffen, daß die gegenwärtige Krise des amerikanischen Films eine Bedingung für seinen Fortschritt ist.

Es ist durchaus möglich, daß die außerordentliche Glückssträhne der Vorkriegszeit vorbei ist und daß Hollywood hinter Paris, London oder Moskau zurücktritt. Aber es ist wahrscheinlicher, daß der amerikanische Film nach Überwindung dieser Krise seine Reife erreicht. Die neuen Sorgen Hollywoods spiegeln ja nur einen allgemeinen Geisteszustand in den Vereinigten Staaten wider.

Diesem vom New Deal und vom Krieg geschaffenen Geisteszustand begegne ich hier überall, sei es bei der Rassenfrage von Wallace oder bei den Forderungen der Arbeiter. Ich habe versucht, ihn zu definieren, und ich werde es weiterhin versuchen.

Im Nachkriegsamerika wird der Film ganz selbstverständlich einen neuen Platz und eine neue Aufgabe haben. In diesem Land und in dieser Zeit neigt man zu sehr dazu, die Öffentlichkeit zu erziehen, als daß der Film nicht früher oder später eine erzieherische Mission übernehmen wird.

In dieser Beziehung ist die Entwicklung der Firma Disney bezeichnend. Neben Phantasiefilmen macht Disney erzieherische Zeichentrickfilme über die Vermeidung von Zusammenstößen auf hoher See, über Wetterkunde, über Tropenkrankheiten. Ich habe die sieben Zwerge aus *Schneewittchen* die Malariafliege bekämpfen sehen.

März/April 1945

Wenn Hollywood Problemfilme macht:
«Citizen Kane» von Orson Welles

Unter französischen Filmleuten spricht man von nichts andrem mehr als dem Film *Citizen Kane* von Orson Welles. Man macht daraus ein umwälzendes Meisterwerk; schon werden die Produzenten unruhig, während das Publikum ganz gierig ist. Doch die Wirklichkeit ist weniger verlockend: ich habe diesen Film in New York gesehen, und ich glaube den Grund dieser voreiligen Schwärmerei zu verstehen: *Citizen Kane* ist überraschend und neuartig in Amerika, weil er die amerikanischen Gewohnheiten verletzt. Und sein amerikanischer Ruf ist bis zu uns gedrungen. Er wird die Franzosen nicht überraschen, die in der heroischen Zeit des Films hundertmal ähnliche Filme zu drehen versucht haben: kurz, er ist ein *intellektuelles* Werk und das Werk eines *Intellektuellen*. Sicher ein interessantes, in den Vereinigten Staaten einmaliges Werk, das aber bei seiner Verpflanzung nach Europa nicht gewinnen wird.

Es ist zunächst das Werk eines Mannes. Orson Welles hat alles gemacht: er ist der Drehbuchautor, der Regisseur und der Hauptdarsteller dieses Films. Und dieser Mann ist kein professioneller Filmmacher. Ich würde eher sagen, daß er ein großes Allroundtalent ist. Vor dem Krieg hatte Orson Welles schon durch seine Inszenierung des *Julius Caesar* von Shakespeare von sich reden gemacht. Er ließ die Schauspieler in modernen Kostümen spielen: Julius Caesar trat in schwarzem Hemd und Stiefeln auf; kurz, es war Mussolini. Man weiß, daß Shakespeare nicht gerade die Demokratie befürwortete. Mit der allgemein bekannten Mißachtung der Amerikaner gegenüber dem Geschriebenen hatte Orson Welles alles, was ihn am Text störte, weggelassen und im Grunde einen neuen *Julius Caesar* verfaßt, der die Schändlichkeit von Diktaturen bewies. Er wandte sich dann dem Film zu und produzierte 1941 *Citizen Kane*, danach zwei weitere Filme. Jetzt hat er den Film aufgegeben, weil, hieß es gestern in einer Pariser Zeitung, Hollywood nichts mehr von ihm wissen will. Es stimmt, daß seine Filme keine Kasse gemacht haben und daß er einen Achtungserfolg vor allem bei der intellektuellen Elite erreicht hat.

Aber es scheint, daß er den Film ganz bewußt zugunsten des politischen Journalismus aufgegeben hat. Heute schreibt er Leitartikel für eine große New Yorker Zeitung. So fügt sich *Citizen Kane* in eine Reihe von Manifestationen ein, die alle denselben Sinn und dasselbe Ziel haben: Antifaschismus. Welles ist ein äußerst begabter Mann, dessen

Hauptanliegen politisch ist, und die gemeinsame Bedeutung all seiner Unternehmen ist sein Wille, mit allen Mitteln, über die er verfügt, Film, Theater, Journalismus, die amerikanischen Massen für den Liberalismus zu gewinnen.

In dieser Beziehung ist *Citizen Kane* ein ziemlich seltenes Phänomen in Amerika: ein Film, der beweisen will. Besser noch: ein satirischer Film. Orson Welles greift hier den Pressekönig Hearst an, ein Konservativer, ein Germanophile, ein Befürworter des Isolationismus, Gegner der Sowjets und Frankreichs. Sein Film erinnert an die täglichen Diatriben der Liberalen von P. M. und der Kommunisten von *New Masses* gegen diesen Mann. Hearst hat sich übrigens davon tief getroffen gefühlt: er hat seinen Blättern verboten, den Namen Orson Welles auch nur zu erwähnen.

Aber man weiß, daß die Satire keine bloße Übertragung des Lebens ist: sie interpretiert, erklärt, karikiert, übertreibt einen Zug, verwischt einen andern, zeigt ein tendenziöses und verblüffendes Bild. Kurz, sie ist das durch den Verstand nachvollzogene, rekonstruierte Leben. Wir sind sehr weit vom klassischen amerikanischen Film entfernt, der nichts beweisen will und dessen größter Vorzug die realistische Naivität ist. Aber entfernen wir uns nicht obendrein noch vom Film überhaupt?

Der Film von Welles ist wie ein Problem konzipert: da sind Fakten, ein Ausspruch, und die Auflösung wird in den allerletzten Bildern geliefert. Diese Fragestellung kommt für einen Franzosen nicht überraschend: Faguet hat seit langem gesagt, daß unser Theater und unsre Romane «Problemliteratur» sind. Die Kriminalromane haben uns Geschmack an Ermittlungen gegeben. Und was uns *Citizen Kane* vor Augen führt, ist durchaus eine Ermittlung. Stellen Sie sich vor, Hearst sei gestorben und seine letzten Worte wären «Rosebud» gewesen. Es würden sich viele Reporter finden, um den Sinn dieses geheimnisvollen Ausdrucks herauszubekommen. Das ist das Thema von *Citizen Kane*: «Was wollte Hearst sagen, als er starb?» Mit andern Worten: «*Wer* war Hearst?» So will der Film von Welles seine Zuschauer zum Denken anregen, er fordert sie auf, sich zu fragen, *wer* eine der berühmtesten Persönlichkeiten der politischen Welt Amerikas ist. Wer ist Hearst? Wie sieht seine Psychologie aus? Wie kann man seinen Charakter durch seine Geschichte erklären? Und natürlich riecht der ganze Film leicht nach Psychoanalyse.

Die so gestellte Frage bedingt eine eigenartige Schnittechnik, die uns aber nicht unbekannt ist. Da das Sujet die Ermittlung eines Journalisten ist, wird uns gezeigt, wie dieser verschiedene Vertraute von Hearst befragt, und je nach seinen Interviews sehen wir Hearst wieder erscheinen, bald alt, bald jung, nicht in chronologischer Reihenfolge, sondern jeweils so, wie die Erinnerungen bei seinen Vertrauten auftauchen. Und unter unsren Augen fügt sich sein Leben wie ein Mosaik zusammen. Diese Auflösung der zeitlichen Reihenfolge ist reizvoll für den Verstand. Sie ist uns nicht unbekannt: Man denke an *Thomas Garner* und *Marie Martine*. Man muß sich aber fragen, ob sie dem «Geist» des Films entspricht (wie man sich fragt, ob ein Neologismus dem Geist der Sprache entspricht). Sie veranlaßt nämlich den Regisseur, seine Geschichte *in der Vergangenheit* zu erzählen (zu Beginn des Films ist Hearst tot, wir lernen zuerst seine Freunde im reifen Alter kennen, und sie kennen alle den Ausgang der Geschichte, die sie erzählen). Es handelt sich also um eine intellektuelle Rekonstruktion. In den gewöhnlichen Filmen sind wir dagegen in der Gegenwart: der Zuschauer ist Zeitgenosse der Figur im Film. Er gibt mit ihr den Schuß ab, und wenn das Publikum aufspringt und schreit: «Trink nicht!», wenn sich der Held dem vergifteten Pokal nähert, dann weiß es noch nicht, ob er trinken, ob er sterben wird. Das Spiel ist noch offen. In *Citizen Kane* ist das Spiel aus. Wir haben es nicht mit einem *Roman* zu tun, sondern mit einem *Bericht in der Vergangenheit*.

Gewiß resultiert daraus ein größeres Tempo der Bilderfolge. Es gibt Ellipsen und jähe Sprünge, wie in den Berichten, die man im gewöhnlichen Leben erzählt; Themen kehren wieder, werden angedeutet, angetippt und verschwinden wieder wie in jenen Geschichten, die wir schnell und kunstlos erzählen. Und solche rückschauenden Erzählungen brechen plötzlich ab, weil der Erzähler nichts weiß oder nicht mehr sagen will. Und vor allem gibt es einen merkwürdigen (wenn auch nicht so neuen) Effekt, der bestimmten Bildern einen Wiederholungswert verleiht. In der Erzählung sagen wir zum Beispiel: «Er zwang seine Frau, auf allen Bühnen von Amerika zu singen.» Was in einem einzigen Satz eine große Zahl alltäglicher Ereignisse zusammenfaßt. Wir finden nichts Vergleichbares in *It Happened One Night* in *Stagecoach*, wo das Abenteuer, das einmalig und sehr kurz ist, Minute für Minute durchlebt wird. In *Citizen Kane* zeichnet sich Welles in jenem Genre von Verkürzungen aus, die verallgemeinern. Hearst zwingt seine Geliebte, die schlecht singt, mit einem Starrsinn, von dem er nicht abzubringen ist, sich überall auf den Brettern zu zeigen. Sie, die bescheiden und klug ist, leidet sehr darunter. Dieser Ausschnitt ihres Lebens wird durch etwa zehn Aufnahmen ihres Gesichts resümiert, es erscheint mal schmerzvoll, mal komisch, mit traurigen Augen und weit offenem Mund, während wir flüchtig immer verschiedene und neue Szenen und Orchester sehen und Zeitungen, auf denen in immer größeren Lettern der Name der Sängerin prangt.

Das Verfahren ist bekannt. Aber es diente bisher nur am Rande der

Handlung dazu, die politische Meinung oder den Einfluß einer Aktion auf die Gemeinschaft zu zeigen, oder es war einfach nur ein Übergang. In *Citizen Kane* ist es Teil der Handlung, ist es die Handlung selbst, bildet es den Stoff der Erzählung, und die datierten Szenen sind die Ausnahme. Als ob der Erzähler erzählte: «Er *zwang* sie, überall zu singen; sie *war* am Ende ihrer Kräfte; *einmal* versuchte sie, es ihm zu sagen», usw. Das Ergebnis ist, daß wir den Charakter, die Leidenschaften und das Leben Kanes (so heißt Hearst im Film) sehr gut *verstehen*. Wir verstehen sie, aber glauben nichts daran.

Alles wird analysiert, seziert, in intellektueller Reihenfolge dargestellt, in einer falschen Unordnung, die nur die Unterordnung der Reihenfolge der Ereignisse unter die der Ursachen ist: alles ist tot.

Die technischen Einfälle des Films sind nicht dazu angetan, ihm Leben zu verleihen. Es gibt wunderbare Aufnahmen, und man weiß, daß Welles den *Plafond* im Studio wiedereingeführt hat. Daraus resultiert der ständige Eindruck einer Bedrückung, der nicht dazu beiträgt, die widerliche, erstickende Atmosphäre dieses zugleich ganz und gar erfolgreichen und vollkommen verfehlten Lebens zu schaffen. Oft erinnerte mich die Bildkomposition an Gemälde Tintorettos, auf denen der Maler, um die Aufmerksamkeit noch mehr zu fesseln, unwichtige Personen in den Vordergrund gestellt hat, während er im Hintergrund, zwischen zwei riesigen Landsknechten, unter dem Arm eines Kindes die fast farblose Silhouette von Christus oder einem Heiligen erkennen läßt, dessen Leben er vor Augen führt. Nur hat man sehr oft den Eindruck, daß das Bild «sich vorzieht»; wir sind ständig überflutet von solchen Bildern, die allzu gewellt, allzu kraus sind, weil sie zu stark bearbeitet wurden. Wie ein Roman, dessen Stil immer in den Vordergrund drängt und dessen Figuren man in jedem Augenblick vergißt. Kurz, ich nahm an der *Erklärung* eines Charakters und an der *Demonstration* einer Technik teil. Beides ist manchmal faszinierend, reicht aber nicht aus, um einen Film zu machen.

Das Werk von Orson Welles veranschaulicht meiner Meinung nach sehr gut das Drama der amerikanischen *Intelligenzia*, die wurzellos und vollkommen von den Massen abgeschnitten ist. Der Massenfilm, für den die *bobby-soxers* von Texas oder New Mexico schwärmen, kennt die Feinheiten der Kunst überhaupt nicht. Er hat leider weder gesellschaftliche noch kulturelle Absichten. Er will «Opium des Volkes» sein. Aber er springt einem an die Gurgel.

Die amerikanischen «Eliten» sind davon angeekelt, wie man sich denken kann. Sobald einer aus ihren Reihen einen Film dreht, geschieht das gegen die amerikanischen Gemeinplätze: er macht sich über die Geschichte lustig, er will nichts von jenen großen Emotionen wissen, die Hollywood so gut hervorzurufen versteht: er versucht, eine Psychologie und aus Europa importierte Erzählverfahren in den Film einzuführen. Doch weil er nicht in der Masse verwurzelt ist und deren Sorgen nicht teilt, macht er einen abstrakten, intellektuellen Film im luftleeren Raum. Der Stil von Orson Welles erinnert mich an bestimmte Gedichte, bestimmte Romane der New Yorker «Elite»: er beherrscht, wie die Goncourts sagen würden, «die künstlerische Handschrift». In den Vereinigten Staaten ist es vielleicht ein seltenes Verdienst, eine «künstlerische Handschrift» zu haben. Wir aber werden noch daran sterben, daß wir allzu künstlerisch sind. Wir haben L'Herbier, Epstein, Gance, Dulac, Delluc gehabt.[1] Die künstlerische Handschrift ist heute noch schuld an bestimmten Schwächen bei Carné und selbst bei Delannoy. *Citizen Kane* kann für uns kein Vorbild sein.

August 1945

---

[1] Louis Delluc (1890–1924), französischer Filmkritiker, Filmtheoretiker und Filmregisseur (*Fièvre, L'inondation*) führte die sogenannte erste Avantgarde des französischen Films an. Zu seiner Schule des «Filmimpressionisten», wie sie Henri Langlois nannte, gehörten Germaine Dulac, Marcel L'Herbier, Abel Gance und Jean Epstein. (Anm. d. Übers.)

Diskussion über die Kritik an *Iwans Kindheit* von Andrej Tarkowskij[1]

Mein lieber Alicata,
ich habe Sie des öfteren wissen lassen, wie sehr ich Ihre Mitarbeiter schätze, die sich mit Literatur, bildender Kunst oder Film befassen. Ich finde, daß bei ihnen Strenge und Freiheit nebeneinander bestehen können, was sie im allgemeinen befähigt, in die Probleme einzudringen und gleichzeitig das Einmalige und Konkrete eines Werks zu verstehen. Ich kann das gleiche Loblied auf *Il Paese* und *Paesa Sera* singen: kein linker Schematismus, niemand, der schematisch urteilt.

Aus diesem Grund möchte ich Ihnen ein Bedauern ausdrücken. Wie kommt es, meines Wissens zum erstenmal, daß der Vorwurf des Schematismus gegen die Artikel erhoben werden kann, die die *Unità* und die andren linken Zeitungen *Iwans Kindheit* gewidmet haben, einem der schönsten Filme, der mir im Laufe der letzten Jahre zu sehen vergönnt war? Die Jury des Goldenen Löwen hat ihm die höchste Auszeichnung verliehen: aber das wird eine seltsame Bescheinigung für «Westlertum» und trägt dazu bei, aus Tarkowskij einen suspekten Kleinbürger zu machen, wenn gleichzeitig die italienische Linke ihn schief ansieht. In Wahrheit geben solche mißtrauischen Beurteilungen ohne wirkliche Berechtigung einen zutiefst russischen und revolutionären Film, der auf typische Weise die Sensibilität der jungen sowjetischen Generationen ausdrückt, an unsre Mittelstandsklassen preis.

Ich habe diesen Film in Moskau in einer Privatvorführung gesehen, dann öffentlich unter Jugendlichen, und ich habe verstanden, was er für diese zwanzigjährigen Erben der Revolution darstellt, an der sie nicht einen Augenblick zweifeln und die sie mit Stolz fortzusetzen gedenken: in ihrer Zustimmung, ich versichere es Ihnen, war nichts, was man als eine «kleinbürgerliche» Reaktion definieren könnte. Natürlich hat ein Kritiker die Freiheit, alle Vorbehalte gegen ein Werk vorzubringen, das er zu beurteilen hat. Aber ist es richtig, soviel Mißtrauen gegen einen Film zu zeigen, der in der Sowjetunion Gegenstand leidenschaftlicher Diskussionen gewesen ist und immer noch ist? Ist es richtig, Kritik zu

---

1 Der Beitrag über *Iwans Kindheit* entstand im Herbst 1963 in Italien, als Sartre in der *Unità* und andren kommunistischen Zeitungen negative Kritiken über den Film von Andrej Tarkowskij las. Der Brief Sartres erschien in der *Unità* vom 9. Oktober 1963. (Anm. d. Übers.)

üben, ohne diese Diskussionen und ihre tiefe Bedeutung zu berücksichtigen, als wenn *Iwans Kindheit* nur ein Beispiel für die gängige Filmproduktion der Sowjetunion wäre? Ich kenne Sie gut genug, mein lieber Alicata, um zu wissen, daß Sie die vereinfachende Sicht Ihrer Kritiker nicht teilen. Und da die Achtung wirklich aufrichtig ist, die ich für sie empfinde, bitte ich Sie, ihnen von diesem Brief Kenntnis zu geben, der – zuallermindest – vielleicht die Chance hat, die Diskussion wieder zu eröffnen, bevor es zu spät ist.

Man hat von Traditionalismus und gleichzeitig von Expressionismus, von überholtem Symbolismus gesprochen. Erlauben Sie mir zu sagen, daß diese formalistischen Kriterien ihrerseits überholt sind. Es stimmt, daß sich bei Fellini, bei Antonioni der Symbolismus zu verbergen sucht. Doch mit dem einzigen Ergebnis, daß er noch auffallender ist. Und auch der italienische Neorealismus vermied ihn nicht. Man müßte hier von der symbolischen Funktion jedes beliebigen Werkes sprechen, und sei es des realistischsten Werkes. Wir haben nicht die Zeit dazu. Übrigens ist es eher die *Natur* seines Symbolismus, die man Tarkowskij hat zum Vorwurf machen wollen: seine Symbole seien expressionistisch oder surrealistisch: Das kann ich nicht akzeptieren. Schon deshalb nicht, weil es der gleiche Vorwurf ist, den ein gewisser Akademismus, der im Verschwinden begriffen ist, auch in der Sowjetunion gegen den jungen Regisseur erhebt. Für bestimmte Kritiker dort und für Ihre besten Kritiker hier hat Tarkowskij sich in aller Eile im Westen überholte Verfahren angeeignet und ohne Unterscheidungsvermögen verwendet. Man wirft ihm die Träume Iwans vor: «Träume! Wir im Westen, wir haben schon seit langem aufgehört, Träume zu verwenden! Tarkowskij ist zurück: das war in der Zwischenkriegszeit angebracht!» Das haben die befugten Federn geschrieben.

Aber Tarkowskij ist achtundzwanzig, er hat es mir selbst gesagt, und nicht dreißig, wie es einige Zeitungen geschrieben haben, und, seien Sie dessen sicher, er kennt den westlichen Film sehr schlecht. Seine Bildung ist zwangsläufig vorwiegend sowjetisch. Man gewinnt nichts, man hat alles zu verlieren, wollte man aus bürgerlichen Verfahren eine «Behandlung» ableiten, die sich aus dem Film selbst und dem zu behandelnden Stoff ergibt. Iwan ist wahnsinnig, er ist ein Ungeheuer; er ist ein kleiner Held; in Wahrheit ist er das unschuldigste und ergreifendste Opfer des Krieges: dieser Junge, den man einfach lieben muß, ist durch die Gewalt geprägt worden, er hat sie verinnert. Die Nazis haben ihn getötet, als sie seine Mutter getötet und die Einwohner seines Dorfes umgebracht haben. Und dennoch lebt er. Aber *anderswo*, in jenem unheilbaren Augenblick, wo er seinen Nächsten hat fallen sehen. Ich selbst habe einige junge Algerier gesehen, die durch die Massaker halluziniert, umgewandelt waren. Für sie gab es keinen Unterschied zwischen dem Alptraum des Wachzustands und den nächtlichen Alpträumen. Sie waren getötet worden, sie wollten töten und sich töten lassen. Ihr Heldenmut war vor allem Haß und Flucht vor einer unerträglichen Angst. Wenn sie sich schlugen, flohen sie vor dem Entsetzen in den Kampf; wenn die Nacht sie entwaffnete, wenn sie in ihrem Schlaf zur Zartheit ihres Alters zurückkehrten, kehrte das Entsetzen wieder, durchlebten sie noch einmal die Erinnerung, die sie vergessen wollten. So ist Iwan. Und ich finde, man muß Tarkowskij loben, daß er so gut gezeigt hat, wie es für diesen selbstmordsüchtigen Jungen keinen Unterschied zwischen Tag und Nacht gibt. Jedenfalls lebt er nicht mit uns. Handlungen und Halluzinationen befinden sich in enger Übereinstimmung. Man sehe sich die Beziehungen an, die er zu den Erwachsenen unterhält: er lebt mitten unter Truppen; Offiziere – tapfere Männer, mutig, aber «normal», die nicht unter einer tragischen Kindheit zu leiden gehabt haben – nehmen ihn auf, nehmen sich seiner an, lieben ihn, möchten ihn um jeden Preis «normalisieren», hinter die Front schicken, in die Schule. Offensichtlich könnte der Junge, wie in der Erzählung von Scholochow, unter ihnen einen Vater finden, der ihm den ersetzt, den er verloren hat. Zu spät: er braucht keine Eltern mehr; tiefer noch als diese Entbehrung sitzt das unauslöschliche Entsetzen des *gesehenen* Massakers, das ihn zur Einsamkeit verurteilt. Die Offiziere betrachten das Kind schließlich mit einer Mischung aus Zuneigung, Verblüffung und schmerzlichem Mißtrauen: sie sehen in ihm jenes so schöne und fast abscheuliche perfekte Ungeheuer, das der Feind *radikalisiert* hat, das sich nur im Tötungstrieb behauptet (zum Beispiel das Messer) und das die Bande zwischen Krieg und Tod nicht mehr zerschneiden kann; das jetzt diese unheilvolle Welt braucht, um leben zu können; das mitten in einer Schlacht von der Furcht befreit ist und hinter der Front von der Angst überwältigt würde. Das kleine Opfer weiß, was es braucht: den Krieg – der es geschaffen hat –, Blut, Rache. Dennoch lieben die beiden Offiziere es; was Iwan betrifft, so ist alles, was man sagen kann, daß er sie nicht verabscheut. Liebe ist für ihn ein auf ewig versperrter Weg. Seine Alpträume, seine Halluzinationen haben nichts Unverbindliches. Es handelt sich weder um Bravourstücke noch um Erforschungen der «Subjektivität» des Kindes: sie bleiben vollkommen objektiv, man betrachtet Iwan weiterhin von außen, ganz wie in den «realistischen» Szenen; die Wahrheit ist, daß die ganze Welt für dieses Kind eine Halluzination ist und daß dasselbe Kind als Ungeheuer und Märtyrer zugleich in dieser Welt *eine Halluzination für die andern* ist. Aus diesem Grund führt uns die erste Sequenz geschickt in die echte und falsche Welt ein, die die des Kindes und des Krieges ist, indem sie uns alles vom realen Laufen des Kindes durch die Wälder bis zum falschen Tod seiner Mutter her beschreibt (sie ist wirklich tot, aber das Ereignis – das wir nie erfahren werden, denn es ist zu tief vergraben – war anders: es kommt nie an die Oberfläche zurück, außer in Umsetzungen, die ihm etwas von seiner entsetzlichen Nacktheit nehmen). Wahnsinn? Realität? Beides: im Krieg sind alle Soldaten wahnsinnig; dieses kindliche Ungeheuer ist ein objektives Zeugnis ihres Wahnsinns, weil es am wahnsinnigsten ist. Es handelt sich also weder um Expressionismus noch um Symbolismus, sondern um eine durch das Thema selbst bedingte Erzählweise, die der junge Dichter Wosnessenski «sozialistischen Surrealismus» nannte.

Es wäre nötig gewesen, noch tiefer in die Absichten des Autors einzudringen, um den eigentlichen Sinn des Themas zu verstehen: der Krieg tötet die, die ihn machen, selbst wenn sie ihn überleben. Und in einem noch tieferen Sinn: die Geschichte verlangt, schafft und vernichtet ihre Helden in einem Zug, indem sie sie unfähig macht, ohne Qualen in der Gesellschaft zu leben, zu deren Aufbau sie beigetragen haben.

Man hat *Un uomo da bruciare*[1] im gleichen Moment gelobt, da man *Iwans Kindheit* mißtrauisch betrachtete. Man hat Loblieder auf die Autoren des ersten, übrigens sehr rühmlichen Films gesungen, weil sie in den positiven Helden wieder Komplexität eingeführt haben. Es stimmt: sie haben ihm Fehler gegeben – zum Beispiel die Mythomanie. Sie haben seine Hingabe für die Sache gezeigt, die er verteidigt, und zugleich seinen echten Egozentrismus. Aber was mich betrifft, ich finde daran nichts wirklich Neues. Letztlich haben uns die besten Produktionen des sozialistischen Realismus trotz allem immer komplexe, nuancierte Helden präsentiert, sie haben ihr Verdienst hervorgehoben und zugleich geflissentlich einige ihrer Schwächen unterstrichen. In Wahrheit liegt das Problem nicht in der Dosierung der Laster und Tugenden des Helden, sondern in der Infragestellung des Heldentums selber. Nicht um es abzulehnen, sondern um es zu verstehen. Von diesem Heldentum deckt *Iwans Kindheit* zugleich die Notwendigkeit und die Zweideutigkeit auf. Das Kind hat weder kleine Tugenden noch kleine Schwächen: es ist radikal, was die Geschichte aus ihm gemacht hat. Wider Willen in den Krieg geworfen, ist es völlig für den Krieg gemacht. Aber wenn es den Soldaten, die es umgeben, angst macht, so deshalb, weil es nie mehr im Frieden wird leben können. Die Gewalt, die in ihm ist, geboren aus Angst und Entsetzen, hält es aufrecht, hilft ihm zu leben und treibt es dazu, gefährliche Missionen zu verlangen. Aber was wird nach dem Krieg aus

---

1 *Un uomo da bruciare* ist ein dokumentarischer Spielfilm über die sizilianische Mafia, den die Brüder Taviani 1962 gemeinsam mit Valentino Orsini drehten. Der deutsche Verleihtitel ist *Gebrandmarkt*. (Anm. d. Übers.)

ihm werden? Wenn es überlebt, wird die glühende Lava in ihm nie erkalten. Steckt darin nicht, im engsten Sinn des Wortes, eine wichtige *Kritik* des positiven Helden? Man zeigt ihn so, wie er ist, schmerzlich und herrlich, man bringt die tragischen und schauerlichen Ursprünge seiner Gewalt zum Vorschein, man enthüllt, daß dieses Produkt des Krieges, der Kriegsgesellschaft völlig angepaßt, eben dadurch dazu verdammt ist, in der Welt des Friedens asozial zu werden. So macht die Geschichte Menschen: sie wählt sie, reitet sie und läßt sie unter sich zusammenbrechen. Zwischen Menschen des Friedens, die für den Frieden zu sterben bereit sind und die Krieg um des Friedens willen führen, führt dieses martialische und wahnsinnige Kind Krieg um des Krieges willen. Genau deshalb lebt es mitten unter den Soldaten, die es lieben, in einer unerträglichen Einsamkeit. Dennoch ist es ein Kind. Dieses zerstörte Wesen bewahrt die Zartheit der Kindheit, kann sie aber nicht mehr empfinden und noch weniger ausdrücken. Oder besser, wenn es sich ihr in seinen Träumen überläßt, wenn es in der wohltuenden Zerstreuung der täglichen Arbeiten zu träumen anfängt, kann man sicher sein, daß diese Träume sich unvermeidlich in Alpträume verwandeln. Die Bilder des elementarsten Glücks enden damit, daß sie uns angst machen: wir kennen das Ende. Und doch ist diese unterdrückte, gebrochene Zartheit in jedem Augenblick lebendig; Tarkowskij hat darauf geachtet, Iwan damit zu umgeben: es ist die Welt, die Welt trotz dem Krieg und manchmal sogar wegen des Krieges (ich denke an jene wunderbaren Himmel, die von Feuerbällen durchzogen werden). In Wahrheit sind der Lyrismus des Films, sein aufgewühlter Himmel, seine ruhigen Wasser, seine zahllosen Wälder das eigentliche Leben Iwans, die Liebe und die Wurzeln, die ihm verweigert sind, es ist das, was er war, was er noch ist, ohne sich je daran erinnern zu können, was die andern um ihn herum in ihm sehen, was er nicht mehr sehen kann. Ich kenne nichts Bewegenderes als jene lange Sequenz: die Überquerung des Flusses, lange, langsam, quälend: trotz ihrer Angst und ihrer Ungewißheit (war es richtig, ein Kind all diesen Gefahren auszusetzen?) sind die Offiziere, die es begleiten, von jener zerstörten, schrecklichen Zartheit durchdrungen. Doch das Kind, vom Tode besessen, merkt nichts, springt an Land, verschwindet; es geht zum Feind. Das Boot kehrt zum andern Ufer zurück; Stille herrscht auf dem Fluß: die Kanone ist verstummt. Einer der Soldaten sagt zum andern: «Diese Stille, das ist der Krieg . . .»

Im selben Augenblick explodiert die Stille: Schreie, Geheul, das ist der Frieden. Verrückt vor Freude haben die sowjetischen Soldaten die Reichskanzlei von Berlin erobert, sie laufen die Stufen herauf und dringen in sie ein. Der eine der Offiziere – ist der andere tot? – hat in einem Verschlag einige Bücher gefunden; das Dritte Reich war bürokratisch:

für jeden Gehängten ein Foto, ein Name auf einer Liste. Der junge Offizier sieht auf einer von ihnen das Foto von Iwan. Gehängt mit zwölf Jahren. Mitten in der Freude einer Nation, die hart bezahlt hat für das Recht, den Aufbau des Sozialismus fortsetzen zu können, gibt es – unter so vielen andern – dieses schwarze Loch, ein unheilbarer Nadelstich: der Tod eines Kindes in Haß und Verzweiflung. Nichts, auch nicht der zukünftige Kommunismus, wird das wiedergutmachen. Nichts: man zeigt uns hier unvermittelt die kollektive Freude und diese winzige, persönliche Katastrophe. Es gibt nicht einmal eine Mutter, die Schmerz und Stolz in sich vermischen könnte: ein glatter Verlust. Die Gesellschaft der Menschen schreitet auf ihre Ziele voran, die Lebenden werden diese Ziele mit ihren eigenen Kräften verwirklichen, und dennoch bleibt dieser kleine Tote, dieser von der Geschichte weggefegte winzige Strohhalm, wie eine Frage ohne Antwort, die nichts bloßstellt, aber die alles in einem neuen Licht sehen läßt: die Geschichte ist tragisch. Hegel sagte es. Und auch Marx, der hinzufügte, daß sie immer an ihren schlimmen Seiten fortschreitet. Aber wir sagten es in diesen letzten Zeiten fast nicht mehr, wir beharrten auf dem Fortschritt und vergaßen die Verluste, die durch nichts ausgeglichen werden können. *Iwans Kindheit* erinnert uns an das alles auf die eindringlichste, sanfteste und explosivste Weise. Ein Kind stirbt. Und das ist fast ein *happy end* von dem Augenblick an, den es nicht überleben konnte. In einem gewissen Sinn glaube ich, daß der Autor, dieser sehr junge Mensch, von sich und seiner Generation sprechen wollte. Diese stolzen und harten jungen Pioniere sind nicht tot, ganz im Gegenteil, aber ihre Kindheit ist durch den Krieg und seine Folgen zerbrochen worden. Ich möchte fast sagen: das sind die sowjetischen *Quatre Cents Coups*[1], aber um besser die Unterschiede zu unterstreichen. Ein Kind wird von seinen Eltern zerbrochen: das ist die bürgerliche Tragikomödie. Tausende vom Krieg zerstörte lebendige Kinder: das ist eine der sowjetischen Tragödien.

In diesem Sinn scheint uns dieser Film spezifisch russisch zu sein. Die Technik ist sicher russisch, obwohl sie in sich selbst originell ist. Wir im Westen wissen den schnellen und elliptischen Rhythmus von Godard, die protoplasmische Langsamkeit von Antonioni zu schätzen. Aber neu ist, diese beiden Geschwindigkeiten bei einem Regisseur zu sehen, der weder vom einen noch vom andern beeinflußt ist, sondern der die Zeit des Krieges in ihrer unerträglichen Langsamkeit erleben und im selben Film mit der elliptischen Geschwindigkeit der Geschichte von einer Epo-

---

1 *Les Quatre Cents Coups* ist ein Film von François Truffaut, der 1959 gedreht wurde. Der deutsche Verleihtitel ist *Sie küßten und sie schlugen ihn*. (Anm. d. Übers.)

che in die andre springen wollte (ich denke besonders an den großartigen Kontrast zwischen diesen beiden Sequenzen: der Fluß, der Reichstag), ohne die Handlung zu entwickeln und die Figuren in einem bestimmten Augenblick ihres Lebens verlassend, um sie in einem andern oder im Augenblick ihres Todes wiederzufinden. Aber es ist nicht dieser Gegensatz der Rhythmen, der dem Film seinen spezifischen Charakter vom gesellschaftlichen Gesichtspunkt verleiht. Diese Augenblicke der Verzweiflung, die eine Person zerstören, haben wir in derselben Epoche – weniger zahlreich – auch kennengelernt. (Ich erinnere mich an ein jüdisches Kind im Alter von Iwan, das, als es 1945 vom Tod seines Vaters und seiner Mutter in der Gaskammer und ihrer Verbrennung hörte, seine Matratze mit Benzin übergoß, sich darauf legte, sie in Brand steckte und sich lebend verbrennen ließ.) Aber wir haben weder das Verdienst noch das Glück, uns in einen großartigen Aufbau zu stürzen. Das Böse haben wir oft kennengelernt. Aber niemals das radikal Böse mitten im Guten, im Augenblick, wo es in den Kampf mit dem Guten selbst eintritt. Das ist es, was uns hier trifft: natürlich kann sich kein Sowjetbürger für Iwans Tod verantwortlich fühlen, die einzig Schuldigen sind die Nazis. Aber das ist nicht das Problem. Woher das Böse auch kommt, wenn es das Gute mit seinen zahllosen Nadelstichen durchdringt, enthüllt es die tragische Wahrheit des Menschen und des historischen Fortschritts. Und wo konnte es besser gesagt werden als in der Sowjetunion, dem einzigen großen Land, wo das Wort Fortschritt einen Sinn hat? Und natürlich gibt es keinen Grund, irgendeinen Pessimismus daraus abzuleiten. Ebenso wenig wie einen leichtfertigen Optimismus. Sondern einzig den Willen zu kämpfen, ohne jemals den Preis aus dem Auge zu verlieren, der dafür zu zahlen ist. Ich weiß, daß Sie besser als ich, mein lieber Alicata, die Mühe, den Schweiß und oft das Blut kennen, den die geringste Veränderung kostet, die man in die Gesellschaft einführen will; ich bin sicher, daß Sie diesen Film über die glatten Verluste der Geschichte ebenso schätzen werden wie ich. Und die Achtung, die ich für die Kritiker der *Unità* habe, veranlaßt mich, Sie zu bitten, ihnen diesen Brief zu zeigen. Ich wäre glücklich, wenn diese wenigen Bemerkungen ihnen Gelegenheit geben könnten, mir zu antworten und die Diskussion über *Iwans Kindheit* wieder zu eröffnen. Nicht der Goldene Löwe sollte die wahre Belohnung für Tarkowskij sein, sondern das Interesse, und sei es polemisch, das sein Film bei denen auslöst, die gemeinsam für die Befreiung des Menschen und gegen den Krieg kämpfen.

Mit herzlichem Gruß.

Oktober 1962

Der Film schenkt uns seine erste Tragödie:
Die Abgründe von Nico Papatakis

Der Film schenkt uns seine erste Tragödie: *Die Abgründe* von Nico Papatakis. Ihr Thema: das Böse. Die Partie ist für alle Personen im voraus verloren, weil sie alle verdammt sind; dennoch muß sie von vorne bis hinten gespielt werden bis zu dem Doppelmord am Schluß, der vom ersten Bild an vorausgesagt wird, vorausgeplant, unerwartet.

Die unbeugsame Strenge dieses Werkes löscht sogar noch die Erinnerung an die langsamen geschwätzigen Ströme aus, die dickflüssig über unsre Leinwand laufen. Der Rhythmus ist neu: gebrochen, abgehackt, sprunghaft, stagnierend, synkopiert, je nach den Situationen, aber ohne Pause, ohne Abschweifung auf die Katastrophe hin fortschreitend, die der feststehende Motor des ganzen Films ist. Jede Geste bereitet sie vor und verkörpert sie zugleich: zwei frustrierte Dienstmädchen wüten gegen ihre Herren, drei ruinierte Bürger, die fassungslos und wehrlos sind. Die Küche ist der Ort der Vollstreckung: die Messer, die Töpfe sind Folterinstrumente; Kartoffeln schälen ist für die beiden Wahnsinnigen Augen ausstechen. Die blassen alltäglichen Gegenstände bekommen in den Händen der beiden Schwestern – zwei ausgezeichnete Tragödinnen – eine beunruhigende Macht, kein einziger, der nicht eine Voraussage wäre und nicht zugleich seine Wahrheit offenbarte. Man erzählt uns ja das Schicksal einer kleinen Gruppe, die durch ihren Widerspruch im voraus zum Zerplatzen verurteilt ist.

Die außerordentliche Kunst von Nico Papatakis lag darin, die Schwestern auf ihrem Höhepunkt zu zeigen: ihre unglaubliche Aggressivität erlahmt nicht einen Augenblick; sie verkörpern die nackte Gewalt, den Haß, die Mordlust. Wie ein Rocker über Jugendliche sagte: es geht nicht darum, sie von ihrem Übel zu heilen, sie *sind* das Übel. Keine Entschuldigung zu Beginn: es trifft sich lediglich, daß sie jung und schön sind und ihre Herren häßlich. Aber nach und nach bahnt sich die Umkehrung an: die schwächlichen Opfer erweisen sich als die wahren Henker. Mit ihrer Laschheit und ihrer Farblosigkeit stellen diese drei Bürger die eherne Ordnung dar, von der die beiden Schwestern seit ihrer Geburt verurteilt sind. Als sich das Böse in diesen jungen Herzen entfesselt, begreifen wir, daß es die verinnerte Unterdrückung ist, oder, wie Babeuf sagte, ihre Henker haben ihnen schlechte Sitten beigebracht. Es brauchen übrigens nur ebenso schlaffe andre Bürger an die Tür zu klopfen, und man merkt, daß der Wahnsinnsausbruch in der Küche wirkungslos war; die

Güter werden verkauft, die Schenkung annulliert, die Schwestern werden weggejagt werden. All das ganz ruhig, ohne Anstrengung, lediglich kraft der etablierten Ordnung. Bleibt der Mord. Die beiden Mädchen werden ihre Herrinnen töten, weil sie dazu gezwungen sind. Aber in dem Moment – die Bilder sind außergewöhnlich –, wo wir spüren, daß sie sich entschließen werden, zuzuschlagen, fürchten wir nicht für die beiden Bürgerinnen, sondern für die Unglücklichen, die das über sie gefällte Urteil selbst vollstrecken und sich schlagartig mit zwanzig Jahren für immer außerhalb des Gesetzes begeben.

Zwischen Sehen und Hören erhält sich die Spannung bis zum Schluß, es ist die Substanz dieser Tragödie selbst. Und dieses neue Verhältnis, diese kontrastierte Einheit von Sprache und Bild eröffnen dem Film noch unerforschte Wege.

April 1963

Quellennachweis

THEATER

Le style dramatique (Zum Dramenstil) in: Jean-Paul Sartre, *Un théâtre de situations*, Gallimard, Paris 1973. Deutsch von Klaus Völker. *Erstübersetzung.*

Forger des mythes (Mythen schaffen) in: Jean-Paul Sartre, *Un théâtre de situations*, Gallimard, Paris 1973. Deutsch von Klaus Völker. *Erstübersetzung.*

Pour un théâtre de situations (Für ein Situationstheater) in: *La Rue* Nr. 12, November 1947. Wiederabgedruckt in: Jean-Paul Sartre, *Un théâtre de situations*, Gallimard, Paris 1973. Deutsch von Klaus Völker. *Erstübersetzung.*

Théâtre populaire et théâtre bourgeois (Volkstheater und bürgerliches Theater) unter dem Titel *Jean-Paul Sartre nous parle de théâtre* in: *Théâtre populaire* Nr. 15, September/Oktober 1955. Wiederabgedruckt in: Jean-Paul Sartre, *Un théâtre de situations*, Gallimard, Paris 1973. Deutsch von Klaus Völker. *Erstübersetzung.*

Brecht et les classiques (Brecht und die Klassiker) in: *Hommage international à Bertolt Brecht*, Programm des Théâtre des Nations vom 4. bis 21. April 1957. Wiederabgedruckt in: Jean-Paul Sartre, *Un théâtre de situations*, Gallimard, Paris 1973. Deutsch von Klaus Völker. *Erstübersetzung.*

Quand la police frappe les trois coups . . . (Wenn die Polizei dreimal klopft . . .) in: *France-Oberservateur*, 5. Dezember 1957. Wiederabgedruckt in: Jean-Paul Sartre, *Situations VII*, Gallimard, Paris 1965. Deutsch von Traugott König. *Erstübersetzung.*

L'auteur, l'œuvre et le public (Autor, Werk und Publikum) unter dem Titel *Deux heures avec Sartre* in: *L'Express*, 17. September 1959. Wiederabgedruckt in: Jean-Paul Sartre, *Un théâtre de situations*, Gallimard, Paris 1973. Deutsch von Klaus Völker. *Erstübersetzung.*

Théâtre épique et théâtre dramatique (Episches und dramatisches Theater) in: Jean-Paul Sartre, *Un théâtre de situations*, Gallimard, Paris 1973. Deutsch von Klaus Völker. *Erstübersetzung.*

Soledad *de Colette Audry* (*Soledad* von Colette Audry) in: Michel Contat/Michel Rybalka, *Les écrits de Sartre*, Gallimard, Paris 1970. Deutsch von Traugott König. *Erstübersetzung.*

Entretien avec Kenneth Tynan (Gespräch mit Kenneth Tynan) in: Jean-Paul Sartre, *Un théâtre de situations*, Gallimard, Paris 1973. Deutsch von Klaus Völker. *Erstübersetzung.*

Jean-Paul Sartre présente «La promenade du dimanche» (Georges Michel, *La promenade du dimanche*) in: Georges Michel, *La promenade du dimanche*, Gallimard, Paris 1967. Deutsch von Traugott König. *Erstübersetzung.*

Mythé et réalité du théâtre (Mythos und Realität des Theaters) in: *Le Point* Nr. 7, Januar 1967. Wiederabgedruckt in: Jean-Paul Sartre, *Un théâtre de situations*, Gallimard, Paris 1973. Deutsch von Klaus Völker.

FILM

L'art cinématographique (Die kinematographische Kunst) in: *Distribution solennelle des prix*, Le Havre 1931 und unter dem Titel *Le Cinéma n'est pas une mauvaise école* in: *Gazette du Cinéma* Nr. 2, Juni 1950, und Nr. 3, September 1950. Wiederabgedruckt in: Michel Contat/Michel Rybalka, *Les écrits de Sartre*, Gallimard, Paris 1970. Deutsch von Ursula Bahn. *Erstübersetzung.*

Un film pour l'après-guerre (Ein Film für die Zeit nach dem Krieg) in: *Les Lettres françaises* Nr. 15, April 1944. Deutsch von Klaus Völker. *Erstübersetzung.*

Hollywood 1945 (Hollywood 1945) in: *Combat*, 27. März, 30. März, 1./2. April, 5. April und 7. April 1945. Deutsch von Klaus Völker. *Erstübersetzung.*

Quand Hollywood veut faire penser (Wenn Hollywood Problemfilme macht: Citizen Kane von Orson Welles) in: *Écran français* Nr. 5, 1. August 1945. Deutsch von Klaus Völker. *Erstübersetzung.*

Discussion sur la critique à propos de L'enfance d'Ivan (Diskussion über die Kritik an *Iwans Kindheit* von Andrej Tarkowskij) in: *Les Lettres françaises* Nr. 1009, 26. Dezember 1963/1. Januar 1964. Wiederabgedruckt in: Jean-Paul Sartre, *Situations VII*, Gallimard, Paris 1965. Deutsch von Klaus Völker. *Erstübersetzung.*

Le cinéma nous donne sa première tragédie: Les Abysses (Das Kino gibt uns seine erste Tragödie: *Die Abgründe* von Nico Papatakis) in: *Le Monde* vom 19. April 1963. Wiederabgedruckt in: Michel Contat/Michel Rybalka, *Les écrits de Sartre*, Gallimard, Paris 1970. Deutsch von Traugott König. *Erstübersetzung.*

Namenregister

Die hochgestellten Ziffern verweisen auf die Fußnoten

Achard, Marcel 89, 89[1]
Adamov, Arthur 47f, 126
Aischylos 40, 115
Aisopos 149
Alazraki, Benito 117[1]
Alain, Émile Auguste Chartier gen. 74
Alicata, Mario 175f, 181
Anouilh, Jean 30, 31f, 31[2], 34, 37
Antonioni, Michelangelo 176, 180
Aristoteles 53, 86
Arnaud, Georges 56, 56[2]
Artaud, Antonin 129f, 129[1], 129[2], 132, 133[1], 139f
Astruc, Alexandre 121[1]
Audry, Colette 108f, 108[1]
Aymé, Marcel 49f, 50[1]

Babeuf, François-Émile gen. Gracchus 181
Barbedienne, Ferdinand 30
Barrault, Jean-Louis 13, 13[1], 14, 27f, 30, 30[1], 90, 91, 93, 139, 139[1]
Barrie, Sir James Matthew 68[2], 87[1]
Bataille, Georges 128
Bataille, Henry 19, 24, 27
Baty, Gaston 37, 38[1], 49[1]
Baudelaire, Charles 80, 80[1]
Beauvoir, Simone de 33, 33[1], 38, 70, 112[2]
Beckett, Samuel 47f, 91, 116, 126, 143
Bell, Marie 59, 61
Bergman, Ingrid 157, 159[1]
Bernard, Jean-Jacques 138, 138[2]

Bernard, Tristan 23, 23[1], 138[2]
Berriau, Simone 59f
Bigeard 62
Blanchot, Maurice 15, 15[1]
Blin, Roger 111[1], 124[1]
Bogart, Humphrey 159[1]
Boileau-Despréaux, Nicolas 52, 149
Bossuet, Jacques-Bénigne 149
Bost, Jacques-Laurent 121[1]
Boyer, Charles 166
Brabant, Charles 121[1]
Brasillach, Robert 54, 54[2], 57f, 61
Brecht, Bertolt 45f, 49, 49[1], 50, 51f, 51[1], 68f, 70[2], 74, 85, 89, 90, 95, 99f, 104f, 116, 126, 129, 132, 164[2]
Brisson, Pierre 57
Brook, Peter 59, 61, 134, 135[1]
Brown, Clarence 164[1]
Büchner, Georg 43

Calderón de la Barca, Pedro 17[1]
Camus, Albert 18, 18[1], 21, 23, 33, 33[2], 34, 36, 38
Cantinflas, Mario Moreno gen. 168
Capra, Frank 157
Carné, Marcel 174
Castille, Robert 61
Cavalcanti, Alberto de Almeida 164[2]
Challe, Maurice 113[2], 116
Chandler, Raymond 12[2]
Claudel, Paul 25, 27f, 90[1], 140, 141
Clouzot, Henri-Georges 12[1]

Cocéa, Mme. 54, 57, 62
Cocteau, Jean 26 f, 129
Contat, Michel 36[1]
Copeau, Jacques 15[1], 25[1]
Corneille, Pierre 33, 34, 40, 45, 140
Cornell, Katherine 31
Crébillon d. Ä., Prosper 40
Cronin, Archibald Joseph 166
Crosby, Bing 166
Curtiz, Michael 159[1]

Daven 166
Déat, Marcel 57
Delannoy, Jean 174
Delluc, Louis 174, 174[1]
DeMille, Cecil B. 154
Devay, Jean-François 60
Disney, Walt 161, 168
Donnay, Maurice 88, 88[2]
Dort, Bernard 42
Dulac, Germaine 174, 174[1]
Dullin, Charles 13, 13[1], 17[1]
Dumas père, Alexandre 120

Ehrenburg, Ilja 121
Epstein, Jean 150[1], 174, 174[1]
Erval, François 64[1]
Euripides 40, 115

Fabre-Luce, Alfred 58, 62
Faguet, Émile 170
Fellini, Federico 176
Fenton, Leslie 164[3]
Field, Betty 157, 164[3]
Fisher, Steve 12[2]
Flaubert, Gustave 127
Ford, John 157[2]
France, Anatole 147, 148
Freud, Sigmund 117 f, 137

Galilei, Galileo 69, 99 f
Gance, Abel 151, 151[1], 174, 174[1]
Garbo, Greta 152[1], 157

Garnett, Tay 166[1]
Garson, Greer 157
Gaulle, Charles de 113[2]
Gautier, Jean-Jacques 54, 61, 75
Gelber, Jack 79[1]
Gémier, Firmin 16, 24[1], 38[1], 68[2], 137
Genebrier 61
Genet, Jean 56, 59 f, 111, 113, 116, 126, 127 f, 127[1], 141
Gide, André 25, 25[1], 90
Giroud, Françoise 64[1]
Godard, Jean-Luc 180
Goncourt, Edmond Huot de 174
Goncourt, Jules Huot de 174
Gouhier, Henri 11, 11[2]
Graham, Billy 49
Grant, Cary 159[1]
Griffith, David Wark 154

Hamsun, Knut 30[1], 139[1]
Hasenhüttl, Gotthold 36[1]
Hearst, William Randolph 171 f
Hegel, Georg Wilhelm Friedrich 34, 34[1], 67, 97, 97[1], 104, 179
Heidegger, Martin 137
Hellman, Lillian 165
Henreid, Paul 159[1]
Hitchcock, Alfred 159[1]
Hitler, Adolf 69, 113
Hüfner, Agnes 49[1], 56[1]
Huston, John 117 f, 117[3]
Huxley, Aldous 81, 81[1]

Ibsen, Henrik 72
Ionesco, Eugène 47 f, 91, 91[1], 126, 141

Jones, Jennifer 157, 166[2]
Jonson, Ben 13[1]
Jouhaud, Edmond 113[2]
Joyce, James 20

Kafka, Franz 15, 22, 65

Kanters, Robert 64[1]
Kaufmann, Charles 117[3]
Kierkegaard, Sören 40
King, Henry 165[1]
Kipphardt, Heinar 136[1]
Korda, Zoltan 159[1]
Krauß, Werner 152[1]

La Bruyère, Jean de 34
Lacan, Jacques 140
Lang, Fritz 160, 161[1]
Langlois, Henri 174[1]
Laniel, Joseph 59
Lanzmann, Claude 64[1]
Lebel, Jean-Jacques 134, 134[1]
Lebovici, Serge 77, 78[1]
Léger, Fernand 48
L'Herbier, Marcel 174, 174[1]
Lietzau, Hans 111[1]
Logue, Christopher 115
Lorre, Peter 159[1]
Ludwig XIV. 22
Ludwig XVI. 101
Luguet, André 67

MacMurray, Fred 166
Maeterlinck, Maurice 36
Mallarmé, Stéphane 127
Marcabru 54
March, Fredric 164[3], 166
Marivaux, Pierre de 45
Marlowe, Christopher 47
Martin, Claude 44
Martin, Henri 44, 44[1], 46
Marx Brothers (Chico Marx, Harpo Marx, Groucho Marx und Zeppo Marx, gen. The) 157
Marx, Karl 31, 104f, 119, 179
Mayer, Louis B. 161
Michel, Georges 123f, 123[1]
Miller, Arthur 50, 50[1], 117
Mnouchkine, Ariane 74[1]
Molière 21, 23
Montand, Yves 50, 50[1]

Montgomery, Robert 12[2], 157
Montherlant, Henry de 21[1], 27
Mussolini, Benito 170

Nielsen, Asta 152[1]
Nietzsche, Friedrich 127
Nolan, Lloyd 166[1]

O'Neill, Eugene 20[1]
Oppenheimer, J. Robert 136
Orsini, Valentino 178[1]

Pabst, Georg Wilhelm 70, 70[2], 152[1], 152
Pagliero, Marcel 121[1]
Papatakis, Nico 182
Perier, François 67
Pirandello, Luigi 97, 149
Pitoëff, Georges 15[1]
Platon 71
Poincaré, Raymond 166
Pozner, Vladimir 164, 164[2]

Quincey, Thomas de 80[1]

Racine, Jean 18, 25, 27, 34, 42, 45, 51, 52, 138
Reinhardt, Wolfgang 117[3]
Renoir, Jean 165, 165[2]
Ritz Brothers (Al Ritz, Jim Ritz und Harry Ritz, gen. The) 157
Robinson, Edward G. 157, 157[1], 160f, 166
Romains, Jules 13[1], 151
Roosevelt, Franklin Delano 165
Rostand, Edmond 138[1]
Roubé-Jansky, Mme. 54, 62
Rouleau, Raymond 49, 50[1]
Roussin, André 68[1], 88, 88[1]
Rybalka, Michel 36[1]

Salacrou, Armand 19f, 19[1], 29
Salan, Raoul 113[2]
Sardou, Victorien 40

Saroyan, William 164[1]
Schary, Dore 166
Schlumberger, Jean 24[1], 24
Schmidt, Lars 59, 61
Scholochow, Michail A. 176
Scribe, Eugène 40
Serreau, Geneviève 126[1]
Serreau, Jean-Marie 49[1]
Shakespeare, William 16[1], 21, 23, 25 f, 42, 67, 139, 170
Signoret, Simone 50[1]
Sophokles 34, 40, 41, 51, 97 f, 97[1], 115
Stalin, Jossif W. 113
Stanwyk, Barbara 166
Stendhal 27
Stewart, James 157
Strindberg, August 24[1]

Tarkowskij, Andrej 175 f, 175[1]
Taviani, Paolo 178[1]
Taviani, Vittorio 178[1]
Taylor, Robert 166[1]
Thibaudet, Albert 167
Thomas von Aquin 31
Tintoretto, Jacopo Robusti gen. 173
Truffaut, François 180[1]
Tynan, Kenneth 111 f

Vailland, Roger 55, 55[1], 59, 97
Valéry, Paul 150
Vega Carpio, Lope Félix de 29[1]
Vidor, King 154, 157[2], 167
Vilar, Jean 11[1], 22 f, 24[1], 42[1], 42, 43[1], 43, 136, 136[1]
Vinaver, Michel 56, 56[1]
Vitold, Michel 66
Vitrac, Roger 126[1]
Voltaire 40, 45, 71

Wallace, George Corley 168
Wayne, John 157[2]
Weigel, Helene 72
Weiss, Peter 126
Welles, Orson 170 f
Werfel, Franz 166[2]
Wilder, Billy 157[1]
Wilhelm II., Deutscher Kaiser 65
Williams, Tennessee 117
Wilson, Thomas Woodrow 165 f
Wosnessenski, Andrej A. 177
Wyler, William 163[1]

Yacine, Kateb 62

Zanuck, Darryl F. 165
Zeller, André 113[2]

Jean-Paul Sartre

Gesammelte Werke in Einzelausgaben
In Zusammenarbeit mit dem Autor
herausgegeben von Traugott König

In dieser Ausgabe werden im Laufe der nächsten Jahre (in den Reihen *rororo* und *das neue buch*) Neuauflagen der Werke in durchgesehenen Übersetzungen sowie zahlreiche bei uns noch unbekannte Texte erstmals in deutscher Übersetzung erscheinen.

Romane und Erzählungen: Der Ekel · Zeit der Reife · Der Aufschub · Der Pfahl im Fleische · Die letzte Chance (Fragmente) · Erzählungen und Entwürfe.

Theaterstücke und Drehbücher: Stücke: Bariona · Die Fliegen · Bei geschlossenen Türen · Tote ohne Begräbnis · Die respektvolle Dirne · Die schmutzigen Hände · Der Teufel und der liebe Gott · Kean · Nekrassow · Die Eingeschlossenen von Altona · Die Troerinnen. *Drehbücher:* Das Spiel ist aus · Die falschen Nasen · Im Räderwerk · Die Hexen von Salem.

Philosophische Schriften: Die Transzendenz des Ego · Das Imaginäre · Das Sein und das Nichts · Bewußtsein und Erkenntnis · Kritik der dialektischen Vernunft · Determination und Freiheit.

Schriften zur Literatur: Der Mensch und die Dinge · Baudelaire · Was ist Literatur? · Sankt Genet, Komödiant und Märtyrer · Schwarze und weiße Literatur · Was kann Literatur? · Der Idiot der Familie, Gustave Flaubert 1821–1857.

Schriften zu Theater und Film: Mythos und Realität des Theaters.

Schriften zur bildenden Kunst und Musik: Die Suche nach dem Absoluten.

Politische Schriften: Paris unter der Besatzung · Überlegungen zur Judenfrage · Krieg im Frieden · Der Kolonialismus ist ein System · Der Intellektuelle und die Revolution.

Autobiographische Schriften: Die Wörter · Sartre über Sartre · Sartre. Ein Film.

Reisen: USA, Skandinavien, Italien, Sowjetunion, China, Kuba.